Ellen Gunderson Traylor

Vom Sklaven zum Statthalter Ägyptens

*Wie Gott durch Träume
Geschichte schreibt*

Leuchter-Verlag eG · D-6106 Erzhausen

Siehe, wie fein und lieblich ist es,
wenn Brüder einträchtig beieinander wohnen.

Psalm 133,1

Titel der Originalausgabe: JOSEPH
Übersetzung: KH. Neumann
Umschlaggestaltung: Dieter Illgen, Hannover

1. Auflage: November 1990

© 1989 by Harvest House Publishers, Inc., Eugene
© der deutschen Ausgabe 1990 by Leuchter-Verlag eG

ISBN 3-87482-148-X

Gesamtherstellung:
Schönbach-Druck GmbH, 6106 Erzhausen

INHALT

Prolog 7

Teil I DER KÄMPFER MIT GOTT 17

Intermezzo 71

Teil II DER TRÄUMER 77

Teil III DER AUSGESTOSSENE 131

Teil IV DER ANGEKLAGTE 203

Teil V DER RETTER 245

Epilog 305

PROLOG

Der Junge schlich zwischen den Zelten der Karawane hindurch, die schon im Dunkeln lagen. Dabei vermied er es sorgfältig, dem Schein von einem der etwa ein Dutzend Lagerfeuer zu nahe zu kommen. Es war kalt an diesem Abend, und an ungünstigen Stellen gab es auf den höher gelegenen Teilen der Bergrücken, die sich von Bethel bis Ephratha hinzogen, sogar etwas Frost. Der Junge spürte, wie seine Füße immer kälter wurden, als er durch das eisige Gras schlich, um das Zelt seiner Mutter zu erreichen.

Sein Vater Jakob hatte ihm befohlen, an diesem Abend besonders zeitig schlafen zu gehen und die Nacht bei Bilha, der vertrauten Magd seiner Mutter, zu verbringen. „Bilha wird sich um dich kümmern", hatte Jakob ihm energisch erklärt, „deine Mutter hat an diesem Abend keine Zeit für dich."

Joseph, das war der Name des Jungen, brauchte nicht zu fragen, warum das so war. Er wußte sehr wohl, daß seine Mutter Rahel an diesem Abend ein Kind gebären würde; und er verstand auch, daß er deshalb nicht bei ihr sein konnte.

Doch nur zu gern hätte er das Ereignis miterlebt, auf das er schon eine ganze Reihe von Jahren gehofft hatte. Erst vor einigen Monaten hatte seine Mutter ihm gesagt, daß sie ein weiteres Kind erwartete. Darüber hatte er sich sehr gefreut, denn solange er zurückdenken konnte, hatte er sich einen wirklich echten Bruder gewünscht. Aber sogar eine Schwester würde immer noch besser sein als gar nichts, hatte er sich dabei stets gesagt.

Mit seinen beiden Halbbrüdern Dan und Naphtali hatte er sich nie so richtig angefreundet. Sie waren zwar die Kinder seines Vaters, die ihm Bilha, die Dienerin seiner Mutter, geboren hatte, doch sie hatten immer auf ihn herabgeschaut und ihn nie ganz für voll genommen, weil sie älter waren als er. Dabei machte es keinen Unterschied, daß Rahel die Lieblingsfrau seines Vaters war und Bilha nur ihre Leibsklavin. Die beiden Halbbrüder blickten auf ihn herab, weil er der Jüngste war, und sie ärgerten sich über ihn, weil er der Lieblingssohn ihres Vaters war.

Doch heute abend würde seine eigene Mutter ein weiteres Kind zur Welt bringen, und er, Joseph, würde endlich nicht länger allein sein.

Nachdem Bilha ihn bei Sonnenuntergang in ihrem Zelt zu Bett gebracht hatte, stellte Joseph sich bald schlafend. Er wußte, die Sklavin würde ihn verlassen, sobald er eingeschlafen war, weil sie im Zelt seiner Mutter gebraucht wurde, um ihr bei der Geburt beizustehen.

Dan und Naphtali schliefen fest, als Joseph sich aus dem Zelt schlich. Er war froh darüber, denn die beiden hätten ihn sicher sofort verraten, da sie nicht verstanden, daß er sich um das Wohlbefinden seiner Mutter sorgte. Außerdem wollte er gern das neue Baby sehen. Wenn es ihm nur gelang, an dem Zelt vorbeizukommen, in dem Lea, die Schwester seiner Mutter und die ältere Frau seines Vaters, mit ihrer Leibsklavin wohnte, dann hatte er es geschafft. Wenn er erst am Zelt seiner Mutter war, würde ihn niemand mehr wegschicken können.

Während er durch das dunkle Lager schlich, überlegte er, wie oft er sich in seinem noch jungen Leben schon gefürchtet hatte. Zehn Jahre war er erst alt und hatte doch schon oft miterlebt, wie der Stamm seines Vaters vor Drohungen anderer hatte flüchten müssen. Manchmal hatte er sogar gemeint, daß er nicht einmal in seinem eigenen Stamm immer sicher war. Es hatte für diese Besorgnis zwar noch nie einen wirklich echten Anlaß für ihn gegeben. Doch er war der elfte

Sohn, der seinem Vater geboren wurde. Und da er Rahels einziger Sohn war, wurde er von Lea gehaßt. Auch die Söhne Leas, seine Halbbrüder, konnten ihn nicht leiden — wenigstens die meisten nicht.

Jetzt konnte er das Zelt seiner Mutter, das wie die meisten anderen Zelte aus Ziegenhaar bestand, schon sehen. Es stand in der Mitte des Lagers, genau neben dem Zelt seines Vaters. Als er näher kam, hörte er Schmerzensschreie, die offensichtlich aus dem Zelt kamen.

Er hatte schon früher die Schreie von Frauen gehört, die in Geburtswehen lagen. In einem Stamm, der so groß war wie der seines Vaters, gab es häufiger Geburten. Er konnte sich recht gut daran erinnern, wie aufgeregt die Hebammen dann stets waren und welche gespannte Atmosphäre der Erwartung über dem ganzen Lager hing, bis das neue Baby endlich geboren war.

Doch die Schreie, die aus dem Zelt seiner Mutter kamen, schienen besonders laut und erschreckend zu sein. Ihre Schmerzen waren wohl größer als die der meisten anderen Frauen.

Das Herz des Jungen schlug schneller, als er jetzt in den Schatten des Zeltes kroch. Aufgeregt blickte er zu dem Feuer, das vor dem Zelt brannte, und studierte die aufgeregten Gesichter der Hebammen, die dort heißes Wasser zubereiteten.

Während er sich bemühte mitzubekommen, was die Hebammen miteinander sprachen, bekam er plötzlich einen Stoß in den Rücken, so daß er lang auf das Gesicht fiel. Als er sich wieder aufrichtete und umschaute, blickte er in das Gesicht seines Halbbruders Simeon, der ihn mißbilligend anschaute. Simeon war Leas zweiter Sohn und mit seinen achtzehn Jahren schon ein erwachsener Mann. Darüberhinaus war er so wild wie ein Berglöwe.

Joseph erhob sich völlig und strich sich eine dunkle Haarsträhne aus der Stirn. Seine schwarzen Augen sprühten vor Zorn, als er herausfordernd sagte: „Laß mich in Ruhe,

Simeon, sonst wird sich mein Vater mit dir beschäftigen. Er ist nämlich auch hier im Zelt."

„*Dein* Vater!" grollte Simeon ärgerlich, während sein rotes Haar im Feuerschein leuchtete. „Immer nur *dein* Vater! Und was glaubst du, wer *mein* Vater ist? Etwa einer von den Arbeitssklaven?"

Joseph spürte, wie ihm Tränen in die Augen treten wollten, hielt sie aber tapfer zurück. Er ballte die Fäuste und reckte sich, so sehr er konnte, um seinem großgewachsenen und muskulösen Halbbruder besser in die Augen schauen zu können. Doch so sehr er sich auch streckte, reichte er Simeon doch nur bis an die Brust. Der athletische Bursche bemerkte Josephs Bemühen und lächelte spöttisch auf ihn herab.

„Du solltest doch eigentlich schon längst im Bett sein, Kleiner", sagte er tadelnd. „Die Sonne ist schon seit mehr als einer Stunde untergegangen."

„Aber meine Mutter braucht mich!" erklärte der Junge heftig und versuchte, an dem menschlichen Bollwerk vorbeizukommen.

Doch das war hoffnungslos. Denn da tauchte noch ein zweiter Feind aus der Dunkelheit auf — Simeons jüngerer Bruder Levi. Die beiden großen Kerle packten Joseph und schoben ihn immer wieder zwischen sich hin und her wie einen Sack Weizen.

Bald wurden andere im Lager aufmerksam und kamen näher, um zu sehen, was hier vor sich ging. Joseph wurde es schon ganz schwindlig, als endlich Ruben, Leas ältester Sohn, ihm zu Hilfe kam. Wie ein Racheengel ging er auf Simeon und Levi los und forderte mit befehlsgewohnter Stimme: „Laßt den Jungen in Ruhe!" Dabei packte er die beiden Brüder im Genick und schob sie beiseite.

Joseph, der völlig erschöpft und atemlos zu Boden gesunken war, erhob sich langsam wieder und ergriff Rubens Hand. Sein Retter zog ihn sanft an sich, strich ihm beruhigend über das Haar und klopfte ihm den Staub aus seiner Tunika.

Joseph schaute voll dankbarem Staunen zu ihm auf. Ruben hätte sich auch auf die Seite seiner Brüder schlagen und Josephs Lage dadurch noch schlimmer machen können. Er war zwar nicht so rücksichtslos wie seine beiden jüngeren Brüder, konnte aber auch sehr hart sein. Deshalb sah es Joseph als einen Glücksfall an, daß er heute ihm geholfen hatte.

„Das hast du nun davon, Kleiner", sagte Ruben warnend, „wenn du dich heimlich aus deinem Bett schleichst und in der Dunkelheit im Lager herumkriechst."

Es war ein Tadel, den Ruben mit diesen Worten zum Ausdruck brachte. Doch der Ton seiner Stimme war so freundlich, daß Joseph Mut faßte und erwiderte: „Das kommt nur davon, daß ich Löwen zu Brüdern habe. Warum hassen sie mich?"

Nun liefen doch Tränen über Josephs Gesicht, weil er jemand gefunden hatte, der mit ihm fühlte. Er kannte die Antwort selbst ganz genau, deshalb erwartete er auch keine Erklärung von Ruben.

Als Simeon und Levi jetzt davongingen, breitete sich ein bedrückendes Schweigen aus, bis unterdrücktes Stöhnen im Zelt Josephs Aufmerksamkeit wieder darauf lenkte.

„Mutter!" rief er, als aus dem Stöhnen wieder ein lauter Schrei wurde, riß sich von Rubens Hand los, drängte sich durch die Umstehenden hindurch und eilte in das Zelt.

Durch das stürmische Eintreten Josephs wurde die Aufmerksamkeit seines Vaters Jakob für einen Augenblick von seiner leidende Frau abgelenkt und richtete sich auf Joseph. Dieser wiederum streifte seinen Vater nur mit einem kurzen Seitenblick und wandte sich dann in dem von zwei Öllampen nur matt erleuchteten Zelt seiner Mutter zu.

Joseph erschrak, denn noch nie hatte er Rahel so gesehen wie an diesem Abend. Ihr Gesicht war schneeweiß und von Schmerz und Anstrengung verzerrt. Dicke Schweißperlen standen auf ihrer Stirn. Entsetzt lief er zu ihr und kniete neben dem Geburtsstuhl nieder, in dem seine Mutter saß und sich an ihre Magd Bilha lehnte, die sie festhielt und ihr immer wieder mit einem Tuch den Schweiß von der Stirn wischte.

Die Magd wollte schon schimpfen und Joseph fortschicken, als Jakob eine Hand erhob und sagte: „Es ist vielleicht besser, wenn er hierbleibt."

Joseph hätte sich darüber freuen können. Doch der mutlose Unterton in der Stimme seines Vaters machte sein Herz noch verzagter. Er ergriff die Hand seiner Mutter, die ihm ganz matt und fast leblos erschien, und zog sie an seine Lippen. Wie oft in seinem Leben hatte diese Hand tröstend und liebevoll über seinen Kopf gestrichen, nun war sie nicht einmal mehr in der Lage, seinen Druck ein wenig zu erwidern.

Wie oft hatte er das schöne Antlitz seiner Mutter bewundert, das scheinbar nie alterte, die strahlend blauen Augen und den zarten Goldton ihrer Haut. Und nun waren die ihm so lieben und vertrauten Gesichtszüge innerhalb weniger Stunden so gealtert und zerstört. Kein Trostwort für sein Schluchzen und seine Tränen kam aus dem Mund, der ihn so oft in den Schlaf gesungen hatte, solange er zurückdenken konnte.

Joseph lehnte seinen Kopf an den geschwollenen Leib seiner Mutter und weinte. Er rührte sich nicht mehr, bis Rahel sich mit einem plötzlichen Schrei aufbäumte. Stöhnend wand sie sich in den letzten Geburtswehen. Dann wurde es einen Augenblick still im Zelt, bis diese Stille plötzlich vom durchdringenden Weinen des neugeborenen Babys unterbrochen wurde.

Josephs Augen musterten interessiert und erstaunt zugleich das Baby, das runzlig, naß und rot in den Händen der Hebamme lag. Es war ein Junge. Er hatte nun einen kleinen Bruder! Es machte ihm Mühe, sich zurückzuhalten, um nicht aufzuspringen und das kleine Menschenkind zu berühren. Doch diese Ehre kam zuerst seiner Mutter Rahel zu, und dann seinem Vater Jakob.

Doch als die Hebamme nun das Kind, nachdem sie es abgetrocknet hatte, in den Schoß der Mutter legte, konnte Joseph erkennen, daß Rahel immer noch Schmerzen hatte. Ein schnell wieder vorübergehendes Lächeln huschte über ihre

Lippen, als das Baby den Kopf an ihren Leib legte. Doch dann verzog sie wieder das Gesicht, um den Schmerz zu unterdrücken, der wie ein glühendes Eisen durch ihren Körper fuhr. Dabei bäumte sie sich wieder auf, und Bilha hatte alle Mühe, sie festzuhalten.

„Ben Oni!" rief Rahel laut. „Ben Oni!"

Sie gab dem Kind einen Namen, aber es war kein sehr schöner. *Kind meiner Schmerzen,* das war die Bedeutung dieses Namens. Sie zog das kleine Baby mit letzter Kraft an ihre Brust und weinte.

„Mutter", fragte Joseph voller kindlicher Sorge, „was hast du?"

Doch nun wurde Rahel ganz still und erschlaffte. Sie lehnte immer noch an Bilha, die sie mit ihren starken Armen stützte, und man konnte sehen, wie auch der Griff ihrer Hände erschlaffte, mit denen sie den leise weinenden Säugling festhielt.

Da kniete auch schon Jakob neben ihr, rieb ihre Hände und Arme und bat sie fortwährend, doch auf seine Worte zu reagieren.

Bilha griff nach dem Baby, das die Hände der Mutter offensichtlich nicht mehr halten konnten. Und Joseph spürte, wie sich in seiner Brust vor Kummer etwas zusammenzog.

„Mutter!" rief er wieder, ohne sich dessen bewußt zu werden. Doch Rahel antwortete nicht mehr.

Joseph sprang auf. Er weigerte sich, die Wahrheit zu akzeptieren. An seinem Vater vorbei lief er nach draußen und rannte hinaus in die Nacht. Dabei strömten die Tränen nur so über sein Gesicht.

Ohne Rücksicht auf die Umstehenden, die versuchten, ihn zu halten, rannte er durch das Lager und blindlings in die Dunkelheit hinein; hinaus auf die kalten, frostnahen Viehweiden. Dabei weinte er laut und rief immer wieder nach Jahwe, dem Gott seines Vaters.

Die Einsamkeit, die während seines kurzen bisherigen Lebens oft sein Begleiter gewesen war, weil seine Halbbrüder ihn mieden, wollte ihn plötzlich überwältigen. Das, was er fast täglich hatte ertragen müssen, schien ihn nun zu verschlingen.

Joseph fragte sich, wo denn nun der Gott seines Vaters war, den er jetzt so dringend brauchte? Warum war Er Jakob erschienen, erschien aber, jetzt, in der Stunde der Not, seinem Lieblingssohn nicht?

Als er jetzt einen Hügel hinauflief, hörte er weit hinter sich die Stimme seines Vaters, der nach ihm rief und ihn bat, zurückzukommen. Doch in wirrer Hast rannte Joseph davon, bis er weit weg war von den Feuern des Lagers und von allen anderen Menschen.

Er rannte so lange weiter, bis er vor Erschöpfung in das eiskalte Gras fiel. Dort blieb er lange Zeit liegen, während sich seine Tränen mit den eiskalten Tautropfen vermischten, die an den Halmen der Gräser hingen.

Als er sich nach und nach ein wenig beruhigte, kamen ihm Erinnerungen in den Sinn an eine Nacht, die schon lange hinter ihnen lag; es war eine Nacht gewesen, in der sich sein Vater wahrscheinlich ebenso allein und verlassen gefühlt hatte und voller Furcht gewesen war wie jetzt er selbst.

Als er, lang auf der Erde liegend, in den klaren Nachthimmel hinaufschaute und die Sterne betrachtete, versuchte er, die Gedanken an jene Nacht, von der sein Vater ihm einmal erzählt hatte, beiseite zu schieben, denn sie schienen eine gewisse Hoffnung anzubieten; eine Hoffnung, die er sich weigerte anzunehmen, weil sein Herz so voller Kummer war. Doch diese Erinnerungen kamen voller Hartnäckigkeit immer wieder und drängten sich in sein trauerndes Herz, in seinen Geist und in seine Seele.

TEIL I

DER KÄMPFER MIT GOTT

1. KAPITEL

Obwohl Joseph damals erst sechs Jahre alt war, konnte er sich an jene Nacht noch sehr deutlich erinnern. Es war eine Nacht gewesen, die er nie mehr vergessen würde, denn in jener Nacht hatte sein Vater mit einem Engel gekämpft.

Der kleine Joseph selbst hatte noch nie einen Engel gesehen. Er war auch nicht dabei gewesen, als sein Vater mit diesem mächtigen Geisteswesen gekämpft hatte, dessen Griff härter als Eisen war und der seinen Vater zum Krüppel gemacht hatte, noch ehe die Nacht vorübergegangen war.

Doch am nächsten Morgen hatte Joseph die große Veränderung, die jene Nacht bei seinem Vater bewirkt hatte, schnell bemerkt. Äußerlich war der Unterschied auf den ersten Blick festzustellen, denn Jakob hinkte seit jener Nacht, und das würde sich wohl auch bis an sein Lebensende nicht mehr ändern. Und obwohl Joseph damals noch sehr jung war, hatte er doch gespürt, daß sich auch das Wesen seines Vaters sehr verändert hatte; er war innerlich reifer und gefestigter geworden.

Joseph hatte Gründe genug, an Engel zu glauben. Schon oft hatte Jakob ihm Geschichten von Begegnungen mit Engeln erzählt, die er entweder selbst erlebt hatte oder auch sein Vater Isaak oder sein Großvater Abraham. Joseph selbst hatte noch nie einen Engel gesehen, doch er wußte, daß sie so wirklich waren wie der Wind, der über die Hügel von Gilead strich, oder das Wasser, das im Bett des Jordans nach Süden floß.

Und jene Nacht damals war auch schon, ehe sein Vater dem Engel begegnete, höchst bemerkenswert gewesen.

Schon eine Reihe von Tagen war Jakobs Karawane auf der Straße von Padan-Aram in Richtung Kanaan gezogen. Joseph war noch zu jung gewesen, um alles zu verstehen, was sich in Padan-Aram, dem Land, in dem er geboren wurde, zugetragen hatte. Er wußte aber, daß Jakob und Rahel dort nicht glücklich gewesen waren. Es war ihm auch nicht verborgen geblieben, daß Jakob kein gutes Verhältnis zu Josephs Großvater, dem Vater Rahels, hatte. Doch er hatte nie verstanden, warum das alles so war.

Viel klarer war ihm die Gefahr, der die Karawane entgegenzog, seit sie Mesopotamien verlassen und die Grenze nach Gilead, östlich des Jordanflusses, überschritten hatten. Solange er zurückdenken konnte, hatte er von Esau gehört, dem groben und rücksichtslosen älteren Bruder seines Vaters. Er wußte, daß Esau darauf wartete, seinen Vater zu töten, wenn dieser erst die Grenze überschritten hatte.

Manchmal hatte er sich gefragt, warum sie denn unbedingt nach Kanaan ziehen mußten, wenn dort so eine große Gefahr auf sie wartete. Das Land, in dem sein Großvater Laban lebte, war wenigstens ein sicherer Ort gewesen. Wenn es dort auch manche Schwierigkeiten gab, so hatte doch niemals jemand ihr Leben in Padan-Aram bedroht.

Doch so viel er auch schon von dem bösen und mit vielen roten Haaren bewachsenen Esau gehört hatte, noch mehr hatte sein Vater von Kanaan gesprochen. Das *verheißene Land* hatte er es immer genannt. Es war ein Land, das schon seinem Urgroßvater Abraham, dann seinem Großvater Isaak und auch seinem Vater Jakob von dem einen einzig wahren Gott versprochen worden war.

Und von diesem einen einzig wahren Gott hatte Joseph noch mehr gehört als von Kanaan, von Esau, vom Jordanfluß und von den wunderschönen, mit Gras bewachsenen Hügeln Gileads.

Jeden Morgen hatte Joseph miterlebt, wie sein Vater Jakob

sich sehr zeitig erhob, um zu Gott zu beten und auf dem Altar aus Steinen, der immer vor dem Zelt aufgerichtet wurde, Weihrauch vor Gott zu räuchern. Und einmal in jedem Monat wurde ein geschlachtetes Lamm für die Sünden des Stammes auf diesem Altar geopfert.

Er hatte eine ganze Reihe anderer Stämme kennengelernt, die in ihrer Nähe wohnten, aber nicht an diesen einen einzig wahren Gott glaubten, sondern an eine ganze Reihe von Göttern, von denen sein Vater immer sagte, sie seien nichts als falsche Götzen. Vom Kleinkindalter an hatte Jakob ihm immer wieder erklärt, Jahwe sei der einzige Gott, und Er allein sei würdig, verehrt zu werden.

Darüber hinaus hatte sein Vater ihm immer gesagt, daß dieser allein wahre Gott mit seinen Vorvätern Abraham und Isaak und auch mit ihm einen besonderen Bund geschlossen habe und daß sie Sein auserwähltes Volk seien.

In jener Nacht nun, als der Engel mit Jakob kämpfte, war es, als würde sich über die ganze Karawane eine schwarze Decke legen. Fünf Tage vorher hatte der stattliche Stamm die Grenze nach Gilead überschritten, und von diesem Augenblick an hatte Jakob immer neue Pläne gemacht, wie er sich am besten auf die unausweichliche Begegnung mit seinem Bruder Esau vorbereiten könnte.

Voller Besorgnis hatte er Boten vorausgeschickt, die nach seinem mit ihm verfeindeten Bruder Ausschau halten und ihm sagen sollten, sein Bruder Jakob käme in Frieden zurück. Doch dann kehrten seine Boten zurück und erschreckten ihn mit der Nachricht, Esau habe 400 bewaffnete Männer um sich versammelt und ziehe nordwärts — ihm entgegen. Als Jakob das hörte, packte ihn große Furcht.

Die Spannung in der Karawane wuchs mit jedem Schritt, den sie weiter nach Gilead hineinzogen. Jakob hatte beschlossen, seinen Stamm in zwei Abteilungen aufzuteilen, wenn sie erst einmal die südliche Ecke Gileads erreichten und sich dem Land Edom näherten, in dem sein Bruder Esau wohnte.

An dem Tag, bevor Jakob mit dem Engel kämpfte, sandte er sieben Herden mit Schafen, Rindern und Ziegen, jeweils von einigen Hirten bewacht, dem großen Stamm voran auf den Weg nach Edom, seinem Bruder entgegen. Er selbst lagerte, als der Abend kam, mit der einen Hälfte seines Stammes an der Jabbok-Furt an der südlichen Grenze Gileads.

Obwohl er nur die eine Abteilung seines Stammes bei sich hatte, war es immer noch eine große Schar von Menschen und Tieren, die sich nun, als es dunkel wurde, zur Nachtruhe niederlegten. Joseph würde nie vergessen, wie er seinen Vater beobachtet hatte, als dieser tief gebeugt, mit schleppenden Schritten und mit Sorgen beladen, in sein Zelt ging. Man konnte ihm ansehen, wie schwer die Furcht vor Esau auf ihm lastete.

Es war einige Zeit später, Joseph war gerade neben seiner Mutter eingeschlafen, als Jakob aufgeregt in Rahels Zelt zurückkehrte und sie und den Jungen weckte. Im schwachen Licht der niedrig brennenden Öllampe bemerkte Joseph tiefe Mutlosigkeit in den Gesichtszügen seines Vaters. Als er direkt vor Rahel stand, nahm sie seine Hand und strich sanft darüber hin, um ihn zu beruhigen. Weil sein Vater offensichtlich so besorgt war, wurde auch Josephs Herz von Angst ergriffen.

Mit großen Augen lauschte der Junge dem, was Jakob sagte. „Frau", begann er, „ich habe nicht schlafen können, denn die Kraft Gottes ist an diesem Ort gegenwärtig. Du hast es doch sicher auch gespürt?"

Rahel hatte nichts geantwortet. Sie wurde nur immer wieder von Ehrfurcht ergriffen, wenn sie sah, welch enge Verbindung ihr Gatte mit dem allmächtigen Gott hatte. Kopfschüttelnd sagte sie dann, daß sie nichts von all dem gespürt habe.

„Ich habe dir auch noch nicht gesagt", fuhr Jakob fort, „daß ich vor wenigen Tagen die Heerscharen Gottes gesehen habe, wie sie sich rings um uns lagerten. Alle Hügel ringsherum waren voll von ihnen, und sie leuchteten heller als die Sonne. Hast du sie denn nicht gesehen?"

Joseph wußte, die *Heerscharen des Herrn* waren Engel. Er hörte nun noch aufmerksamer zu.

„Nein, mein Herr", antwortete Rahel, „ich habe nichts gesehen."

„Und am nächsten Tag sind sie uns nochmals auf der Straße begegnet", berichtete Jakob weiter, „da hast du sie aber sicherlich bemerkt?"

Doch Rahel schlug nur beschämt die Augen nieder und schüttelte fast unmerklich den Kopf.

„Also doch nicht!" murmelte Jakob enttäuscht. „Doch ich weiß ganz gewiß, daß der Herr hier an diesem Ort anwesend ist. Ich muß Ihn jetzt im Gebet suchen, aber dazu muß ich allein sein. Steh' auf, Rahel, und mache dich und den Jungen fertig, und hilf mir dann, die anderen zu wecken. Ihr müßt alle so schnell wie möglich hinüber auf die andere Seite des Flusses."

Rahel schüttelte verständnislos den Kopf. „Warum, mein Herr?" forschte sie. „Können wir denn nicht hier auf dich warten?"

Jakob konnte ihr auch keine ausreichende Erklärung geben. Er wußte nur, daß er allein sein mußte, sonst würde der Herr ihm nicht begegnen. Deshalb befahl er nun noch drängender: „Also stehe nun sofort auf und tu wie ich dir gesagt habe! Wir haben keine Zeit zu verlieren."

Verschiedene Züge in Jakobs Charakter waren auch dem jungen Joseph schon aufgefallen. Sein Vater konnte sehr launenhaft sein, und seine Stimmungen wechselten sehr schnell. Manchmal, wie zum Beispiel jetzt, war er energisch und voller Autorität, doch zu anderen Zeiten wieder schien er unsicher zu sein und sogar ängstlich, und man konnte sich auf sein Wort nicht verlassen.

Wäre Joseph schon älter gewesen, hätten ihn diese unterschiedlichen Charakterzüge im Wesen seines Vaters vielleicht veranlaßt, in seinem Vertrauen an ihm zu zweifeln in dem was Jakob sagte und wenn er von seinen Erlebnissen mit Gott und Engeln erzählte. Ja es hätte auch dazu führen können, daß er von dem Gott seines Vaters nichts mehr wissen wollte und überhaupt nicht mehr an die Existenz von Engeln geglaubt hätte. Doch er hing an seinem Vater mit großer kindlicher Liebe und Vertrauen. Und wenn Jakob nun sagte, sie müßten gehen, dann war er als erster mit vollem Eifer dabei.

Joseph sprang von seinem Nachtlager auf und lief in die Ecke des Zeltes, in der er seinen Rucksack mit seinen Spielsachen und den anderen Dingen, die einem Sechsjährigen schon wichtig waren, aufbewahrte. Der Rucksack war fertig gepackt, und voller Stolz trug ihn der Junge an den Zelteingang.

Jakob schaute lächelnd zu und sagte: „Ich sehe, mein Kleiner, daß du schon fertig bist. Das ist sehr gut."

Als er das Zelt betreten hatte, war er so mit seinen Gedanken beschäftigt gewesen, daß er den Jungen kaum wahrgenommen hatte. Doch nun betrachtete er voller Stolz das hübsche Kind, in dem er sein Ebenbild zu sehen glaubte. Er streckte seine starken Arme aus, zog seinen Sohn an sich und strich ihm zärtlich über das dunkle Haar.

„Da du selbst schon fertig bist, mein Junge, kannst du nun deiner Mutter helfen", sagte er liebevoll. Damit entließ er Joseph aus seiner Umarmung und verließ das Zelt.

Von draußen konnte man gleich darauf seine laute Stimme vernehmen, mit der er Lea und seine anderen Kinder sowie die Knechte und Mägde im Lager weckte und ihnen befahl, schnellstens abzubrechen, zu packen und auf die andere Seite des Flusses zu ziehen.

Rahel, die sich nie mit den überraschenden Einfällen und Meinungsänderungen ihres Gatten recht abfinden konnte, versuchte ihre Müdigkeit zu unterdrücken und begann seufzend sich anzukleiden und ihr Haar zu ordnen. Am liebsten hätte sie sich wieder hingelegt und bis zum Morgen weitergeschlafen.

2. KAPITEL

Joseph hockte zwischen rauhen Säcken, die mit Getreidekörnern gefüllt waren, im hinteren Teil des mit einer Plane überspannten Wagens von Lea. Rahel hatte ihre Schwester so lange gedrängt, den Jungen mit in ihren Wagen zu nehmen, in dem schon Leas Tochter Dina sich verbarg, bis sie selbst mit ihrer Sklavin fertig war mit dem Beladen des eigenen Wagens. Nun blickte Joseph aus der ihn schützenden Plane nach hinten hinaus und beobachtete, wie Gilead langsam in der Nacht verschwand.

Lea hatte in ihrer typisch überheblichen Art zugehört, als Rahel sie gebeten hatte, Joseph zusammen mit Dina in ihrem Wagen fahren zu lassen, und hatte sofort die Gelegenheit wahrgenommen, wie meistens, Rahel zu demütigen, indem sie darauf hinwies, was für ein Segen es war, viele Kinder zu haben.

Mit höhnischem Unterton in der Stimme hatte sie Rahel geantwortet: „Es ist zu schade, daß Joseph keine eigenen Brüder oder Schwestern hat, an die er sich bei solchen Gelegenheiten halten kann. Du könntest Jakob einen großen Dienst erweisen, wenn du ihm einen weiteren Sohn schenken würdest."

Rahel war bei diesen häßlichen Worten ganz rot geworden. Doch sie hatte dazu nur genickt, um den Ärger ihrer Schwester nicht noch mehr zu erregen. Sie wußte ja, daß es Eifersucht war, die Lea dazu trieb, ihr gegenüber so böse zu sein.

Lea haßte Rahel. Sie haßte ihre Schwester deshalb, weil Jakob Rahel liebte und nicht sie. Lea wäre nie Jakobs Frau geworden, hätte ihr Vater Laban nicht darauf bestanden, er müsse erst Lea verheiraten, ehe er ihre jüngere Schwester Rahel einem Mann geben könnte.

An Jakobs Gefühlen schien sich auch dadurch nichts geändert zu haben, daß Lea ihm sechs Söhne und eine Tochter geschenkt hatte, und ihre Leibsklavin Zilpa hatte Jakob nochmals zwei Söhne geboren. Gewiß, Jakob war stolz auf all seine Kinder, und das mit Recht, doch Rahel, die ihm nur einen einzigen Sohn geboren hatte, hielt noch immer allein sein Herz gefangen.

War Lea etwa daran schuld, daß sie nicht so schön war wie ihre jüngere Schwester? Ihr stumpfes Haar und die bleiche Haut ließen sie Rahel gegenüber sehr unvorteilhaft erscheinen. Außerdem hatte sie von Kind an schlecht sehen können, so daß ihre Augen immer so erschienen, als habe sie einen trüben Blick. Nie erschien in ihnen das Leuchten, das so oft in Rahels Augen zu sehen war. Weil sie so schlecht sah, konnte sie auch nicht so feine Handarbeiten machen wie Rahel.

Lea war allerdings eine gute Köchin, denn dazu brauchte man auch keine so perfekte Sehfähigkeit. Außerdem war sie älter als Rahel, und schon aus diesem Grund, und noch einigen anderen mehr, hätte Jakob sie ihrer Meinung nach vorziehen müssen. Darüber hinaus war sie auch die Kräftigere von beiden und verstand zuzupacken, wenn es ans Arbeiten ging.

Nein, sie konnte Jakob nicht begreifen. Von dem Augenblick an, als er bei ihrem Vater Laban erschien, weil er Kanaan auf der Flucht vor seinem Bruder Esau verlassen mußte, hatte sie sich in ihren stattlichen Vetter, der da aus dem weiter westlich gelegenen Land gekommen war, verliebt.

Jakob seinerseits hatte sich nie für Lea interessiert. Er war, als er Labans Stammesgebiet betrat, als erster Rahel begegnet, die Labans Schafe hütete, und hatte sich sofort in sie verliebt. Und diese Liebe hielt auch nach so vielen Jahren immer noch unerschütterlich an.

Immer wieder hatte Lea sich Vorwürfe gemacht, weil nicht sie an jenem Tag auf dem Feld gewesen war, als Jakob bei ihnen ankam. Doch es war Rahel gewesen, die an jenem Nachmittag draußen die Schafe hütete, eine Arbeit, die Lea immer verachtet hatte. Für sie waren Schafe stinkende und häßliche Kreaturen. Und wenn immer sie eine Ausrede fand, schob sie ihrer jüngeren Schwester diese Arbeit zu.

Doch an jenem Tag, als Jakob kam, hätte sie auf dem Feld sein sollen. Dann hätte er sie als erste gesehen und nicht ihre Schwester Rahel, und hätte sich vielleicht in sie verliebt. Immer wieder redete Lea sich das ein und belog sich auf diese Weise selbst.

Jahrein, jahraus hatte sie davon geträumt, daß der nächste Sohn, den sie Jakob schenken würde, dazu führen müßte, Jakobs Herz endlich von Rahel abzuziehen und ihr zuzuwenden. Doch bis zu diesem Tag war das noch nicht geschehen. Aber die Zeit konnte immer noch viele Dinge verändern, so hoffte sie.

Als Joseph nun in jener Nacht gemeinsam mit seiner Halbschwester in dem mit Getreide beladenen Wagen saß, schmiegte Dina sich eng an ihn. Sie war altersmäßig von allen Kindern Jakobs die nächste zu Joseph. Und trotz der Ablehnung, die ihre Mutter für den Sohn der Rahel zeigte, hatte sie ihn sehr gern.

Der Wagen rumpelte über das steinige Flußbett, als die Karawane in der Dunkelheit die Furt des Jabbok durchquerte. Vater Jakob war irgendwo dort draußen in der Nacht und rief immer wieder laute Befehle, um alle zur Eile anzutreiben und sie zu einem sicheren Lagerplatz zu führen. Außer ihm verstand niemand, warum sie nicht bis zum Morgen warten konnten, um auf die andere Seite des Flusses zu kommen. Doch Jakob wußte ganz genau, daß er allein auf der Gileadseite bleiben mußte, um hier Gott zu begegnen.

Dina zog Josephs Kopf an ihre Schulter und begann leise ein Schlaflied zu singen. Doch der Junge war schon zu alt dafür. Er wandte sich aus Dinas Arm und blickte wieder hinaus in die Nacht. Er wollte sehen, wohin sie fuhren. Am liebsten wäre er jetzt bei seinem Vater auf dem Pferd mitgeritten.

Gerade als er seinen Kopf wieder weit aus der hinteren Plane des Wagens hinausstreckte und die lange Karawane hinter sich betrachtete, trabten zwei seiner Halbbrüder heran. Die Hufe ihrer Pferde ließen das Wasser aufspritzen. Obwohl noch recht jung, waren sie doch schon erwachsen, breitschultrig, groß und kräftig. Joseph schätzte die beiden sehr, denn Ruben und Juda waren gewöhnlich sehr freundlich zu dem Jüngsten.

Als die beiden Reiter Joseph im Mondlicht erkannten, nickten sie ihm lachend zu. Und als Ruben ihm auch noch brüderlich zuwinkte, wurde er ganz rot vor Stolz. ,,Wo ist mein Vater?" rief er. ,,Habt ihr meinen Vater gesehen?"

Doch die beiden Reiter waren schon an dem Wagen vorüber. Die Antwort auf seine Frage bekam er von zwei anderen, die auf ihren Pferden den Wagen erreicht hatten.

,,Dieser einzelne Sohn der zweiten Frau ruft nach seinem Pappi", sagte eine spöttische Stimme.

Und ein anderer höhnte: ,,Ich nehme nicht an, daß er Jakob meint? Denn ich dachte immer, Jakob sei dein Vater, Simeon."

,,Ja, und der deine, Levi", antwortete der andere.

Joseph spürte den Spott der beiden und die Verachtung, die sie ihm entgegenbrachten, und all seine Freude war augenblicklich verschwunden.

Dina zog an Jakobs Gewand, doch er weigerte sich, den Kopf wieder zurückzunehmen, sondern starrte die beiden Halbbrüder zornig an.

Das Mädchen spürte, was in Joseph vorging, hatte sie doch die spöttischen Worte ihrer Brüder ebenfalls gehört. Sie wollte ihn trösten und flüsterte: ,,Kümmere dich nicht um die beiden, sie sind nichts anderes als große Narren." Dabei zog sie wieder an seinem Gewand.

Joseph spürte, wie ihm Tränen des Zorns und Ärgers in die Augen traten und über seine Wangen liefen. Da er nicht wollte, daß Dina sie sah, riß er sich wieder los und rief ärgerlich: „Laß mich doch in Ruhe! Ich möchte zu meinem Vater!"

Endlich waren auch die letzten Wagen und Tiere der Karawane auf der südlichen Seite des Flusses angelangt und zogen nun zu dem neuen Lagerplatz. Da entdeckte der Junge im Mondlicht auch seinen Vater.

Jakob saß hoch aufgerichtet auf seinem Pferd, das auf einer kleinen Erhebung stand, hatte den Arm ausgestreckt und wies in die Richtung zum Lagerplatz. Joseph fragte sich, warum sein Vater nicht selbst mit ihnen weiterzog.

Als eine Weile später Rahel zum Wagen kam, um zu sehen, wie es ihrem Sohn inmitten der Getreidesäcke ging, und Joseph sie bemerkte, wollte er aus dem Wagen klettern. „Ich möchte zu meinem Vater!" rief er und zeigte auf den etwas entfernt haltenden Reiter.

„Sei still, Sohn, und bleib im Wagen", versuchte Rahel ihn zu beruhigen. „Er kann jetzt nicht zu uns kommen."

„Warum nicht?" wollte Joseph wissen. „Hat er etwa Angst?" Er mußte dabei an seinen Onkel Esau denken. In seiner Phantasie wurde dieser Mann zu einem bösen Riesen, der in Begleitung einer wilden und schwer bewaffneten Reiterschar heranzog.

„Dein Vater hat nie Angst", antwortete Rahel.

Doch das wußte der Junge besser. „Er läuft davon, weil er nicht mit Esau kämpfen will", murmelte er.

Rahel schaute ihren Jungen, der sich schon so viele Gedanken machte, erstaunt an. Kopfschüttelnd sagte sie etwas Seltsames: „Es ist nicht Esau, mit dem dein Vater heute nacht kämpfen muß, sondern es ist Gott."

Der Junge nahm diese Worte staunend und ehrfurchtsvoll in sich auf, während er wieder zu dem Reiter auf dem Hügel blickte. Plötzlich setzte Jakob sein Pferd in Bewegung, ritt von dem Hügel herunter und den Weg zurück, den sie eben gekommen waren. Joseph sah noch, wie im Mondlicht das Wasser aufspritzte, als Jakobs Pferd das Wasser durchquerte.

In diesem Augenblick war Joseph stolzer auf seinen Vater als je. Denn was immer es war, das Jakob zurückrief nach Gilead — er wagte es, sich ihm zu stellen.

3. KAPITEL

Wie die Spitze eines riesigen Speeres brachen die ersten Strahlen der Morgensonne über die Karawane herein. Joseph, der die ganze Nacht unruhig geschlafen hatte, kroch aus dem Zelt seiner Mutter, rieb sich, noch immer verschlafen, die Augen und blinzelte in die Sonne.

Der große Zug hatte noch in der Nacht an einer geschützten Stelle ganz in der Nähe des Flusses das Lager wieder aufgeschlagen. Doch da die Zelte von Rahel und Lea in der Mitte des Lagers standen, konnte Joseph vom Zelteingang aus das Wasser nicht sehen.

Irgendwie war er überzeugt davon, daß Jakob nun bald von der anderen Seite des Flusses zurückkehren würde. Deshalb lief er aus dem Lager hinaus und stellte sich auf den kleinen Hügel, auf dem in der letzten Nacht sein Vater mit dem Pferd gestanden hatte. Von hier aus konnte er alles gut übersehen und bemerkte auch, daß im Lager mit Ausnahme der Wachen noch alle schliefen.

Eifrig hielt er nun Ausschau über den Fluß hinweg auf die andere Seite. Er brauchte auch nicht lange zu warten, da wurde sein Eifer belohnt. Drüben, auf der nördlichen Seite des Flusses, tauchte hinter einem Hügelrücken sein Vater auf.

Joseph machte vor Freude einen Luftsprung und schrie so laut er konnte: „Vater! Vater!" Dann rannte er zum Flußufer hinunter. Dort angekommen, hielt er inne und schaute wieder zu Jakob hin, der auf seinem Pferd ebenfalls ein Stück näher gekommen war.

Doch als Joseph seinen Vater jetzt mehr aus der Nähe sah, erschrak er, und seine Freude verschwand. Jakob hing ganz schräg im Sattel, und es schien, als könne er sich nur mühsam auf dem Rücken des Pferdes halten. „Vater! Vater!" schrie der Junge wieder, aber diesmal voller Angst und Sorge.

Josephs Geschrei hatte im Lager eine ganze Reihe Schläfer wach gemacht, die nun ebenfalls eilig dahin gelaufen kamen, wo der Junge stand.

Je näher der Reiter kam, um so deutlicher konnte man erkennen, in welch schlimmem Zustand er sich befand. Sein Gesicht war verzerrt und mit Schweiß und Schmutz bedeckt. Seine Kleidung war an vielen Stellen zerrissen, und man konnte erkennen, daß er viele blaue Flecken und Wunden, die zum Teil noch offen waren und bluteten, am Körper hatte.

Joseph sah dies alles mit Entsetzen und trat ganz unbewußt immer näher an das Wasser heran. Dabei streckte er seine Hände verlangend nach dem Vater aus, als wolle er ihn sicher durch den Fluß geleiten.

Da ergriffen ihn plötzlich von hinten zwei starke Hände, hoben ihn hoch und setzten ihn auf die breiten Schultern eines Mannes. Es war Ruben, der auf diese Weise mit dem Jungen verfuhr. Doch Joseph trommelte wütend mit den Füßen auf Rubens Brust.

Ruben sagte ärgerlich: „Jetzt ist es aber genug, Kleiner. Ich habe es nur gut gemeint mit dir. Hättest du noch einen Schritt weiter gemacht, wärst du in den Fluß gefallen." Dabei hielt er Josephs Beine fest. „Beruhige dich erst einmal und sieh dich um. Du hast von da oben aus die beste Übersicht von uns allen."

Da kam auch schon Lea, die alles gesehen hatte, voller Zorn herbeigelaufen und wollte Ruben tadeln, weil er sich so sehr um den Sohn ihrer jüngeren Schwester kümmerte. Doch als sie in das entschlossene Gesicht Rubens blickte, wandte sie sich wieder ab und sagte nichts.

Als Jakob jetzt den Fluß durchquerte, hörte man hier und da seines Anblicks wegen besorgte Ausrufe. Am diesseitigen

Ufer angekommen, ließ er sich mehr aus dem Sattel fallen, als daß er vom Pferd stieg. Einige der am nächsten Stehenden eilten, um ihm zu helfen. Doch da drängte sich auch schon Rahel durch die Menge, rannte auf ihren Gatten zu und rief: „Jakob, was ist geschehen?"

Als er jetzt die ersten Schritte machte, konnten alle deutlich sehen, daß er hinkte. „Sag doch, Jakob, was dir zugestoßen ist?" drängte Rahel und strich über seine Wunden. Als sie dabei Jakobs Hüfte berührte, zuckte er vor Schmerz zusammen und verzog das Gesicht.

„Faß mich nicht dort an, Rahel, bitte nicht", stöhnte er. „Und nenne mich auch nicht mehr *Jakob,* denn der Allmächtige hat gesagt, daß ich ab jetzt *Israel* heiße." Die letzten Worte hatte er mit soviel Nachdruck gesprochen, daß Rahel überrascht einen Schritt zurücktrat und ihn erstaunt anblickte, als sei er ein Fremder.

Israel! *Kämpfer mit Gott,* das war die Bedeutung dieses Namens. Joseph erinnerte sich daran, daß seine Mutter ihm gesagt hatte, Jakob müsse mit Gott kämpfen. Er klammerte sich noch fester an Ruben und betrachtete seinen Vater voller Staunen.

Der Patriarch selbst gab keine weiteren Erklärungen, sondern ging hinkend zum Lager. Vor seinem Zelt angekommen, rief er, man solle ihm ein Gefäß mit Wasser bringen, und wusch sich in Gegenwart seiner Leute. Sorgfältig reinigte er die Wunden an seinem Körper, achtete dabei aber darauf, nicht jene schmerzende Stelle an seiner Hüfte zu berühren.

Er hatte sein zerrissenes Obergewand abgelegt und achtlos beiseite geworfen. Nun stand er, nur noch mit dem Untergewand bekleidet, dort und rief nach einer neuen Tunika. Lea rannte zu ihrem Wagen und holte eine frisch gewaschene aus den Vorräten und brachte sie ihm.

In fast zeremonieller Weise nahm Jakob das saubere Gewand aus Leas Händen. Als er es angezogen hatte, hob er den Blick zum Himmel empor und begann still zu beten.

Die Umstehenden staunten über das seltsame Benehmen

ihres Herrn und wunderten sich über das Geheimnis des nächtlichen Kampfes, den Jakob hinter sich hatte, dabei beobachteten sie ihn mit atemloser Gespanntheit.

Es verging eine lange Zeit, in der Jakob mit erhobenem Kopf und geschlossenen Augen reglos in der Mitte des Lagers stand. Da wurde die Stille, die über den Versammelten lag, durch ein Geräusch unterbrochen, das zwar noch weit entfernt zu sein schien, sich aber beständig näherte und lauter wurde. Es klang wie die regelmäßigen Schritte einer marschierenden Kolonne.

Jakob beendete sein Gebet und lauschte einen Augenblick. Dann ging er, zwar hinkend aber entschlossenen Schrittes, dem Geräusch entgegen. Er verließ das Lager und lief einen kleinen Hang hinauf, in dessen Schutz die Karawane während der Nacht gelagert hatte. Oben angekommen, nahm er die Hand vor die Augen, als Schutz vor der Sonne, und hielt nach Süden hin Ausschau.

Die Herzen aller im Lager wurden von Furcht ergriffen. Sie ahnten, was dieses gleichmäßige Stampfen bedeutete. Dort rückte Esau mit seinen 400 bewaffneten Männern heran, und zwar in der Ordnung und dem regelmäßigen Schritt marschierender Soldaten. Eine Staubwolke, die von vielen Füßen und Pferdehufen aufgewirbelt wurde, näherte sich rasch, und es würde sicher nicht mehr lange dauern, bis die Herannahenden auf dem jenseitigen, höher gelegenen Hügelrand auftauchten.

Nun besann sich auch Jakob auf die notwendigen Vorkehrungen, um für alle Fälle bereit zu sein. Er wandte sich dem Lager zu und rief mit lauter Stimme zu den erwartungsvoll zu ihm Hinaufblickenden hinunter: „Vorwärts, alle Männer zu den Waffen! Stellt euch in Kampfordnung am diesseitigen Lagerrand auf, wie wir es oft geübt haben. Doch niemand soll ein Schwert oder Messer aus der Scheide ziehen, einen Speer erheben oder einen Bogen spannen!"

Das schienen recht widersprüchliche Befehle zu sein. Doch Jakob hatte durch seine Boten Esau mitteilen lassen, daß er in friedlicher Absicht zurückkehrte. Dieser gute Wille zum Frieden würde durch den Anblick blanker Schwerter und gespannter Bogen nicht gerade unterstrichen werden.

Lauter und lauter wurde der Lärm der Marschierenden. Unten im Lager liefen alle wie aufgeregte Ameisen durcheinander. Die Männer holten ihre Waffen und stellten sich in der vorher festgelegten Ordnung auf, und die Frauen und Kinder drängten sich verängstigt zusammen.

Jakob, auf dem kleinen Hügel, schien die Ruhe selbst zu sein. Als seine Männer sich einigermaßen geordnet hatten, befahl er den Mägden und ihren Kindern, sich in der Mitte des Lagers zu sammeln, während seine beiden Nebenfrauen und Frauen sich dahinter, noch näher dem Jabbok zu, aufstellen sollten. ,,Bilha und Zilpa", rief er, ,,laßt hinter euch noch genügend Raum für Lea und ihre Kinder!"

Bereitwillig gingen die Frauen auf alle Befehle Jakobs ein, während sie dabei versuchten, ihre Aufregung so gut wie möglich unter Kontrolle zu halten. Während sie sich noch bemühten, Jakobs Anweisungen zu befolgen, wandte dieser sich Rahel und Joseph zu. Und in diesem Augenblick wurde deutlicher als jemals zuvor, wer in seinem Herzen den ersten Platz einnahm.

,,Gattin", rief Jakob, ,,nimm den Kleinen und stelle dich ganz hinten auf, noch hinter Lea und ihre Kinder!"

Lea war damit beschäftigt, ihre vier ältesten Söhne bei sich zu behalten, weil diese, gegen den Willen des Patriarchen, sich unbedingt unter die kämpfenden Männer einreihen wollten. Sie hatte aber trotzdem mitbekommen, was Jakob zu Rahel gesagt hatte. Mit zornsprühenden Augen blickte sie zuerst zu Rahel und dann zu ihrem Gatten. Nie hatte sie ihre Schwester mehr gehaßt als in diesem Augenblick. Und nie war sie empörter gewesen über den Mann, den sie doch in ihrem Herzen so sehr liebte.

Da zog auch noch Dina aufgeregt an ihrem Kleid, deutete auf Joseph und fragte: ,,Kann ich zu meinem Bruder gehen? Wo er und seine Mutter stehen, ist es am sichersten."

Das war zuviel für Lea. Zornig packte sie ihre Tochter am Arm und zerrte sie mit sich fort zu ihrem Wagen, in dem sie mit ihrer Tochter verschwand. Hier war sie wenigstens nicht mehr den Blicken der anderen ausgesetzt. Leise vor sich hinweinend beschloß sie, den Wagen erst wieder zu verlassen, wenn die Krise vorüber war. Nun richteten sich die Augen aller wieder auf den Patriarchen. Der kehrte ihnen wiederum den Rücken zu und blickte aufmerksam nach Süden.

In diesem Augenblick erschien auf dem gegenüberliegenden höheren Hügelrand ein Reiter. Es war Esau, der auf einem sehr großen Rappen saß und mit seinem mächtigen roten Bart, der in der Sonne glänzte, und seinem hohen Turban einen furchterregenden Eindruck machte.

Hinter ihm erschienen jetzt Reihe hinter Reihe seine marschierenden Männer. Esau hob den Arm, und die Kolonne kam zum Stehen. Auf ein weiteres Zeichen ihres Anführers teilten sich die Bewaffneten in mehrere Gruppen auf und zogen sich nach rechts und links auseinander, so daß sie oben auf dem Hügelkamm eine breite Front bildeten.

Jakobs Männer wurde bange bei diesem Anblick. Seit Wochen hatten sie sich vor diesem Augenblick gefürchtet, wenn sie dem wilden und kampferprobten älteren Sohn Isaaks, von dem so viele aufregende Geschichten erzählt wurden, gegenüberstehen würden, weil dieser noch immer an seinem jüngeren Bruder Jakob Rache nehmen wollte.

Viele von Jakobs Männern spürten, wie ihre Stirnen und Hände vor Furcht schweißnaß wurden. Und mancher von ihnen sah schon den Untergang ihres Stammes gekommen.

Unbeweglich standen sich nun die beiden Scharen gegenüber, und alle schienen darauf zu warten, wie es weitergehen würde. Da war es Jakob, der als erster etwas unternahm. Und was er tat, drückte seinen Friedenswillen aus.

Jakobs Augen suchten den Blick des Reiters, der dort von der Anhöhe aus auf sie herabblickte. Als er ihn gefunden hatte, setzte er sich in Bewegung und begann, zwar hinkend und langsam, aber stetig und gleichmäßig auf ihn zuzugehen.

Als Jakobs Männer das sahen, ging ein Ruck durch ihre Reihen, und sie faßten ihre Waffen fester, bereit, jeden Augenblick loszustürmen. Doch ihr Anführer gab ihnen keinerlei Zeichen für irgendwelche Aktionen.

Statt dessen ging er in der Haltung eines Dieners mit ausgestreckten Händen und hinkend auf Esau zu. Zum Erstaunen seiner Leute begann er, sich zu verbeugen, und zwar immer wieder, während er sich hügelaufwärts Esau näherte. Nachdem er jeweils ein Stück gegangen war, kniete er mit ausgestreckten Händen nieder und verbeugte sich so tief, daß sein Gesicht den Erdboden berührte. Sechsmal tat er dies. Doch das Erstaunliche dabei war, das sein ganzes Benehmen dabei keineswegs Unterwürfigkeit, sondern Friedfertigkeit ausdrückte.

Diese Szene würde sich unvergeßlich in Josephs Gedächtnis einprägen, das war ihm klar. Seit Wochen hatte er Jakobs Furcht vor dieser Begegnung gespürt. Er hatte gesehen, wie unruhig die Nächte seines Vaters waren und wie er immer aufgeregter wurde, je näher sie der Grenze Edoms kamen. Doch in seiner Haltung heute war nichts Ängstliches, obwohl er sich immer wieder verneigte. Vielmehr war eine Entschlossenheit und Stärke in seiner Haltung, die auszudrücken schien, daß er das, was er sich vorgenommen hatte, nun unter allen Umständen zu Ende führen wollte, was immer es auch kosten würde.

Der Junge verfolgte das Drama, das sich vor ihm abspielte, voller Staunen. Er hatte nie verstanden, warum Esau seinem Vater nach dem Leben trachtete, noch warum Jakob vor vielen Jahren aus Kanaan geflohen war. Doch ihm war klar, daß sein Onkel Esau seinen Vater jetzt in jedem Augenblick töten konnte.

Denn der jüngere Bruder floh nicht mehr vor ihm, sondern war nun nach Hause gekommen. Er versteckte sich auch nicht hinter seinen bewaffneten Männern, sondern er brachte sich sozusagen selbst als Opfer dar. Damit appellierte er an den guten Willen seines Bruders, wenn solcher bei Esau vorhanden sein sollte, und brachte zum Ausdruck, daß er lieber sterben, als noch einmal davonlaufen würde.

Je näher Jakob seinem feindlichen Bruder kam, um so mehr richtete sich die Aufmerksamkeit der Zuschauer auf Esau. Was würde er tun? Bis jetzt saß er immer noch unbeweglich auf seinem Pferd. Hier ging es ja nicht nur um die jahrelange persönliche Feindschaft der beiden Brüder, die hier entweder ihre Lösung oder ihr bitteres Ende finden würde, sondern auch um das Schicksal des ganzen Stammes, der vielen Menschen also, die ihrem Führer von Mesopotamien bis hierher gefolgt waren.

Bis jetzt hatten Jakobs Leute den Mut ihres Patriarchen bewundert, der Esau waffenlos entgegenging. Doch als er sich jetzt wiederum bis auf den Erdboden verneigte, hielten viele von ihnen den Atem an. Esau hätte jetzt nur vom Pferd zu springen und zu Jakob laufen brauchen und ihm, was als älterer Bruder sein Recht war, den Fuß ins Genick setzen müssen. Würde er so handeln, wäre damit Jakob und sein Stamm besiegt gewesen, ohne daß es zum Kampf gekommen war.

Niemals hätten Jakobs Leute geglaubt, daß ihr selbstbewußter Patriarch sich so sehr erniedrigen könnte. Hatte er sie deshalb aus ihrer Heimat geführt, damit sie hier Sklaven dieses wilden und rücksichtslosen Mannes wurden? Sie konnten kaum glauben, daß ihr Anführer sich hier symbolisch seinem Bruder unterwarf, und in ihren Reihen wurde leises, aber ärgerliches Murren hörbar.

Jakob schien diesmal noch länger in der Demutsstellung zu verharren als vorher. Und Esau rührte sich noch immer nicht, sondern betrachtete aus zusammengekniffenen Augen seinen Bruder, an den er über zwanzig Jahre nur mit Zorn und Haß gedacht hatte.

Als Jakob damals vor ihm aus Kanaan floh, war das eine Verzweiflungstat gewesen. Er war so arm wie ein Bettler davongelaufen. Nichts weiter hatte er mit sich genommen als seine Schuld und die Kleider in seinem Sack. Nun kehrte er aus dem Land, in dem er sich verborgen hatte, zurück und war der Patriarch eines beachtlichen Stammes, der Führer vieler Menschen und Besitzer großer Herden.

Als Esau unterwegs den kleinen Viehherden begegnet war, die sein Bruder ihm als Geschenk und als Beweis seiner friedlichen Gesinnung entgegenschickte, hatte er schon voller Erstaunen festgestellt, daß Jakob im Lande seines Onkels Laban ungewöhnlichen Erfolg gehabt haben mußte. Doch er hatte die Geschenke zurückgewiesen, weil in seinem Herzen immer noch Rachegedanken waren, die durch diese Anzeichen von Jakobs Reichtum nur noch genährt wurden.

Als er jetzt auf seinen Bruder hinabschaute, tobte in seinem Herzen ein heftiger Kampf. Einerseits hätte er gern den Burschen, der ihn einmal so betrogen hatte, völlig in den Staub getreten. Und das hätte ihn wirklich nicht viel Mühe gekostet. Wer hätte ihn wohl daran hindern sollen? Etwa dieser armselige Haufen da unten im Tal? Mit denen würden seine kriegserprobten und waffengeübten Männer sehr schnell fertig werden.

Doch seit ganz kurzer Zeit regten sich da noch andere Gefühle für den verlorenen Bruder in seinem Herzen, der hier als reuiger Büßer heimkehrte. Esau wunderte sich selbst, daß er plötzlich in seinem Inneren solche brüderlichen Gefühle dem Mann gegenüber entdeckte, gegen den er jahrzehntelang nur seinen Groll genährt hatte.

Und doch — Jakob war ja sein Bruder. Sein Zwillingsbruder sogar, der unmittelbar nach ihm geboren wurde und sich bei der Geburt noch an seiner Ferse festhielt. Deshalb hatte man ihm auch den Namen Jakob gegeben, was der *Listige* bedeutete. Und so, wie er bei ihrer Geburt Esaus Ferse festhielt, hatte er später auch immer wieder nach dem Erstgeburtsrecht seines älteren Bruders gegriffen. Und durch Betrug war ihm das endlich auch gelungen.

Doch diese alte Geschichte schien jetzt gar nicht mehr wichtig zu sein, empfand Esau. Hier kam sein Bruder und entschuldigte sich für sein Unrecht, und das war alles, worum es jetzt ging.

Es war, als würde in Esaus Herz plötzlich eine alte verkrustete und verrostete Schleuse aufbrechen, von der aus nun brüderliche Liebe ihn durchströmte. Anders konnte er sich dieses völlige Übermanntwerden von diesem Gefühl nicht erklären. Esau verstand sich selbst nicht mehr, als er, da sein Bruder sich jetzt zögernd erhob, mit einem gewaltigen Satz von seinem Pferd sprang, seine Arme weit ausbreitete und auf Jakob zulief.

Bei Jakob angekommen, umarmte er ihn und zog ihn fest an sich. Jakob wurde von dieser Begrüßung völlig überrascht. Und als Esau ihn endlich aus seiner Umarmung entließ, stellte er voller Verwunderung fest, daß seinem Bruder Tränen der Freude aus den Augen in seinen mächtigen Bart liefen.

Da wurde auch Jakob von seinen Gefühlen überwältigt. Die beiden Männer fielen sich nochmals in die Arme und weinten gemeinsam.

In beiden Lagern war jetzt das Erstaunen groß. Vor allem bei Esaus Männern sah man viele, die verwundert den Kopf schüttelten. Hatten sie doch immer wieder einmal von Esaus Zorn auf seinen verräterischen Bruder gehört und wie er sich an diesem rächen würde, bekäme er die Gelegenheit dazu. Und nun das?!

Endlich hatten die beiden Brüder wieder Augen für ihre Umgebung. Esau wunderte sich immer noch über die vielen Menschen in Jakobs Lager. „Wer sind diese Leute?" fragte er.

Jakob hatte vor innerer Bewegung immer noch Mühe zu sprechen und sagte mit erstickter Stimme: „Die Kinder hat mir Gott in Seiner großen Gnade geschenkt." Es war dabei zu sehen, wie stolz er auf sie war. „Und das andere sind meine Knechte und Mägde."

Er machte eine befehlende Handbewegung zu seinen Leuten hinunter und rief nach seinen Frauen und Kindern. Bilha und Zilpa, die am weitesten vorn standen, kamen mit ihren Söhnen Dan, Naphtali, Gad und Asser zuerst heran.

Ein wenig unterhalb von den beiden Männern blieben sie stehen und verbeugten sich.

Als nächste kam Lea, die den Wagen wieder verlassen und mittlerweile eingesehen hatte, daß sie dem Ruf ihres Gatten gehorchen mußte. Doch man sah ihr die Verärgerung immer noch an. Hinter ihr kamen, dem Alter nach, in trotziger Haltung ihre sechs Söhne: Ruben, Simeon, Levi, Juda, Isaschar und Sebulon. Sie verneigten sich alle vor Esau, aber man konnte merken, wie schwer ihnen das fiel.

Dina hielt sich ängstlich am Kleid ihrer Muter Lea fest und schaute sich nach Joseph um. Doch der hatte keinerlei Interesse an ihr, sondern betrachtete aufmerksam Esau. Er allein, unter all seinen Brüdern, hatte den eifrigen Wunsch, seinen ebenso gefürchteten wie erstaunlichen Onkel näher kennenzulernen.

Zuletzt winkte Jakob Rahel und ihren Sohn herbei. Mit sanfter und liebevoller Stimme sagte er: „Das ist meine Gattin; und hier ist Joseph, mein Jüngster."

Esau konnte nicht überhören, mit welcher Zuneigung Jakob diese Worte sagte. Ganz offensichtlich war es Rahel, die Jakobs Herz für sich gewonnen hatte; und Joseph, obwohl der jüngste Sohn, schien der Liebling seines Vaters zu sein.

Auch alle anderen mußten es erkennen. Denn so deutlich hatte es Jakob noch nie zum Ausdruck gebracht. Und selbst Ruben, der den Jungen sehr gern hatte, fühlte jetzt einen kleinen Stich von Eifersucht in seinem Herzen und spürte, wie sein Körper sich versteifte. Mit gemischten Gefühlen sah er zu, als sein jüngster Bruder sich jetzt mutig Esau näherte und sich tief vor ihm verneigte, wie er es von seinem Vater gesehen hatte.

Esau blickte lächelnd auf Joseph hinab. Als dieser sich jetzt aufrichtete, hob er sein Gesicht vertrauensvoll zu dem „bösen Mann" empor, dessen Name ihn immer mit Angst und Schrecken erfüllt hatte. Esau beugte sich herab und streckte seine behaarten Arme nach ihm aus. Ohne Zögern rannte Joseph zu ihm. Esau ergriff ihn und hob ihn mit einem Ruck auf seine breiten Schultern.

Joseph thronte dort oben wie ein Fürst und sah sich voller Stolz nach allen Seiten um. Auch Jakob sah man den Stolz über den Mut seines Sohnes an.

Mit breitem Lachen wandte sich Esau jetzt wieder ihm zu. „Bruder", fragte er, „was sollen all die Viehherden bedeuten, die du mir als Geschenke zugesandt hast?"

Jakob blickte verlegen zu Boden. „Ich wollte dir mit diesen Geschenken zeigen, daß ich in friedlicher Absicht komme und hoffte auch, dadurch Gnade in deinen Augen zu finden", antwortete er endlich.

„Aber ich bin reich und besitze selbst genug Vieh, mein Bruder", meinte Esau. „Behalte doch, was dir gehört."

Jakob schüttelte den Kopf. *„Nicht doch", begann er. „Wenn ich dein Wohlwollen gefunden habe, Bruder, dann nimm das Geschenk aus meiner Hand an. Denn dafür habe ich dein Angesicht gesehen, wie man das Angesicht Gottes sieht, und du bist mir wohlwollend begegnet. So nimm doch das Geschenk an, das meine Diener dir überbrachten, denn auch Gott hat mir Wohlwollen erwiesen."*

Joseph, der sich an Esaus Nacken festhielt, fühlte, wie dieser leicht zitterte, als er der Bitte Jakobs endlich nachgab und das Geschenk des Bruders annahm.

In diesem Augenblick ahnte der Junge ein wenig, daß nicht nur sein Vater in dem Kampf während der letzten Nacht ein anderer Mann geworden war, sondern daß Gott auch das Herz Esaus in erstaunlicher Weise verändert hatte.

Was immer in der letzten Nacht in den Hügeln von Gilead, dort am Jabbokfluß, geschehen war, es mußte etwas Übernatürliches gewesen sein. Joseph wünschte sich, er hätte dabeisein können.

4. KAPITEL

Vier Jahre lebte Jakobs Stamm auf der östlichen Seite des Jordans. Und während dieser Zeit dachte Joseph immer wieder über das Geheimnis des Kampfes nach, den sein Vater in jener Nacht in Gilead ausgefochten hatte.

Und nicht ein einziges Mal in dieser Zeit sprach Jakob über jenes Ereignis. Vielleicht empfand er, die Sache sei zu heilig, um darüber zu reden. Oder vielleicht fürchtete er sich auch davor.

Als Joseph zehn Jahre alt war, brach der immer größer werdende Stamm wieder auf und zog über den Jordan hinweg nach Kanaan hinein, in das *verheißene Land,* in dem Abraham und Isaak gewohnt hatten. Nach diesem Umzug sehnte sich Joseph noch mehr nach geistlichen Dingen. Er hätte gern das Geheimnis der Auserwählung seines Volkes verstanden und wollte noch viel mehr über die Geschichte seiner Väter wissen.

Tatsächlich lebte ja sein Großvater Isaak immer noch in Kanaan. Sein Wohnort war allerdings in Hebron, bei den Eichen von Mamre. Das war viel weiter südlich als die Gegend, in der sie sich jetzt niedergelassen hatten. Doch Joseph hoffte sehr, eines Tages den ehrwürdigen alten Mann kennenzulernen. Denn so wie er immer weiter heranwuchs, so wuchs auch seine Neugier im Blick auf Isaaks Gott.

Nachdem der Stamm in Kanaan eingezogen war, wählte Jakob einen Platz in der Nähe von Sichem, um dort sein Lager aufzuschlagen. Sichem lag in dem lieblichen Hügelland etwa 30 Kilometer westlich des Jordans. Es war die Stadt von

Hamor, dem Hiwiter. Er hatte der Stadt und der Gegend rundum den Namen seines ältesten Sohnes gegeben, der ebenfalls Sichem hieß und der kommende Herrscher der Gegend sein würde.

Die Hiwiter waren ein gewalttätiger Stamm. Sie liebten den Kampf und bewachten voller Eifersucht das Gebiet, in dem sie wohnten. Doch die meisten anderen kanaanitischen Stämme waren ebenso; und Jakob wußte, daß viel Diplomatie und Rücksicht nötig war, wenn er mit seinem Stamm einen Wohnplatz unter ihnen finden wollte.

Joseph saß eines Mittags vor dem Zelt seiner Mutter und beobachtete seine Schwester Dina, die vor dem Zelt ihrer Mutter saß und sich von Lea das Haar kämmen ließ. Das Mädchen hatte ihre Mutter überredet, sie auf den Markt der Stadt gehen zu lassen, um dort die Honigkuchen zu verkaufen, die sie gebacken hatten.

Lea hatte am Tag vorher in einem hohlen Baum ein Nest mit Bienenhonig gefunden. Sie hatte noch viele andere Zutaten und Mehl genommen und einen feinen Teig zubereitet. Und den ganzen Vormittag hatten Lea und Dina nun diese köstlichen kleinen Honigkuchen gebacken, die zum Schluß noch mit einer feinen Glasur überzogen wurden. Während der gesamten Zeit war der würzige Duft durch das Lager gezogen. Nun hatte Lea die Honigkuchen vorsichtig in ein Gefäß gepackt, um sie nach Sichem auf den Markt zu bringen.

Joseph war durchaus schon alt genug, um zu bemerken, wie hübsch seine Schwester war. Voller Eifer wartete er auf sie, während sie von ihrer Mutter noch begutachtet wurde.

Er war sehr stolz, weil er Dina nach Sichem begleiten durfte. Dina hatte ihre Mutter überzeugt, daß es gut sein würde, wenn er sie begleitete. Es war sonst niemand anders verfügbar, da die älteren Brüder alle auf den Feldern bei Jakobs Herden waren. Also hatte Lea der Begleitung durch Joseph zugestimmt, da dies immer noch besser war, als wäre sie allein gegangen.

Seit Tagen schon hatte Dina ihre Mutter mit dem Wunsch geplagt, den Markt zu besuchen, die Mädchen der Stadt kennenzulernen und vielleicht einige Freundinnen zu finden. Sie fühlte sich oft ziemlich einsam, da sie unter Jakobs zwölf Kindern das einzige Mädchen war. Da Jakob die großen Felder für das ganze Jahr von Hamor gepachtet hatte, wußte sie, daß sie viel Zeit haben würde, Freundinnen zu finden.

Auch Joseph fühlte sich oft einsam. Obwohl es genug gleichaltrige Spielkameraden unter den Kindern der Diener gab, war er doch, wie auch Dina, das Kind des Patriarchen. Und dadurch ergab sich von vornherein ein gewisser Abstand zwischen ihnen und den anderen Kindern.

Joseph empfand die Einsamkeit allerdings oft noch schlimmer. Erst an diesem Morgen hatten seine älteren Brüder ihn wieder grob zurückgestoßen, als er den Wunsch geäußert hatte, mit ihnen in das Hügelland zu den Herden zu gehen. Immer war er *der Kleine*. Und außerdem war er Rahels Sohn und empfand den Neid der anderen Brüder ihm und seiner Mutter gegenüber.

Die Söhne Bilhas, der Leibsklavin Rahels, waren weniger ärgerlich auf Joseph als die anderen. Doch auch diese beiden, Dan und Naphtali, ließen ihn noch oft genug fühlen, daß sie ihn nicht recht leiden konnten, weil er Jakobs Lieblingssohn war.

Vielleicht, so überlegte Joseph, würde er in Sichem einige Jungen seines Alters und seines Standes kennenlernen. Jedenfalls würde es ein vergnüglicher Nachmittag werden. Ungeduldig wartete er darauf, daß Dina endlich erscheinen würde.

Joseph konnte recht gut verstehen, daß seine einzige Halbschwester sich unter so vielen Brüdern manchmal einsam fühlte, weil es ihm selbst oft so ging. Doch in letzter Zeit hatte er wegen einer Sache willen für sich selbst wieder mehr Mut gefaßt. In seiner Gegenwart hatte zwar bisher niemand etwas davon erwähnt, doch er wußte auch so, daß seine Mutter schwanger war. Von ganzem Herzen hoffte er nun darauf, daß sie ihm noch einen Bruder schenken würde.

Gerade in diesem Augenblick trat Rahel aus ihrem Zelt und ging die Lagerstraße hinunter. Mit jungenhafter Neugier betrachtete Joseph sie und stellte fest, daß sich ihr Leib unter dem weiten Gewand, das sie trug, doch schon etwas mehr als gewöhnlich rundete. Er wußte auch von den Beobachtungen anderer schwangerer Frauen des Stammes, daß es bei seiner Mutter noch einige Monate dauern würde bis zur Geburt des Kindes.

Dina, deren Schönheitsbemühungen nunmehr erfolgreich geendet hatten, war unbemerkt zu ihm getreten. Sie folgte seinen Blicken und bemerkte tadelnd: „Es ist nicht sehr nett von dir, wenn du deiner Mutter auf diese Weise nachblickst, du könntest sie in Verlegenheit bringen."

Joseph wurde rot bei dieser Ermahnung und stammelte: „Aber das wollte ich doch nicht . . ."

„Schon gut", lachte Dina und strich ihm über das Haar. „Komm jetzt."

Joseph sprang auf, nahm Dina die Tasche ab, und die beiden machten sich auf den Weg. „Meine Mutter wird wieder ein Baby bekommen", platzte er nach einigen Augenblicken des Schweigens heraus.

Dina kicherte und mahnte ihn: „Darüber redet man erst, bis deine Mutter selbst etwas sagt."

Doch Joseph machte sich nichts daraus. Erhobenen Hauptes schritt er neben Dina her, als könne er sich den Verdienst für dieses kommende glückliche Ereignis selbst zuschreiben.

Als Joseph und Dina Sichems Marktplatz betraten, fanden sie ihn voller Menschen, die alle kaufen und verkaufen wollten. Mit federnden Schritten schlenderte Jakobs Tochter durch die Standreihen und bestaunte die ausgestellten Waren und das bunte Treiben.

Bald hatte sie einen Platz gefunden, an dem sie ihre Honigkuchen anbieten konnte. Doch es dauerte nur kurze Zeit, da hatte sie schon alle verkauft. Dina war überzeugt davon, eine gute Händlerin zu sein, weil sie so schnell und zu einem so guten Preis ihre Ware losgeworden war. Doch Joseph war nicht so sicher, daß Dinas Geschäftstüchtigkeit diesen Erfolg gebracht hatte.

Joseph war nicht entgangen, daß der alte Kerl, mit dem Dina gehandelt hatte, mehr noch von ihrer Schönheit als von der Qualität ihrer Ware beeindruckt war. Begeistert hatte er mit dem Kopf genickt und mit den Augen geblinzelt. Dabei hatte sein Ziegenbart aufgeregt hin und her gewackelt. Ohne groß zu handeln, hatte er Dina ihren ganzen Kuchenvorrat abgekauft und den verlangten Preis bezahlt.

Als Joseph nun mit seiner Schwester langsam durch das Gedränge ging, wuchs sein Beschützerwille noch, denn überall standen alte und junge Männer herum, die ganz offen die Schönheit Dinas bewunderten.

Dina selbst schien diese offensichtliche Bewunderung gar nicht zu bemerken. Sie hatte, nachdem ihre Kuchen verkauft waren, nur eine Sache im Sinn. Sie hielt Ausschau nach Mädchen ihres eigenen Alters. Endlich sah sie eine Gruppe junger Mädchen vor einem Stand stehen, an dem sehr schöne Stoffe zum Kauf angeboten wurden.

Als sie sich den Mädchen näherten, wandte Dina sich an Joseph. „Du bist mein Begleiter", erinnerte sie ihn. „Du mußt mich jetzt den Mädchen vorstellen."

Joseph fuhr erregt zurück. „Ich?" rief er empört. „Nicht für einen ganzen Beutel voll Silber würde ich das tun. Ich werde mich doch nicht dem Gekicher dummer Mädchen aussetzen. Laß uns weitergehen!" Er packte Dinas Ärmel und wollte sie weiterziehen.

„Nicht so laut", befahl Dina, deren Gesicht vor Verlegenheit rot geworden war. „Sie werden sonst hören, was du sagst."

Doch sie hatten Josephs Worte offensichtlich schon verstanden. Denn sie schauten lachend zu, wie die beiden sich jetzt stritten. „Du hast alles verdorben", fauchte Dina empört. „Auf diese Weise werde ich nie Freundinnen finden."

Tränen traten ihr in die Augen, als sie sich jetzt abwandte und auf eine ruhige Nische hinter dem Marktbrunnen zueilte. Joseph, der auf eine solche Reaktion nicht gefaßt war, stand unschlüssig inmitten der geschäftigen Menschen. Als er sah, daß die Mädchen ihn jetzt laut lachend betrachteten, lief er beschämt seiner Schwester nach.

Doch noch ehe er Dina erreichte, kümmerte sich schon ein anderer um sie. Joseph blieb überrascht stehen, als er den stattlichen jungen Burschen erblickte, der in fürstlicher Kleidung und auf einem prächtigen weißen Pferd sitzend sich jetzt Dina näherte. Alle jungen Frauen auf dem Marktplatz blickten dem jungen Mann nach, machten einander auf ihn aufmerksam und flüsterten seinen Namen. Denn Prinz Sichem, der Sohn Hamors, des Herrn der Stadt und der ganzen Gegend, mischte sich nicht sehr oft unter das einfache Volk.

Als Joseph sich jetzt zögernd näherte, war der junge Mann schon von seinem Pferd gestiegen und beugte sich über Dina, die sich weinend ganz in die Mauernische gedrückt hatte.

Joseph war ganz verblüfft und wußte nicht, wie er sich dem vornehmen jungen Herrn gegenüber, der offensichtlich ein Prinz war, benehmen sollte. Denn einen fürstlichen Eindruck erweckte der große und hübsche Mann mit seinem dunklen Bart, dem vornehmen grünen Gewand, über dem er einen rosafarbenen mit Silber bestickten Umhang trug. Der prächtige Turban unterstrich den Eindruck noch.

Doch Joseph gefiel die vertrauliche Art, mit der dieser junge Mann sich zu Dina beugte, keinesfalls. Er war noch näher gekommen und verstand nun die schmeichelnden und süßen Worte, mit denen der Bursche das fremde Mädchen tröstete.

„Herr", unterbrach Joseph den Wortschwall des jungen Mannes, „dieses Mädchen ist meine Schwester. Es wäre sehr freundlich von dir, wenn du sie in Ruhe lassen würdest. Ich kümmere mich schon um sie."

Dina, die sich mittlerweile auch dem Fremden zugewandt hatte, schien von der großartigen Erscheinung des Mannes aufs höchste beeindruckt zu sein. Sie warf Joseph einen warnenden Blick zu und machte eine kurze Handbewegung, die ihn aufforderte, sich zurückzuhalten.

Doch Joseph ließ sich dadurch nicht beruhigen. Obwohl er noch jung und viel kleiner war als der andere, fühlte er sich als Dinas Begleiter auch als ihr Beschützer.

Der Prinz schenkte dem Jungen ebenfalls ein freundliches Lächeln und sagte in ruhigem Ton: „Das ist meine Stadt, und ich kann es nicht ertragen, wenn junge Mädchen innerhalb unserer Tore weinen. Deshalb bin ich vom Pferd gestiegen."

Joseph war sich nicht sicher, wie er sich dem Prinzen gegenüber verhalten sollte, noch dazu, da dieser sich so freundlich gab. Er schwieg einen Augenblick, hob aber dann den Kopf noch höher und antwortete: „Wir sind Kinder Jakobs, des Hebräers, der draußen Land von deinem Vater gepachtet hat. Du wärst klug, wenn du dir unsere Freundschaft erhalten würdest."

Sichem blickte achselzuckend in die Richtung, wo er das Lager der Hebräer wußte. Alle Arbeit draußen auf dem Land langweilte ihn. Er war schon dabei, sich verächtlich über die Lebensweise der Beduinen zu äußern, schluckte die Worte aber hinunter, weil er Dina nicht verletzen wollte. Das Mädchen war das Ziel seiner Wünsche, deshalb blieb er weiterhin freundlich.

Er deutete Joseph gegenüber eine leichte Verbeugung an und sagte: „Bitte, bestelle deinem Vater meine Grüße." Dann wandte er sich wieder Dina zu und zog ihre Hand an seine Lippen. „Du und ich, liebes Mädchen, wir werden uns ganz sicher wieder begegnen", sagte er sanft. Damit bestieg er sein Pferd, winkte Dina nochmals zu, und galoppierte zum Stadttor hinaus.

Dina stand wie erstarrt und schaute dem Prinzen voller Bewunderung nach.

Doch Joseph fühlte, wie es ihm kalt über den Rücken lief. Er ahnte, daß der Mann genau das meinte, was er gesagt hatte: Er und Dina würden sich wieder treffen. Und dieser Gedanke gefiel Joseph überhaupt nicht.

5. KAPITEL

Joseph fuhr aus dem Schlaf hoch. Irgend etwas hatte ihn geweckt. Am Stand der Mondstrahlen, die in das Zelt seiner Mutter schienen, erkannte er, daß es mitten in der Nacht war. Am Zelteingang sah er die Silhouette eines Menschen. Als er näher hinblickte, erkannte er Dina.

Mit einem Ruck saß er aufrecht und wollte ihren Namen rufen. Doch Dina kam ihm zuvor. Sie machte eine mahnende Armbewegung und flüsterte: „Sei leise, du weckst sonst Rahel. Komm nach draußen." Dinas Stimme klang drängend und gleichzeitig bedrückend.

Leise huschte Joseph aus dem Zelt und trat zu ihr. Dina stand im Schatten. Sie zitterte am ganzen Leib und ließ die Schultern hängen. „Was ist mit dir?" flüsterte Joseph. „Geht es dir nicht gut?"

Das Mädchen zitterte noch mehr. Sie faßte ihn am Arm und zog ihn zu einer Gruppe von Bäumen am Rande des Lagers. „Du darfst aber niemandem etwas sagen", forderte sie dort von dem Jungen. „Versprich mir, daß du nichts sagen wirst!"

„Nichts sagen? Was soll ich denn nicht sagen?" fragte er verwirrt.

„Ich habe am Abend, nach Einbruch der Dunkelheit, Leas Zelt verlassen. Ich konnte nicht schlafen, sondern mußte die ganze Zeit an Prinz Sichem denken."

„Na und?" meinte Joseph kopfschüttelnd. „Deshalb weckst du mich?"

„Halt, warte, Kleiner. Ich muß es einfach jemand erzählen", fuhr Dina fort. Dabei blickte sie auf ihre Hände und bemerkte, wie diese bebten. Sie stöhnte: „Ich bin entehrt worden. Ich habe meine Unschuld verloren. Aber verachte mich deshalb bitte nicht."

Der Junge hatte diesen Ausdruck früher schon gehört und wußte, was er bedeutete. Doch es war ihm im Augenblick unmöglich, ihn mit seiner Schwester in Verbindung zu bringen. Kopfschüttelnd meinte er: „Ich verstehe nicht, was du sagen willst."

Dina betrachtete sein unschuldiges Gesicht und begann zu schluchzen. Sie führte Joseph zu einem umgefallenen Baumstamm. Dort setzten sie sich, und Dina begann zu erzählen: „Ich habe, nachdem es dunkel geworden war, das Lager verlassen." Sie atmete schwer und seufzte, ehe sie fortfuhr: „Ich bin weiter hinausgegangen, als gut war. Alle schliefen schon, und die Wache hat mich nicht bemerkt. Der Prinz muß draußen gewartet haben. Ich weiß auch nicht, wieso er wußte, daß ich kommen würde. Jedenfalls hat er mich in der kleinen Senke gefunden, und ..." Wieder begann sie so heftig zu schluchzen, daß ihr ganzer Körper bebte.

Nun begriff Joseph alles. „Das Schwein!" rief er empört und sprang wütend auf. „Ich werde ihn umbringen!"

Mit geballten Fäusten schaute er um sich, als könne er den Menschen finden, der seine Schwester so schändlich behandelt hatte. Er hob einen trockenen Ast auf und fuchtelte damit in der Luft herum, als hätte er einen unsichtbaren Feind vor sich. „Ich werde es Jakob erzählen", sagte er voller Zorn. „Und du gehst zurück in das Zelt deiner Mutter."

„Ich habe dich doch gebeten, niemandem etwas zu sagen, Joseph", rief das Mädchen. „Bitte, du darfst es unserem Vater nicht erzählen!" Sie sprang auf, rannte Joseph nach und packte ihn an den Schultern, um ihn festzuhalten.

Joseph wollte sich losreißen. Doch sie war größer und stärker als er und zwang ihn zu Boden. Als sie ihn überwältigt hatte, blickte sie ihm ins Gesicht und bettelte: „Hör mich doch an, Joseph. Sichem sagt, er habe mich lieb. Er sagt, er möchte mich heiraten. Vielleicht ist er gar nicht so schlecht!"

Joseph lag ganz still und starrte ungläubig auf seine Halbschwester. Er konnte nicht begreifen, was er hörte. „Bist du von Sinnen?" fuhr er sie endlich an. Und in anklagendem Ton fragte er: „Hat er dich mit Gewalt gezwungen oder nicht?"

Dina fuhr bei dieser bohrenden und intimen Frage zurück. „Wieso ... wieso?" stammelte sie. „Wofür hältst du mich?"

„Hat er dich nun gezwungen", forschte Joseph weiter, ... oder hast du ..."

Da wurde Dina wütend. Mit zornsprühenden Augen versetzte sie ihrem Bruder eine heftige Ohrfeige, sprang auf und rannte tiefer in den Wald hinein.

„Natürlich hat er dich gezwungen!" schrie Joseph ihr nach. „Und er wird es bezahlen müssen!" Er sprang auf, rannte wie ein gehetzter Hirsch zum Lager zurück und verschwand in Jakobs Zelt.

Nachdem sie Joseph nicht mehr sehen konnte, fiel Dina auf ihre Knie. Sie fühlte sich verlassen und war verzweifelt. Sie konnte plötzlich selbst nicht mehr sagen, wie alles gekommen war. War sie nun Prinz Sichems Opfer geworden, oder hatte sie ihn durch ein gewisses Entgegenkommen ermuntert?

Plastisch stand das Geschehen der vergangenen Stunden wieder vor ihren Augen, und vielerlei verschiedene Gefühle durchzogen ihre Seele; solche der Schuld, der Scham, aber auch der Freude.

Plötzlich zog ein schneidender Schmerz durch ihren Unterleib, der sie dazu zwang, sich in das durch den frühen Tau naß werdende Gras zu setzen. Sie wußte nicht, ob sie Sichem lieben oder hassen sollte, und verstand ihr ganzes Leben nicht mehr.

Vater Jakob saß vor seinem Zelt im Schatten der Eichen. Zwischen den Fingern seiner rechten Hand hielt er einen Fuchsschwanz, den er, scheinbar sinnlos, immer wieder in der Luft kreisen ließ. Immer wieder schaute er über die Ebene der Hiwiter hinweg zur Stadt Sichem hin.

Er hatte den ganzen Tag noch mit niemandem gesprochen und sich auch nicht um seine täglichen Pflichten gekümmert. Und selbst Rahel schien ihn heute nicht zu interessieren.

Joseph, der eine der Kühe seiner Mutter melkte, beobachtete ihn von der Seite und fragte sich, welche Gedanken wohl durch den Kopf seines Vaters gingen?

Seit er ihm die Geschichte von Dinas Entehrung berichtet hatte, wunderte er sich über Jakobs Haltung. Als er kurz vor der Morgendämmerung Jakobs Zelt betrat und den Patriarchen weckte, hatte dieser sich aufrecht auf seine Schlafmatte gesetzt und aufmerksam zugehört. Am Ende der Geschichte hatte er einen langen Augenblick nachdenklich geschwiegen und dann gesagt: „Du hast das Richtige getan, Joseph, geh nun noch ein wenig zu Bett."

Den ganzen Tag saß sein Vater nun schon allein vor dem Zelteingang und war offensichtlich tief in Gedanken versunken. Immer wieder blickte er über die Ebene, als erwarte er jemand.

Joseph hätte angenommen, er warte auf die Rückkehr seiner zehn älteren Brüder. Doch die waren auf den Weiden bei den Herden und mußten von der anderen Seite kommen, nicht aus der Richtung der Stadt.

Joseph hatte auch bemerkt, wie das Gesicht Jakobs ab und zu einen listigen Ausdruck annahm, den er sich nicht erklären konnte. Der Junge konnte sich nicht vorstellen, was dabei in den Gedanken des Mannes vorging. Er konnte doch nicht irgendwelches Vergnügen an der Schande seiner Tochter haben? Doch die meiste Zeit saß Jakob nur unbeweglich und schweigend und mit verschlossenem Gesicht dort.

Wenn die Augen Jakobs sich doch einmal von der Ebene abwandten, dann blickte er zu dem großen Altar aus Steinen hin, den er sofort nachdem sie hier angekommen waren errichtet hatte. Es war dann so, als bete er zu Gott und suche bei Ihm Rat und Leitung.

Joseph legte seinen Kopf an den warmen Leib der Kuh. Er hatte mit beiden Mitleid: mit Dina und mit seinem Vater.

Der Patriarch hatte so lange geschwiegen, daß Joseph völlig überrascht war, als er jetzt laut fragte: „Liebt sie ihn denn?"

Der Junge war nicht sicher, ob die Frage ihm gegolten hatte. Deshalb erhob er sich, wischte die mit Milch beschmierten Finger an seinem Gewand ab und fragte: „Was sagtest du, Vater?"

„Ich meine deine Schwester", erklärte Jakob. „Liebt sie diesen Mann?"

„Woher soll ich das wissen?" antwortete Joseph achselzuckend.

„Du solltest es eigentlich wissen, denn sie kam in der Stunde ihrer Not zu dir", erklärte Jakob scharf, weil ihm der aufrührerische Unterton in der Stimme seines Sohnes nicht gefiel.

Joseph sagte eingeschüchtert: „Ich nehme an, sie denkt, daß sie ihn liebt. Aber was kann sie schon wissen?"

Diese Worte nahm Jakob zum Anlaß, seinen Sohn scharf zu tadeln: „Ein Mann Gottes hat Achtung vor den Frauen", mahnte er. „Deshalb darfst du von deiner Schwester nicht so verächtlich reden."

Der Junge empfand diesen Tadel wie einen Schlag ins Gesicht. „Ja, Herr", flüsterte er.

Jakob schwieg nun wieder und begann aufs neue, den Fuchsschwanz in seiner Hand herumzuwirbeln. Nach einer ganzen Weile forschte er: „Hat sie dir gesagt, wie er mit ihr umgegangen ist? Hat er wirklich sein Herz vor Dina offenbart?"

Joseph wurde das Thema immer unangenehmer. Er wünschte, sein Vater würde das Mädchen selbst fragen und nicht ihn. Doch Dina war den ganzen Tag in Leas Zelt geblieben. Und Jakob hatte sie aus Mitleid in Ruhe gelassen.

Joseph überlegte und begann endlich stockend: „Sie sagte, er habe sehr freundlich mit ihr gesprochen und — und er sei sehr zart zu ihr gewesen und ..."

„Ja? Nun sage es schon!" forderte Jakob.

„... und er habe den Wunsch, sie zu heiraten", brachte Joseph heraus. Er haßte es, dies zugeben zu müssen, und bemerkte voller Staunen, daß es seinem Vater zu gefallen schien.

„Ich habe viel Gutes von dem Prinzen Sichem gehört", meinte Jakob nachdenklich. „Alle sagen, er sei viel besser als sein Vater."

„Aber Vater, du kannst doch nicht meinen ... Vater, Sichem hat meine Schwester entehrt", empörte sich der Junge.

Jakob hörte den Protest seines Sohnes wohl, antwortete aber nicht. Joseph war noch zu jung, um zu erkennen, daß man aus diesem nächtlichen Vorfall vielleicht auch Gutes machen konnte, so seltsam das im Augenblick auch klingen mochte. Doch der Patriarch sah keine Notwendigkeit, seinem Sohn die sich eventuell ergebenden Möglichkeiten zu erklären.

Joseph hörte nun, daß seine älteren Brüder von den Weiden zurückkehrten. Sie kündigten sich durch ihre fröhlichen Rufe an, die sie ihrer Ankunft ins Lager vorausschickten. Jakob mußte seine Aufmerksamkeit nunmehr ihnen zuwenden, um ihnen in der rechten Weise die Nachricht von der Schande ihrer Schwester beizubringen.

6. KAPITEL

Jakobs ältere Söhne liefen aufgeregt und zornig vor dem Zelt ihres Vaters hin und her und stießen Verwünschungen gegen Sichem und Hamor aus. Simeon wütete vor Zorn, Levi schüttelte seine Fäuste haßerfüllt in der Luft, Ruben und Juda sannen auf Rache.

Gad und Ascher saßen aufgeregt redend beieinander, während Isaschar und Sebulon, die engsten Brüder Dinas, wütend Pläne schmiedeten, um die Ehre ihrer Schwester zu rächen.

Immer und immer wieder versuchte Jakob sie zu beruhigen und ihre wilden Wutausbrüche zu dämpfen. „Denkt doch auch an Dinas Gefühle und auch an ihr Ansehen bei anderen", mahnte er die jungen Männer. „Ihr wißt doch gar nicht, wie sie in ihrem Herzen fühlt, und kennt auch nicht das Herz dieses Sichem."

„Aber wir wissen jedenfalls, was eine böse und üble Tat ist, wenn wir von einer solchen hören", erklärte Simeon wütend. „Du willst doch diesen Kanaaniter nicht auch noch verteidigen? Das, was er getan hat, darf einfach nicht sein!"

Jakob schüttelte den Kopf, erhob sich von seinem schattigen Sitz und trat in die Mitte seiner Söhne. „Die Sache ist tatsächlich sehr schlecht", stimmte er ihnen zu. „Doch manchmal kann man auch das schlimmste Übel noch zum Guten wenden. Hört mir jetzt einmal zu. Wenn dieser Sichem den Wunsch hat, eure Schwester zu heiraten — und soweit ich gehört habe, ist das sein Wunsch —, dann werden wir sein Verlangen zu unserem Vorteil ausnutzen."

Joseph, der in der Nähe saß und alles mit anhörte, konnte die Ansicht seines Vaters nicht begreifen.

Doch Jakob war von den Möglichkeiten, die sich ergeben konnten, schon völlig eingenommen und begann seine Meinung zu erklären:

„Wir werden folgenden Brautpreis fordern", begann er eifrig. „Wir werden einen Handelsvertrag mit den Hiwitern fordern, damit wir weniger Steuern und Zoll zu bezahlen brauchen. Außerdem verlangen wir, daß auf die Waren, die wir ihnen verkaufen, eine Sondersteuer gezahlt werden muß. Dadurch wird unser Einkommen zusätzlich vermehrt. Da wir durch die Heirat ihre Verwandten werden, fordern wir, daß sie uns das Land auf unbeschränkte Zeit verpachten. Dann kann Hamor uns nicht mehr kündigen und auch den Pachtpreis nicht mehr erhöhen.

Außerdem", fuhr er mit blitzenden Augen fort und unterstrich seine Worte durch energische Handbewegungen, „sollte Dina diesem Prinzen Sichem einen Sohn gebären, dann gehören wir zu einer königlichen Familie. Denn dieser Junge wird einmal Anspruch auf den Thron der Hiwiter haben."

Joseph verschlug es durch das, was er hörte, die Sprache. Er war entsetzt. Das also war die andere Seite seines Vaters, durch die er sich und andere immer wieder in Schwierigkeiten gebracht hatte. Auf ähnliche Weise hatte er seinem Bruder Esau wohl für einen Topf voller Linsen sein Erstgeburtsrecht abgeschwatzt. Und auf ähnliche Weise hatte er wohl auch bei den Herden von Großvater Laban einen Weg gefunden, damit der größte Teil der neugeborenen Tiere stets ihm zufiel. Ja, das war der Jakob, der sogar seinen blinden Vater Isaak betrog, indem er sich vor ihm als Esau ausgab, um den Erstgeburtssegen des Patriarchen für sich zu gewinnen.

Zu des Jungen Erstaunen schienen die Argumente Jakobs zumindest Ruben und Juda einzuleuchten, denn sie hörten eifrig und mit aufmerksamen Gesichtern zu.

Aber Joseph bemerkte auch, daß Simeon und Levi unzufrieden waren. Doch Jakob schien es nicht weiter ernst zu nehmen, daß die beiden sich etwas abseits hielten und miteinander flüsterten. Er war so überzeugt von seinen Ideen, daß er glaubte, alle seine Söhne würden die Klugheit seines Planes ebenfalls erkennen.

Doch es schien auch kaum mehr Zeit zu sein, über die Ideen des Patriarchen zu diskutieren, denn von der Stadt Sichem her kam über die Ebene eine große Schar von Menschen herangezogen. Man konnte fast den Eindruck gewinnen, alle männlichen Einwohner der Stadt hätten sich aufgemacht. Angeführt wurde der Zug von zwei Männern, die auf prächtigen weißen Pferden saßen.

Joseph erkannte in einem der beiden sofort den hiwitischen Prinzen, und er fühlte, wie seine Haut zu prickeln begann.

Groß, dunkel und stolz ritt er in prächtiger Kleidung mit hocherhobenem Haupt vor den anderen her, als hätte er nicht erst in der letzten Nacht eine große Schandtat begangen.

Für Jakobs jüngsten Sohn war der Prinz ein Monster. Er ballte seine Fäuste und wünschte sich, seine älteren Brüder würden hier und jetzt Rache an diesem Mann nehmen. Er würde sich mit ihnen in den Kampf stürzen und wie ein tapferer Soldat neben ihnen fechten.

Doch Jakob sah die Dinge anders, denn er hatte schon den ganzen Tag auf diesen Augenblick gewartet. Er war überzeugt gewesen, daß Hamor und Sichem sehr schnell um Dinas Hand bitten würden. Und der schlaue Patriarch wollte seinen Vorteil so gut wie möglich ausnutzen.

Als die Geräusche der herannahenden Schar lauter wurden, versammelten sich die Angehörigen von Jakobs Stamm auf einer kleinen Anhöhe im Lager und fragten sich, was da auf sie zukam. Bis jetzt wußten ja außer Dina, Jakob und Jakobs Söhnen noch niemand etwas von dem, was geschehen war.

Der erste Gedanke der Stammesangehörigen war: Die Hiwiter wollen uns angreifen. Doch beim Näherkommen erkannten sie, daß ihre Führer unbewaffnet waren. Und auch niemand in dem Haufen hinter ihnen schien Waffen zu tragen. Erregt tauschten Jakobs Leute untereinander ihre Meinungen aus und beobachteten mit wachsendem Erstaunen, was sich da anbahnte.

Jakob hatte sich vorgenommen, zunächst einmal einen sehr uninteressierten Eindruck zu machen. Deshalb setzte er sich wieder auf den Stuhl vor seinem Zelt und begann von neuem mit dem Fuchsschwanz zu spielen.

Jakob sah nicht, wie Dina voller Furcht und gleichzeitig voller Erwartung vor das Zelt ihrer Mutter trat. Doch Joseph sah es, und er bemerkte auch, welch widerstreitende Gefühle in ihrem Gesicht zu lesen waren, als sie den heranreitenden Sichem erkannte. Auch Sichem bemerkte das Mädchen sofort, als es aus dem Zelt trat. Und auf seinem Gesicht war Bewunderung für ihre Schönheit zu lesen.

Joseph fühlte, wie die Spannung in ihm wuchs. Beschützerinstinkt, Ärger und Zorn regten sich in ihm. Doch da er von allen der Jüngste war, hatte er kein Recht, sich jetzt in die Sache einzumischen.

Höflich zügelte Hamor sein Pferd in angemessener Entfernung vor Jakob, stieg ab und verbeugt sich. Obwohl Jakob keinesfalls eine höhere Stellung einnahm als er— es war eher umgekehrt, da Jakob Land von ihm gepachtet hatte —, mußte er die nötige Achtung zeigen, da er mit einem Anliegen kam.

In dem Wissen, daß er im Augenblick im Vorteil war, blieb der Patriarch sitzen und erwiderte Hamors Gruß mit einem zurückhaltenden Kopfnicken.

„Jakob, genannt Israel", begann Hamor, „meine Leute und dein Stamm sind Nachbarn. Wir kommen als Freunde."

Der Hebräer richtete sich auf seinem Stuhl ein wenig höher auf, gab aber keine Antwort.

Als Hamor sich jetzt aufrichtete, blickte er in die zornigen Gesichter der Söhne Jakobs, erkannte ihre gespannte Haltung und die geballten Fäuste. „Ich will keine beschönigenden Worte machen", sagte er nach kurzem Schweigen, „denn ich bin sicher, ihr wißt, weshalb wir gekommen sind."

Er warf einen besorgten Blick auf Jakobs Söhne und fuhr fort: „Die Seele meines Sohnes Sichem sehnt sich nach deiner Tochter." Dabei verbeugte er sich nochmals. „Ich bitte dich, gib sie ihm zur Frau."

Joseph bemerkte, wie Dina vor Freude ganz rot wurde. Ihre Augen hingen voll Liebe und Verlangen an Sichem.

Doch Hamor war noch nicht zu Ende. Er schlug vor: „Laßt uns doch Freunde und Verbündete werden in diesem wilden Land. Wir haben rundum viele Feinde, die nur auf eine Gelegenheit warten, uns das wegzunehmen, was wir besitzen. Doch gemeinsam werden wir stärker sein. Laßt uns noch mehr Ehen untereinander schließen. Gebt uns eure Töchter zu Frauen, und wir wollen unsere Töchter euren Söhnen geben."

Hamor schwieg einen Augenblick, um zu sehen, welchen Eindruck seine Worte machten, dann holte er tief Luft und fuhr fort: „Ihr sollt als Gleichberechtigte auf diesem Land wohnen und es benutzen, als gehöre es euch. Ihr könnt ohne Einschränkungen Handel treiben und müßt keine Abgaben an uns zahlen. Wir werden uns freuen, wenn es euch gut geht."

Jakob war von diesen Worten völlig überwältigt und war ganz blaß geworden. So viel hatte er in seinen ausschweifendsten Plänen nicht zu hoffen gewagt. Was er hörte, klang geradezu unglaublich.

Auch Juda und Ruben konnten ihr Erstaunen und ihre Freude kaum verbergen. Und als jetzt auch noch Prinz Sichem vor ihrem Vater auf die Knie fiel, wechselten sie triumphierende Blicke. Auch Jakob selbst traf dieser Kniefall wie ein Schock, und er hatte große Mühe, die rechten Worte zu finden.

Doch da begann der Prinz auch schon mit flehender Stimme: „Laßt mich Gnade finden vor euren Augen. Was immer ihr verlangt, will ich geben."

Die offensichtliche Aufrichtigkeit und Ernsthaftigkeit des jungen Mannes beeindruckte jeden. Die Frauen des Stammes flüsterten aufgeregt untereinander, und Dinas Wangen waren naß von Tränen.

„Ich werde alles geben, was ihr wollt", rief Sichem nochmals, „aber gebt mir das Mädchen zur Frau.

Jakob war sprachlos. Endlich erhob er sich doch, trat zu dem knienden Sichem und hob ihn auf. Freundlich schaute er in das vor Eifer glühende Gesicht des Prinzen, und ein Lächeln überzog seine Miene.

Doch gerade, als er jetzt zu einer Antwort ansetzte, traten Simeon und Levi, die sich bis jetzt leise unterhalten hatten, eilig nach vorn. Mit hinterhältigem Grinsen unterbrachen sie die Verhandlungen, als hätten sie ein Recht dazu. „Wir können die Sache so nicht zulassen", warf Levi ein und gab sich Mühe, dabei einen enttäuschten Eindruck zu machen, „denn ihr seid Kanaaniter und deshalb nicht beschnitten."

Jakob warf den beiden einen verwunderten Blick zu. Doch wiederum war er nicht schnell genug, um das Wort zu ergreifen. Simeon unterbrach ihn: „Ja, so ist es! Es wäre gegen unsere Tradition und ein Verstoß gegen alle Sitten unseres Stammes."

„Jetzt will ich ...", versuchte Jakob sich einzuschalten. Doch Simeon ließ sich nicht unterbrechen, sondern fuhr fort, obwohl auch das Murmeln ihrer Stammesangehörigen in ihrem Rücken immer mehr anschwoll:

„Allerdings wollen wir unsere Zustimmung zu euren Vorschlägen gern geben, wenn ihr euch alle beschneiden laßt", sagte er mit schmeichlerischer Freundlichkeit und mit ausgebreiteten offenen Händen. „Dann wollen wir euch auch gern unsere jungen Frauen geben und eure Mädchen für uns nehmen und wollen Freunde und Verbündete sein."

Der Patriarch war von den Worten seiner Söhne überrumpelt worden. Er versuchte nun, die weiteren Verhandlungen friedfertig zu führen, damit keine Streitigkeiten entstanden. Er konnte sich nicht denken, warum seine beiden Söhne von den Kanaanitern diese blutige Handlung forderten. Es gab in ihrem Stamm keine Vorschriften, die das verlangt hätten, wenn ein Mädchen aus ihrer Mitte in einen anderen Stamm verheiratet wurde. Doch es war nicht angebracht, Simeon und Levi hier vor den Kanaanitern mit ihrer falschen Behauptung bloßzustellen. Die Besucher hätten dann vielleicht an der Ehrlichkeit des ganzen Stammes gezweifelt. Als Hamor ihn jetzt fragend anschaute, zuckte Jakob nur mit den Achseln.

Die Hiwiter zogen sich ein wenig zurück, um die Angelegenheit unter sich zu besprechen. Als Hamor dann nach einiger Zeit wieder zu Jakob trat und bekanntgab, sie würden der Forderung zustimmen und sich alle beschneiden lassen, konnte Jakob nichts weiter tun, als Hamors Angebot anzunehmen. Zitternd vor Erregung rief er nach Dina.

Das Mädchen, das niemand anders sah als ihren Geliebten, kam herbeigerannt. Mit einer einfachen Zeremonie legte der Patriarch Dinas Hand in die Sichems. Der Prinz bestieg nun sein Pferd und hob Dina zu sich hinauf. Dann hob er grüßend die Hand und machte sich mit seinem Vater und seinen Begleitern auf den Heimweg.

Dina war nun also verheiratet, und Joseph beobachtete mit Tränen in den Augen, wie sie mit Sichem davonritt.

7. KAPITEL

Drei Nächte später loderten überall in Sichem feurige Flammen empor, und bald brannte die ganze Stadt so gewaltig, daß sich der Himmel darüber feurig rot färbte.

Ob es nun von dem Feuer war oder von dem kläglichen Geschrei, das sich in der Stadt erhob, war nicht zu sagen. Jedenfalls wurde der gesamte Stamm Jakobs wach, und erschrocken beobachteten die Menschen das Unheil, das über Sichem gekommen war.

Auch Jakob kam aus Rahels Zelt gestürzt. Er hatte nur schnell eine Decke um seine Hüften geschlungen. Hinter ihm blickte Rahel heraus und schrie erschreckt auf bei dem Anblick, der sich ihr bot.

Joseph, der nicht mehr so oft im Zelt seiner Mutter schlief wie früher, war in dieser Nacht bei den Hirten, die Wache hatten. Er und die Hirten hatten als erste das Feuer gesehen und die schrecklichen Schreie voller Angst und Not gehört. Nun rannte er ins Lager zu seinem Vater. Hinter ihm folgten die anderen Brüder: Ruben, Juda, Gad, Asser, Dan, Naphtali, Isaschar und Sebulon. Doch wo waren Simeon und Levi?

Schnell überblickte Jakob die Situation. Als er nun den schlauen Plan der beiden nicht anwesenden Söhne erkannte, wurde sein Gesicht von einer Mischung aus Zorn und Scham überzogen.

„Was haben die beiden nur getan!" schrie er und reckte anklagend die Arme zum Himmel. Dann fiel er auf sein Angesicht, füllte seine Hände mit Erde, die er über sein

Haar warf, und weinte: „Jahwe! Allmächtiger Gott, rette uns! Was haben sie getan!"

Ruben und Juda blickten auf Joseph, der noch immer nicht verstand, welches Übel die Einwohner Sichems getroffen hatte. Ruben zog den Jungen an sich und flüsterte: „Simeon und Levi haben Schande über unseren Vater und den ganzen Stamm gebracht. Sie sind über die Hiwiter hergefallen, die uns vertrauten, und zwar als sie in ihrer schwächsten Stunde waren."

Josephs Gesicht verdüsterte sich. Er wußte, was der Begriff *schwächste Stunde* bedeutete: Es war die Zeit, da nach der Beschneidung eines Mannes sein Wundfieber und die Schwäche am größten und schlimmsten waren.

In ihrem Stamm wurde der Ritus der Beschneidung an den männlichen Kindern vorgenommen, wenn sie acht Tage alt waren. Zu diesem Zeitpunkt schienen die Babys dabei die wenigsten Schmerzen und Schwierigkeiten zu haben. Das hatten sie durch die Erfahrungen mehrerer Generationen gelernt.

Doch die Bürger Sichems ertrugen diese Operation nunmehr als Erwachsene. Und in der Regel war dann der dritte Tag nach der Beschneidung der schlimmste.

Kaum hatte Joseph begriffen, was da geschah, da wurde ihre Aufmerksamkeit auf das Stadttor gelenkt. Dort erschienen, durch das dahinter brennende Feuer gut zu erkennen, zwei Reiter, gefolgt von einer Schar von Männern zu Fuß. Die Beobachter erkannten in den beiden Reitern Simeon und Levi, die nun mit ihren persönlichen Knechten, mehr als 50 an der Zahl, aus der brennenden Stadt zurückkehrten. In den Händen hielten sie Schwerter und Speere, mit denen sie siegestrunken in der Luft herumfuchtelten. Als sie näher kamen, erkannte man auch das Blut an den Waffen. Schreiend und lachend eilten sie auf das Lager zu. Simeon hatte Dina wie einen Sack Weizen vor sich auf das Pferd geworfen und brachte sie zurück.

Das Mädchen strampelte und schrie und rief nach ihrem

Geliebten. Doch Sichem würde weder ihr noch irgend jemand anderem mehr antworten können.

Auch Joseph schrie vor Zorn und Schrecken. Als er voller Wut den Hügel hinunterrannte, wurde er plötzlich von Rubens starker Hand gepackt. „Bleib hier, du machst es nur noch schlimmer", warnte Ruben.

Am ganzen Leib zitternd, preßte Joseph sein Gesicht an Rubens breite Brust und weinte laut: „Und dabei ist das alles meine Schuld!" Dabei stellte er sich vor, wie die im Fieber liegenden hilflosen Männer der Stadt eine leichte Beute für die gemeinen und rücksichtslosen Mörder wurden, da sie ja nicht in der Lage waren, sich und ihre Familien zu verteidigen. „Es ist alles meine Schuld!" Schluchzte Joseph wieder.

„Wie kann das deine Schuld sein, Kleiner?" wollte Ruben ihn beruhigen.

„Ich hätte Vater nichts von Sichems böser Tat erzählen sollen", seufzte Joseph schwer atmend. „Dina hat mich gebettelt, es niemandem zu sagen. Hätte niemand davon gewußt, wäre nun auch niemand gestorben."

„Jetzt ist es genug", sagte Ruben und klopfte ihm tröstend auf die Schulter. „Du hast ganz richtig gehandelt, weil du die Ehre deiner Schwester verteidigen wolltest. Dich trifft keine Schuld. Die beiden gemeinen Schurken sind Simeon und Levi."

Die Gedanken des Jungen gingen wild durcheinander. Als er jetzt Simeon und Levi mit ihrer Schwester, die sich immer noch wild wehrte, herankommen sah, empfand er plötzlich einen Haß auf die beiden, wie er ihn zuvor nie gekannt hatte.

Immer waren Simeon und Levi die gewesen, die ihn am meisten gequält hatten. Sie waren schon immer wilde Männer. Doch trotzdem hatte er sie nie gehaßt — wenigstens bis jetzt nicht!

8. KAPITEL

Die Felder Hamors verschwanden hinter Jakobs fliehender Karawane in der Nacht. Joseph fuhr im hinteren Teil des Wagens seiner Mutter und beobachtete voller Sorge, wie ihr Gesicht im fahlen Mondlicht immer blasser wurde.

Obwohl der Junge immer noch auf die offizielle Bekanntgabe von Rahels Schwangerschaft wartete, machte er sich doch viele Sorgen um ihre Gesundheit. Er hatte andere Frauen beobachtet, die schwanger waren, und hatte festgestellt, daß sie aufblühten und rotbäckig wurden wie schöne Äpfel. Doch Rahel schien immer dünner und blasser zu werden.

Und Jakob war wieder einmal auf der Flucht. Vier Jahre hatten sie in der Jordangegend friedlich mit ihren Nachbarn gelebt. Der Streit mit Esau war zu Ende, und er setzte große Hoffnung in seine Zukunft. Doch nun mußten sie im Schutze der Nacht von neuem fliehen.

Schon Tage zuvor hatte Jakob den Befehl ausgegeben, vorsichtig mit dem Einpacken aller Habseligkeiten zu beginnen, aber die Nachbarstämme nichts davon merken zu lassen. Auch die Herden waren zusammengehalten worden, so daß man jeden Augenblick aufbrechen konnte. Heute, gegen Abend, hatten nun nur noch die leeren Zelte gestanden, die man sehr schnell abbrach und verlud und sich auf den Weg machte.

Der Stamm Jakobs, oder die Israeliten, wie sie immer häufiger genannt wurden, hatte nach der heimtückischen Zerstörung der Stadt Sichem durch Simeon und Levi die

Feindschaft aller anderen Stämme rundum zu ertragen. Es war nur noch eine Frage der Zeit, bis diese gemeinsam über die Israeliten herfallen würden, um diese Schandtat zu rächen. Deshalb hatten sie alles vorbereitet und fuhren wie Diebe in der Nacht davon.

Es war Herbst, sie fuhren an abgeernteten Feldern vorbei, und Joseph hatte den Geruch von Asche in der Nase, wo die Bauern die leeren Felder abgebrannt hatten. Als die Räder von Rahels Wagen über ein solches Feld rumpelten, wußte Joseph, daß sein Vater bei der Flucht auch noch die großen Hauptstraßen mied und auf Nebenwegen fuhr.

Alles, was Jakob seinem verängstigten Stamm gesagt hatte, war, der Herr habe ihm aufgetragen, nach Bethel zu fliehen, dem Platz, an dem ihm der Allmächtige vor vielen Jahren zum ersten Mal begegnet war. Dort hatte er auch zum ersten Mal Jahwes Führung gesucht, nachdem er vor Esaus Drohungen fliehen mußte. Hier waren ihm die Engel des Herrn in einem Traum begegnet und waren auf einer Leiter herab- und hinaufgestiegen, die vom Himmel bis zur Erde reichte. Dort, so hoffte er, würden er und seine Leute die nötige Sicherheit finden.

Doch in der jetzigen Krise stand noch mehr auf dem Spiel als nur die Sicherheit des Stammes. Joseph beobachtete besorgt das eingefallene Gesicht seiner Mutter und die Art, wie sie ihre Hände über ihrem angeschwollenen Leib zusammenpreßte und voller Verzweiflung auf die vom Mond beschienenen Felder hinausschaute. Er fragte sich, ob die Strapazen dieser Reise für sie nicht zuviel sein würden.

Er wußte: Sollte seiner Mutter etwas geschehen, würde er Simeon und Levi niemals vergeben. Denn die gemeine Untat dieser beiden hatte sie zu dieser Reise, die eher eine Flucht war, getrieben.

INTERMEZZO

Joseph lag mit dem Gesicht nach unten auf einer Anhöhe der Berge von Bethel-Ephrath. Die kalte Erde und das kalte nasse Gras brachten dem Jungen keinen Trost, der soeben seine Mutter bei der Geburt seines jüngeren Bruders verloren hatte. Irgendwo, nicht weit entfernt, waren die dumpfen Schreie einer jagenden Eule zu hören, die gespenstisch durch die Nacht klangen.

Rahel war tot — und Joseph fühlte sich dafür verantwortlich.

Jawohl — sein gemartertes Herz bestand darauf: Hätte er Dina gehorcht und ihr Geheimnis nicht an seinen Vater verraten, würden Simeon und Levi niemals Sichem überfallen und die Einwohner getötet haben. Die Israeliten würden immer noch in Frieden in der Sichem-Ebene leben. Seine Mutter wäre nicht gezwungen gewesen, die Strapazen der harten Flucht zu ertragen, die sie so geschwächt hatten, daß sie die Geburt nicht überstand.

Lange Zeit lag er so, bis seine Selbstvorwürfe durch einen anderen Gedanken unterbrochen wurden. Zuerst widerstand er beharrlich der immer wiederkehrenden Idee, die ihm Trost bringen wollte und die in seinem Inneren entstand und ihn an die Hoffnung Israels erinnerte, an jene Nacht, in der sein Vater mit dem Engel kämpfte und Sieger geblieben war.

Er setzte sich aufrecht und legte die Hände auf seine Ohren, als ob er dadurch die Hoffnung und Trost spendenden Eindrücke fernhalten könnte, gegen die er sich wehrte. Er selbst, Joseph, hatte nie einen Engel gesehen. Er war auch nicht mit Visionen gesegnet worden wie sein Vater. Und nun, da er mit dem größten Verlust fertigwerden mußte, den er in seinem jungen Leben bisher erlitten hatte, wollte der Unglaube ihn packen und verschlingen.

Während er immer noch mit den hartnäckigen Hinweisen auf Gottes Zusagen kämpfte, drang noch eine andere Stimme in seine Einsamkeit. Jakob hatte sich aufgemacht, um trotz seines eigenen frischen Kummers um Rahel seinen verzweifelten Sohn zu suchen, und rief nun überall nach Joseph.

Der Junge, der jetzt niemandem begegnen wollte, sprang auf. Er war durch die Kälte ganz steif geworden und zitterte am ganzen Leibe. Nein, er würde es jetzt nicht ertragen können, wenn sein Vater ihn fand.

Joseph floh also völlig kopflos weiter über die kalten Hügel. Er merkte dabei nicht, daß die Anhöhe, die er jetzt gerade hinauflief, auf der anderen Seite besonders steil abfiel. Als er über den Kamm hinwegrannte, fanden seine Füße plötzlich keinen Halt mehr in dem nassen, schlüpfrigen Gras. Er stürzte und rollte den steilen Abhang hinunter, wobei er mit dem Kopf mehrere Male heftig aufschlug.

Als er ganz benommen zu sich kam, wußte er nicht, ob er wachte oder träumte. Denn plötzlich und völlig unerklärlich befand er sich vor dem Eingang einer felsigen Höhle. Während es in seinem Kopf noch wirr durcheinanderging, bemerkte er überrascht, daß in der Höhle ein Feuer brannte. Und vor dem Feuer stand eine unirdisch wirkende Lichtgestalt. „Joseph, Sohn Jakobs, komm und sieh!" rief diese eigenartige Figur und machte eine einladende Handbewegung zum Feuer.

Joseph folgte der Handbewegung des Fremden und blickte in die Höhle hinein. Erstaunt rieb er seine Augen, denn was er sah, konnte einfach nicht wahr sein.

An der rückwärtigen Wand der Höhle, wo das Feuer Licht und Schatten erzeugte, sah er plötzlich ein Bild, das von unsichtbaren Fingern für ihn gezeichnet zu sein schien. Es war, als ob er und seine Brüder auf dem Feld seien und Garben zusammenbanden. Dabei wurde Josephs Garbe plötzlich lebendig und richtete sich kerzengerade und hoch auf. Auch die anderen Garben erhoben sich nun, drehten sich alle zu Josephs Garbe um und verbeugten sich vor ihr.

Der Junge zitterte, während er das Bild betrachtete, das nun langsam vor seinen Augen verschwand — und mit ihm der geheimnisvolle Fremde. Der Junge fiel am Eingang der Höhle auf seine Knie und blieb so lange in dieser Haltung, bis sie begannen ihm wehzutun. Ob das Feuer dann von allein ausgegangen war oder er nur die Augen geschlossen hatte, wußte er nicht. Doch die Dunkelheit hüllte ihn ein wie ein Traum.

※ ※ ※

Starke Hände hoben Joseph auf. Seine Kleidung war ganz naß vom Morgentau. Als Joseph, der sich bemühte wach zu werden, die Augen aufschlug, blickte er direkt in das Gesicht seines Vaters.

Nachdem er langsam begann, seine Umgebung wieder wahrzunehmen, bemerkte er auch die leere Höhle. Er starrte zu dem Platz hin, an dem noch vor wenigen Stunden das Feuer brannte und von dem aus jenes geheimnisvolle Wesen mit ihm geredet hatte.

,,Vater", stammelte er, ,,da drin . . . ein Mann . . .''

Jakob blickte in die leere Höhle hinein, schaute sich aufmerksam um und fragte sich, was seinen Sohn so erregte.

,,Ein Feuer, Vater", versuchte Joseph zu erklären. ,,In der Höhle brannte ein Feuer."

Doch davon war in der Höhle nichts zu sehen. Jakob, der sie jetzt betrat, fand nur ein paar alte vermoderte Reste von einem Lager, das hier vor langer Zeit einmal gewesen sein mußte. Er schüttelte den Kopf und sagte: ,,Hier drin ist schon lange niemand mehr gewesen, Sohn, und von einem Feuer sind überhaupt keine Spuren zu sehen."

Joseph bemerkte plötzlich, wie sehr der Kummer und das Leid seinen Vater gezeichnet hatten und wie sehr dieser ihn brauchte. Sie stützten sich gegenseitig, als sie den steilen Hang hinaufstiegen, den Joseph in der Dunkelheit hinabgestürzt war.

Nur ein einziges Mal blickte Joseph zurück, um sich für immer den Ort in sein Gedächtnis einzuprägen, wo er sein eigenes Bethel erlebt hatte.

TEIL II
DER TRÄUMER

9. KAPITEL

Jakob wollte seine geliebte Frau nicht hier draußen in der Einsamkeit der Berge begraben. Statt dessen führte er seinen Stamm auf der westlichen Seite der Hügel hinunter zu dem hübschen Städtchen Bethlehem. Dort beerdigte er Rahel und errichtete darüber eine Säule aus Steinen, die für immer anzeigen sollte, wo sie begraben lag.

Joseph stand an diesem Morgen außerhalb der Stadtmauer und sah zu, wie sein Vater einen Stein nach dem anderen auf das Monument legte, bis es etwa Brusthöhe erreichte.

Bilha, Rahels Magd, sah ebenfalls zu. Sie trug dabei das kleine Baby, dem Rahel den Namen Ben Oni gegeben hatte, in ihren Armen. Doch sie war, wie gewöhnlich, sehr ruhig. Joseph fragte sich mit einemmal, welche Empfindungen sie wohl beherrschen mochten, da sie bisher ja ihr ganzes Leben im Schatten Rahels gestanden hatte.

Alle Frauen, mit denen Jakob Kinder gezeugt hatte — Lea, Zilpa und Bilha —, hatten es ertragen müssen, nur zweitrangige Plätze einzunehmen. Joseph hatte es immer für selbstverständlich empfunden, daß es so zu sein hatte. Seine schöne Mutter war eben die natürliche Favoritin seines Vaters gewesen. Doch als er jetzt Bilha zum ersten Mal bewußt ohne Rahel beobachtete, wurde ihm klar, daß dieser Zustand für eine Nebenfrau nicht gerade der glücklichste sein mochte.

Für einige Augenblicke betrachtete Jakob schweigend das Monument. Dann hob er mit einem resignierenden Seufzer den letzten Stein an seinen Platz. Joseph bemerkte, wie Bilha schwer atmete, als hätte sie die Arbeit getan und nicht ihr Herr.

In diesem Augenblick begann das Baby zu schreien. Jakob wandte sich der Nebenfrau zu und forderte das Kind von ihr. Schnell trat Bilha zu ihm und legte das kleine Baby in die großen Hände des Vaters.

Jakob wandte sich wieder dem Monument zu, richtete das Gesicht zum Himmel und hob den Kleinen hoch empor. „Dieser Junge soll von nun an nicht mehr Ben Oni, also *Sohn meiner Schmerzen* heißen, sondern *Ben Jamin* soll sein Name sein, also *Sohn meiner rechten Hand!* rief Jakob laut.

Das Baby, das heftig strampelte und schrie, schien von dem neuen Namen durchaus nicht beeindruckt zu sein.

Obwohl Benjamin niemals die zarten Hände seiner Mutter spüren oder den süßen Klang ihrer Stimme hören würde, schien er damit zufrieden zu sein, daß er Jakobs Sohn war, denn er hörte nun auf zu schreien. Zwar konnte er es jetzt auch noch nicht wissen, doch der junge Joseph, der voller Stolz beobachtet hatte, wie sein kleiner Bruder einen neuen Namen erhielt, liebte ihn genauso innig, wie seine Mutter es getan hätte.

Josephs Herz war an diesem Abend voll der unterschiedlichsten Gefühle, als er seinen Vater fand, der unter einer Sykomore saß und ausruhte. Er empfand Kummer über den Verlust seiner Mutter, aber Freude über Benjamin, weil er nun endlich einen kleinen Bruder hatte. Außerdem bewegten ihn manche Fragen wegen der Bedeutung seines Erlebnisses dort in der Höhle.

Nach einem langen Tag voller Arbeit, den sie gebraucht hatten, um ihr Lager auf dem Hirtenfeld in der Nähe von Bethlehem aufzuschlagen, hatte ein innerer Drang ihn dazu veranlaßt, seinen Vater zu suchen. Er hatte sich nun vier Jahre lang zurückgehalten und seinen Vater nicht nach seinem damaligen nächtlichen Kampf in Gilead, an der Furt des Jabbok, befragt. Doch nun konnte er es nicht mehr länger aushalten.

Die Äste der Sykomore, unter der Jakob saß, wiegten sich in einer sanften abendlichen Brise, die über das Feld in Richtung des fruchtbaren Tales wehte, in dem weiß und sauber das kleine Bethlehem lag.

Der Patriarch schien tief ins Nachdenken oder ins Gebet zu Jahwe versunken zu sein und nahm deshalb nicht wahr, wie Joseph sich ihm näherte. Als der Junge seinen Vater beten sah, kam er nur noch zögernd näher. Doch während er ihn betrachtete, fühlte er, wie sehr er diesen Mann liebte.

Trotz aller Prüfungen und schweren Zeiten, die Jakob schon durchgestanden hatte, war er doch noch kein alter Mann. Sein athletischer Körper war schlank und muskulös. Sein Haar und der lange Bart waren schwarz wie die Nacht, obwohl im Bart hier und da auch einzelne rötliche Haare zu sehen waren, die Esaus Bart so bemerkenswert machten. Doch während er dort mit zum Himmel emporgewandtem Blick unter der Sykomore saß, konnte Joseph an seinen Schläfen auch schon die ersten weißen Strähnen erkennen.

Respektvoll trat Joseph näher. Als sein Schatten jetzt auf Jakob fiel, bemerkte ihn der Ältere. Er öffnete die Augen, erkannte ihn und lächelte. „Sohn", sagte er freundlich, „du hast mich überrascht."

Joseph, der sich wie ein Eindringling vorkam, stammelte: „Wenn du lieber allein bleiben willst, dann . . ."

„Nein, nein", antwortete der Patriarch schnell. „Ich wäre doch bald nach Hause gekommen. Setz dich noch ein wenig zu mir."

Aus der Nähe konnte der Junge erkennen, daß sein Vater geweint hatte. Er wußte, Jakob hatte um Rahel getrauert, und diese Erkenntnis brachte die beiden noch näher zueinander. Joseph selbst würde noch lange um seine Mutter trauern, obwohl das Erlebnis in der Höhle ihm geholfen hatte, seinen Kummer leichter zu tragen. Doch er hätte nur zu gern mit jemandem über das Geheimnis dieser seltsamen Begegnung gesprochen.

Jakob rutschte ein wenig beiseite und forderte Joseph auf, sich neben ihn zu setzen. Als er beiseite rückte, verzog er für einen Augenblick schmerzlich das Gesicht, wodurch Joseph wieder an die verformte Hüfte seines Vaters erinnert wurde.

„Vater", begann Joseph, und ergriff diese Gelegenheit, „ich kann mich noch gut an den Augenblick erinnern, als dein Bein dir zum ersten Mal Schwierigkeiten bereitete."

„Wirklich?" staunte dieser. „Wie ist das möglich? Du warst doch damals fast noch ein Baby."

„Ich war damals schon sechs Jahre alt", erwiderte Joseph leicht gekränkt.

Jakob lachte leise und sagte: „Also gut, dann erzähle mir, woran du dich erinnerst."

In Josephs Gedächtnis war alles noch so deutlich vorhanden, als wäre es erst gestern gewesen und nicht vor vier Jahren.

„Ich weiß noch, wie du in die Wildnis jenseits des Jabboks verschwunden bist, und zwar an dem Abend, bevor wir am nächsten Tag Onkel Esau begegneten. Und ich erinnere mich daran, daß du auf diesem Bein hinktest, als du zurückkehrtest."

Jakob, der erkannte, wie genau sich sein Sohn alles gemerkt hatte, nickte ihm aufmunternd zu und lauschte noch aufmerksamer.

„Ich erinnere mich auch, daß du von diesem Augenblick an den Namen *Israel* annahmst. Und ich weiß auch noch, daß du in jener Nacht mit irgend etwas oder mit irgend jemand — jedenfalls mit etwas sehr Mächtigem — gekämpft hast. Darauf weist ja auch dein neuer Name hin."

Der Patriarch schwieg eine ganze Weile. Er war mit seinen Gedanken weit weg.

„Vater, warum hast du nie über jene Nacht gesprochen?" bohrte Joseph.

„Wer würde mir denn geglaubt haben?" meinte der Mann seufzend. „Deine Mutter, so lieb sie auch sonst war, fühlte sich nur in die Ecke gedrängt, wenn sie zuviel von übernatürlichen Dingen hörte. Und deine Brüder ..." Jakob zuckte nur mit den Achseln.

Die Sache mit Rahel zuzugeben war Jakob sichtlich schwergefallen. Doch im Blick auf seine Brüder hatte Joseph keine weitere Erklärung nötig. Er wußte, sie hätten höchstens mit Unverständnis reagiert, vielleicht sogar gespottet.

„Es war also doch ein Engel?" forschte Joseph vorsichtig und voller Spannung.

„Ja, es war ein Engel", antwortete Jakob. Sein Blick ging dabei wieder zum Himmel empor, und er seufzte tief, als würde er jene Nacht nochmals durchleben.

„Ich bin sehr lange vor Gott davongelaufen", begann Jakob nun leise. „Zwar wollte mein Bruder mich töten. Doch es war nicht nur Esau allein, der mich verfolgte, sondern auch der allmächtige Gott."

Seine Stimme wurde immer leiser bei diesem Bekenntnis. „Ich habe Esau gegenüber übel gehandelt, und er war im Recht, wenn er sich rächen wollte. Der Herr war nicht zufrieden mit mir. Was ich getan hatte, gefiel Ihm nicht."

Es schien, als sei eine Last von dem Patriarchen genommen, nachdem er seine Verfehlungen so offen zugegeben hatte. Er schien freier zu sein als vorher, als er sich jetzt etwas höher aufrichtete und die ganze Geschichte sorgfältig erzählte, wie er Esau sein Erstgeburtsrecht abgehandelt hatte, indem er den riesigen Hunger ausnützte, mit dem der ältere Bruder von einer erfolglosen Jagd zurückkam. Er hatte ihm den Topf mit dem guten Linsengericht so verführerisch unter die Nase gehalten, daß Esau nicht widerstehen konnte, sondern um der Mahlzeit willen das Recht seiner Erstgeburt an Jakob abtrat.

Tränen traten in Jakobs Augen, als er erzählte. Doch er ließ nichts aus, sondern berichtete auch, wie er und seine Mutter Rebekka den Plan geschmiedet hatten, seinen Vater Isaak zu betrügen; wie er als angeblicher Esau mit Fellen an Händen und Armen vor den nahezu blinden alten Mann hingetreten war und sich auf diese Weise den patriarchalischen Erstgeburtssegen erschwindelt hatte — einen Segen, der nicht wieder zurückgenommen werden konnte.

Was ich tat, war unverzeihlich", beschloß Jakob seinen Bericht, „doch Esau hat mir vergeben."

Joseph, der einiges von diesen Dingen schon von anderen gehört hatte, wagte kaum zu atmen. „Aber Vater, du hast auch mit einem Engel gekämpft", flüsterte er endlich.

Jakob wußte, daß diese Sache seinen Sohn besonders interessierte. Er verstand auch, wie große Zurückhaltung sich Joseph in all den Jahren auferlegt hatte, um seine Neugier in Zaum zu halten.

„Weißt du", erklärte Jakob leise, „ich habe so viele Jahre mit geheimer Angst gelebt. Als mir nun der Herr dort am Jabbok in einer solchen Weise erschien, konnte ich nicht anders — ich konnte Ihn nicht wieder gehen lassen, ohne daß Er mich segnete."

„Ja, und?" staunte Joseph und drängte seinen Vater weiter.

Jakob blickte den Jungen an. „Du möchtest alles ganz genau wissen, wie?" lächelte er. „Du möchtest wissen, wie er aussah, wie stark und wie groß er war. Und vor allem möchtest du wohl wissen, wie ein sterblicher Mann überhaupt mit einem Engel des Herrn kämpfen kann?"

Joseph stritt das nicht ab, sondern nickte eifrig mit dem Kopf.

Der Vater lehnte sich ein wenig bequemer zurück an den Stamm der Sykomore und dachte lange nach, so daß Joseph schon langsam ungeduldig wurde.

„Wie soll man Licht beschreiben, das noch heller ist als Sonnenlicht", begann Jakob endlich zögernd. „Er kam über mich wie ein Sturmwind und umgab mich von allen Seiten. Er war ein Mann, und doch kein Mann. Als er mich ergriff und ich ihn packte, war es, als würde das ganze Universum um meinen Kopf schwirren."

„Und hast du lange mit ihm gekämpft?" fragte der Junge atemlos.

„Die ganze Nacht; bis im Osten der erste Schimmer des neuen Tages zu sehen war", erinnerte sich Jakob.

„Aber ganz sicher hat ..."

„Ich weiß, was du denkst", unterbrach ihn Jakob. „Du meinst, ein Engel des allmächtigen Gottes hätte eigentlich ganz leicht über mich Sieger bleiben müssen."

„Ja, so ist es", gab Joseph offen zu und hoffte, damit nicht ungehörig gewesen zu sein.

„Na ja", lachte Jakob, „in jener Nacht habe ich allerdings daran nicht gedacht, aber seither schon viele Male. Alles, was mir dazu einfiel, ist, daß der Herr sich vielleicht selbst zuweilen Beschränkungen auferlegt, um so besser in unser Leben hineinwirken zu können."

„Und genau das hat Er ja getan, Vater", nickte Joseph begeistert. „Er hat dich gesegnet!"

Jakob klopfte ihm anerkennend auf die Schulter. „Du bist ein fähiger Schüler, mein Sohn. Du hast ein Herz für göttliche Dinge, deshalb wirst du in deinem Leben auch vorwärts kommen."

Dieses Lob ermutigte Joseph, seinem Vater nunmehr auch von seinem Erlebnis in der Höhle zu erzählen. Gerade wollte er beginnen, ausführlich zu beschreiben, was er gesehen hatte und daß er dadurch zu der Überzeugung gekommen war, er würde eines Tages der Herr über seine Brüder sein. Doch auch Jakob war noch nicht fertig mit dem, was er zu sagen hatte. Und was er nun noch hinzufügte, veranlaßte Joseph, doch lieber zu schweigen.

„Ja, wirklich", begann Jakob wieder, „der Herr hat mich gesegnet. Allein schon die Erinnerung an jene Begegnung mit Ihm ist schon kostbar und immer neu ermutigend. Doch das Ergebnis davon ist noch kostbarer als Gold, denn der Herr gab mir einen neuen Namen und eine zweite Chance. Und das Größte von allem ist, daß Er die Liebe zwischen mir und meinem Bruder wieder herstellte."

Der Patriarch schwieg von neuem, weil die Erinnerungen ihn so bewegten. Auch Joseph schwieg betreten, und sein Gesicht war schamrot geworden.

„Solltest du in deinem ganzen Leben nichts weiter lernen", fuhr Jakob nun nachdrücklich fort, „so lerne doch das eine: Bruderschaft ist eine Gabe Gottes, und der Verlust des Vertrauens zwischen Freunden ist wie ein Dolchstoß in die Seele, doch Gott ist ein Freund, der noch treuer ist und noch enger mit uns leben will als ein Bruder."

„Bruderschaft . . ." Joseph wiederholte das Wort ganz langsam und mit viel Betonung. Dabei standen ihm Simeon und Levi vor Augen, wie sie triumphierend von der mörderischen Zerstörung Sichems zurückkehrten. Ihm wäre es wirklich lieber, sie müßten sich vor ihm verneigen wie die Garben, die er an der Höhlenwand gesehen hatte, als daß sie seine Freunde sein sollten. Viel lieber hätte er sie sowie Gad und Asser und all die anderen zu seinen Füßen gesehen.

Während sein Vater fortfuhr, seine Ansicht zu diesem Punkt noch näher zu erklären, verschloß Joseph sein Herz gegen diese Worte.

„Die Belohnung durch Gott hat ja auch ihren Preis gekostet", meinte Jakob nun. „Der Engel des Herrn hat mich die zurückgewonnene Liebe meines Bruders etwas kosten lassen. Jedesmal, wenn mir meine verrenkte Hüfte schmerzt, werde ich daran erinnert, wie sehr ich von der Gnade und Hilfe des Herrn abhängig bin."

Der Sohn schwieg weiter und wünschte sich, dieses Thema nie begonnen zu haben. Jakob, der die Veränderung in der Haltung des Jungen wohl bemerkte, ahnte auch, was in ihm vorging. Denn auch ihm war nicht verborgen geblieben, wie gemein die älteren Brüder, besonders Simeon und Levi, den Jüngsten oft behandelt hatten. Er zog Joseph an sich und fuhr fort: „Ich habe den Engel in jener Nacht auch nach seinem Namen gefragt, doch er weigerte sich, ihn zu nennen. Doch ich habe dem Ort meines Kampfes einen besonderen Namen gegeben."

Joseph, der spürte, daß sein Vater seine Gedanken erahnte, wagte es nicht, zu ihm aufzublicken. „Ich nannte den Ort *Peniel*", erklärte Jakob weiter, „*das Angesicht Gottes,* denn ich hatte Gott von Angesicht zu Angesicht gesehen, und trotzdem war mein Leben bewahrt geblieben."

Die Sonne schickte sich an unterzugehen, und ein erfrischender Wind, in dem man eine Ahnung des baldigen Frühlings spüren konnte, strich über die Hügel. Joseph, dem die Worte seines Vaters nun nicht mehr so recht gefielen, hatte sich in seinen Armen versteift.

„Wenn du immer wieder das Angesicht Gottes suchst", schloß der Patriarch nun mit mahnender Stimme seine Erklärungen, „dann ist Er in der Lage, alle Menschen dazu zu bringen, daß sie in Frieden mit dir leben. Denke stets daran, mein Sohn, denn das wird dir in deinem Leben viel helfen.

10. KAPITEL

Da waren sie, die Eichen von Mamre! Joseph hatte sein ganzes bisheriges Leben lang von ihnen gehört. Nun endlich, am letzten Tag seines dreizehnten Lebensjahres, bekam er sie zu sehen.

Vom Sattel des besten Kamels seines Vaters aus erblickte er die große grüne Insel schon etliche Kilometer voraus, ehe sie ihr Ziel erreicht hatten. Deutlich hoben sie sich von dem helleren Gras und den dahinterliegenden Hügeln ab. Er fühlte, wie sein Herz vor freudiger Erwartung schneller klopfte. Denn es war an diesem Ort, wo sich vor nunmehr fast zweihundert Jahren sein Urgroßvater Abraham das erste Mal niederließ, nachdem er das Ziel seiner Reise, das Land Kanaan, erreicht hatte.

Morgen war sein dreizehnter Geburtstag. An diesem Tage wurde bei den Hebräern das bisherige Kind in die Gemeinschaft der Männer aufgenommen. Es war nun eine Woche her, daß Jakob seinem Stamm befohlen hatte, das Lager abzubrechen und südwärts zu ziehen, denn er wollte, daß Rahels Erstgeborener seinen Großvater Isaak an dem Tag kennenlernte, an dem er zum Mann erklärt wurde.

Der kleine Benjamin, der nun fast drei Jahre alt war, saß vor Joseph auf dem Kamel. „Sieh da!" Joseph wies mit ausgestreckter Hand auf den Eichenwald vor ihnen, „das ist der Ort, an dem unser Großvater lebt. Er ist ein sehr alter und sehr weiser Mann."

Benjamin, dessen veilchenblaue Augen in die Richtung schauten, in die Josephs Finger wies, fragte verwundert: „Wird der Großvater mich denn kennen?"

„Vater hat ihm sehr viel von dir erzählt", antwortete Joseph. „Seine Boten, die regelmäßig zum Großvater gingen, haben auch immer berichtet, wie es dem kleinen Benjamin geht."

Befriedigt von der Antwort lehnte sich der kleine Bursche wieder an Josephs Brust. Als dieser auf ihn hinabschaute, fiel es ihm nicht zum ersten Mal auf, daß die rabenschwarzen Locken Benjamins ganz denen seiner Mutter Rahel glichen.

Als die Karawane einige Zeit später den fruchtbaren Abhang nach Mamre hinabzog, wurden sie vom jenseitigen Abhang durch lautes Geschrei begrüßt. Zu aller Erstaunen zog von der Ostseite her ebenfalls eine große Karawane ins Tal von Mamre hinab. Die Figur des Führers an der Spitze des langen Zuges war so eindrucksvoll, daß jeder ihn erkannte. Es war Esau, der nochmals laut seine Grüße herüberschrie und dabei mit beiden Armen heftig winkte. Esau auf seinem schwarzen Pferd und mit seinem langen roten Bart.

Jakob, der neben Leas Wagen ritt, sprang vom Pferd und rannte los, so schnell er konnte. Er sprang wie ein Jüngling über alle Unebenheiten und im Weg liegenden Steine hinweg, seinem älteren Bruder entgegen.

Auch Esau sprang aus dem Sattel und rannte ebensoschnell auf Jakob zu. Fast genau vor Isaaks Zelt begegneten sich die beiden Brüder und fielen sich jubelnd in die Arme.

Es bestand kein Zweifel: An diesem Abend würde es in Mamre ganz gewiß ein großes Fest geben.

* * *

Großvater Isaak wohnte schon so lange in Mamre, daß er eigentlich kein Nomade mehr war. Vor einigen Jahren hatte er auch schon in der Nähe des steinernen Altars, den Abraham noch errichtet hatte und auf dem der Stamm immer noch seine Opfer für Jahwe darbrachte, ein großes Steinhaus erbauen lassen. Hier versammelte sich der Stamm zu Beratungen und bei Festlichkeiten.

An diesem Abend feierten alle drei Stämme — Isaaks, Esaus und Jakobs — gemeinsam im Freien. An vielen Feuern saßen die verschiedenen Stammesangehörigen bunt durcheinandergewürfelt und tauschten ihre Erlebnisse und Neuigkeiten aus. Alle freuten sich auf den nächsten Tag, an dem Josephs Eintritt in das Mannesalter gefeiert werden sollte. Gute Speisen und Wein waren reichlich vorhanden, und dazu auch Musik. Mädchen tanzten, und die Männer sangen, so daß die Eichen rundum sich über das fröhliche Treiben wunderten.

Während des ganzen Abends blickte Joseph immer wieder voller Neugier zur Beratungshalle hinüber. Er fragte sich, wann und wo er seinem Großvater, dem Ältesten aller drei Stämme, begegnen würde, der sich bis jetzt noch nicht gezeigt hatte.

Als es auf Mitternacht zuging, verschwanden nach und nach immer mehr Männer von den Feuern. Joseph, der es nach einiger Zeit bemerkte, wunderte sich und fragte sich, wo sie wohl blieben? Dann kam der Augenblick, an dem die Wachen die Mitternachtswache und damit den Beginn des neuen Tages ausriefen. Es war der Tag, an dem Joseph sein vierzehntes Lebensjahr begann. Gleich darauf traten sein Vater und sein Onkel Esau zu ihm und forderten ihn auf, ihnen zu folgen. Die restlichen Männer schlossen sich ihnen an.

Joseph wurde von seinem Vater und seinem Onkel in die Versammlungshalle geführt. Als er sie betrat, stockte ihm der Atem. Die Halle war voll von Männern aller drei Stämme. Hinter Joseph, seinem Vater und seinem Onkel hatten sich seine elf Brüder und Esaus Söhne angeschlossen. Und so betraten die beiden Familien gemeinsam die Halle. Die noch verbliebenen Männer drängten hinter ihnen herein.

Doch seine Blicke wurden sofort gefangengenommen von dem alten Mann, der am anderen Ende der Halle am Feuer saß und ihn erwartete. Langsam schritt er, geleitet von Vater und Onkel und gefolgt von seinen Brüdern und Cousins, den Mittelgang hinunter durch die lange Reihe lächelnder Gesichter. Von rechts und links erklangen freudige Zurufe.

Doch Joseph wurde kaum bewußt, daß sie ihm galten, denn er war gefesselt vom Anblick des alten Patriarchen.

Der dort im Lichte des Feuers sitzende alte Mann war für Joseph die eindrucksvollste Erscheinung, die er je gesehen hatte. Das ehrwürdige Gesicht, in dem sich die Weisheit vieler Jahrzehnte ausprägte, wies nur wenige Falten auf. Sein volles schlohweißes Haar hing ihm bis auf die Schultern, und der lange, silbrig schimmernde Bart ging bis weit über die Brust hinab.

Da saß nun sein Großvater! Und obwohl er so gut wie blind war, blickte er mit höchst aufmerksamem Gesichtsausdruck seinen beiden Söhnen und dem Lieblingssohn Jakobs entgegen.

Für Rahels Erstgeborenen war es eine heilige Stunde. Solange er denken konnte, hatte er von dem Augenblick geträumt, an dem er Isaak begegnen würde. Er bebte am ganzen Körper, als er nun vor ihm stand, und ihm war, als würde er das Heiligtum des allmächtigen Gottes betreten.

Und Isaak war tatsächlich eine lebende Chronik. Von allen Menschen, die noch auf Erden weilten, war er der, der noch am nächsten zu Abraham, Sem, Noah und Adam gelebt hatte.

Als seine beiden Söhne ihn jetzt umarmten, zitterte auch der alte Mann vor tiefer Bewegung. Als er sie das letzte Mal beisammen gesehen hatte, waren sie tief verfeindet. Jakob hatte seinem Bruder das Erstgeburtsrecht gestohlen; er hatte seinen Vater betrogen, um auch noch den Erstgeburtssegen für sich zu erhalten, und war nun auf der Flucht. Esau, der geschworen hatte, Jakob zu töten, verfolgte ihn fast bis Padan-Aram.

Doch nun war der Friede zwischen den Brüdern wieder hergestellt, und das Volk war wieder vereinigt. Der Streit und Haß trennte nicht mehr Stamm von Stamm.

Als Esau und Jakob sich zu beiden Seiten des Patriarchen niedergelassen hatten, breitete Isaak die Arme aus, um Joseph zu empfangen. Als sich Joseph in die Arme seines

Großvaters schmiegte, fühlte er die Tränen des alten Mannes in seinem Gesicht. „Das ist Blut von meinem Blut und Fleisch von meinem Fleisch", rief Isaak laut. „Wie hat sich doch meine Seele nach dir gesehnt!"

Er entließ den Jungen aus seinen Armen, hielt ihn aber fest. „Ich kann so gut wie nichts mehr sehen", gestand er. „Doch meine Hände sehen für mich."

Damit fuhr er vorsichtig, aber sehr sorgfältig, mit den Fingerspitzen über Josephs jugendliches Gesicht und las es wie eine Buchrolle. „Deine Gesichtszüge sind sehr schön, so wie Rahel gewesen sein muß. Und deine Schultern", rief er aus und ergriff Joseph fest an den Oberarmen, „sind so breit wie die Jakobs!" Er lehnte sich zurück und erklärte: „So sollte es auch sein, denn von heute an bist du ein Mann!"

Als sei dies das Stichwort gewesen, begann eine kleine Gruppe von Musikanten, die in einer Ecke saßen, zu spielen. Zimbeln gaben den Takt an, Saiteninstrumente fielen ein, und fröhlich erklangen die Flöten.

Isaak klatschte in die Hände, und als er das tat, begannen alle zu singen: „O Herr, unser Herrscher, wie herrlich ist Dein Name auf der ganzen Erde! Du hast Deine Herrlichkeit über alle Himmel erhoben! Und sogar aus dem Munde der Kinder strömt Kraft!"

Aus einer anderen Ecke kamen jetzt Mädchen hervor, streuten Blumen in die Gänge und tanzten um Joseph herum.

Als die Musik endlich schwieg, forderte Isaak einen Becher mit Wein. „Dies ist die Stunde deiner Mannbarkeit!" erklärte er und reichte Joseph den Becher. Dieser nahm ihn zaghaft und trank ihn aus.

Wieder begann die Musik, und alles Vorherige wiederholte sich. Dieses Mal wurde Joseph unter den tanzenden Mädchen von Hand zu Hand gereicht. Ein wenig spürte er dabei in seinem Kopf die Wirkung des Weines.

Als wieder Ruhe einkehrte, stand sein Vater auf. „Ein Mann sollte auch aussehen wie ein Mann!" rief er. Alle blickten nun erwartungsvoll auf ihn. „Und einem Prinzen sollte man auch ansehen, daß er ein Prinz ist! Deshalb", sagte Jakob und griff nach einem sorgfältig zusammengelegten Paket, „deshalb überreiche ich dir jetzt dein prinzliches Kleidungsstück. Trage es allzeit in Ehren, denn deine Mutter hat es mit ihren eigenen Händen für diese Stunde angefertigt."

Vor der ganzen Versammlung enthüllte er nun ein wunderschönes Kleidungsstück. Es war ein langes gestreiftes Obergewand, in dem viele Farben verarbeitet waren.

Joseph war tief bewegt, als er jetzt zu seinem Vater trat und mit der Hand leicht über das kostbare Gewand strich. An den feinen, teilweise sogar mit Silber und Gold ausgeführten Stickarbeiten erkannte er die Hand seiner Mutter, die sich oft mit solchen Handarbeiten beschäftigt hatte. An diesem wunderschönen Gewand mußte sie im Geheimen viele Jahre gearbeitet haben. Noch nie hatte ein junger Mann aus der Familie eines Stammespatriarchen zum Tag seiner Mannbarkeit ein so kostbares Gewand erhalten.

„Dreh dich um", sagte Jakob stolz.

Vor den versammelten Stämmen legte der stolze Vater seinem Sohn nun das Gewand mit großem Schwung über die Schultern. Die Zuschauer spendeten lebhaften Beifall, als sie Joseph in dem Prachtgewand stehen sahen. Der kleine Benjamin, der auf den Schultern Rubens saß, um alles genau sehen zu können, strampelte mit den Beinen, weil er unbedingt herunter wollte, um zu Joseph zu laufen. Ruben hatte große Mühe, ihn festzuhalten, damit er nicht die Zeremonie unterbrach.

Denn der Höhepunkt sollte erst noch kommen! Isaak würde Joseph seinen patriarchalischen Segen austeilen. Schweigen erfüllte nun den großen Saal, und ein ehrfürchtiger Hauch legte sich über die Versammelten, als Isaak jetzt seine Arme erhob.

„Sohn Jakobs, Sohn Israels", begann er, „der Geringste soll der Größte werden, und der Letzte soll der Erste sein!" Aus dem Ton seiner Worte klang die prophetische Überzeugung, als er nun fortfuhr: „Joseph, du wirst der große Helfer deines Volkes sein, der Erretter deiner Brüder und ihr großer Befreier. Habe allezeit Glauben in Gott! Du wirst dich erheben über alle deine Feinde und, da dir Macht über Leben und Tod gegeben wird, wirst du dich zu ihnen wenden und sie erretten."

Tiefes, ehrfürchtiges Schweigen lag jetzt über der Versammlung. Jakobs ältere Söhne blickten verdrossen auf ihren jüngeren Bruder. Joseph war doch eigentlich nur der Sohn der zweiten Frau. Hatte er sich deshalb nicht den Söhnen Leas unterzuordnen? Und außerdem war er auch jünger als die Söhne von Bilha und Zilpa.

Levi und Simeon schauten sich aus den Augenwinkeln verstohlen an, und ein spöttisches Grinsen ging über ihre Gesichter. Selbst Ruben und Juda schienen nicht recht froh zu werden und machten einen zurückhaltenden Eindruck.

Doch nun ließ sich die Musik wieder hören. Die Musiker kamen aus ihrer Ecke hervor und verließen spielend das Haus. Die tanzenden Mädchen folgten ihnen, und alle Anwesenden schlossen sich an.

Joseph, hochgemut durch die Prophezeiung, das Gewand und den Wein, trug seinen Kopf viel höher als sonst. Benjamin, den Ruben nun doch nicht mehr halten konnte, hatte sich in seine Arme geworfen und ließ sich stolz von ihm tragen.

Der mit allen Ehren bedachte und nun in die Gemeinschaft der Männer des Stammes eingeführte Sohn Israels ging in seinem prinzlichen Gewand stolz an seinen älteren Brüdern vorüber, ohne sich um ihren Ärger zu kümmern. Er wußte, daß sie zornig auf ihn waren. Aber — die meisten von ihnen hatten ihn ja noch nie gemocht.

11. KAPITEL

Sterne bedeckten den schwarzen Himmel wie feurige Prismen. Joseph lag auf dem Rücken, hatte die Arme unter dem Kopf gefaltet und studierte die Tiefe des Nachthimmels. Sein kostbares Gewand diente ihm als Kissen, das er sorgfältig zusammengerollt und unter sein Genick geschoben hatte, als wolle er es mit seinem Leben verteidigen.

Immer und immer wieder ließ er den Abend an seinen Gedanken vorüberziehen. Isaaks ehrfurchtgebietendes Gesicht nahm dabei stets den ersten Platz ein, und seine erstaunlichen Worte zogen immer wieder durch Josephs Gedächtnis.

„Der Helfer seines Volkes ... und der große Befreier ... Befreier?"

Joseph dachte über die möglichen Bedeutungen dieser Worte nach und wurde dabei immer mehr mit Verwunderung erfüllt. Was mußte geschehen, damit der Stamm Israels je in eine so große Notlage geriet? Und wie konnte er allein dann ihr Retter sein?

Er war noch zu jung und zu unweise, um der Prophezeiung gegenüber die rechte demütige Haltung anzunehmen. In seinem ganzen bisherigen Leben hatte er sich vor den Schatten seiner zehn älteren Brüder beugen müssen. Doch nun erfüllten ihn Isaaks Worte mit mehr ungeduldigem Stolz, als gut für ihn war.

Er ahnte, daß es von der Prophezeiung auch eine Verbindung zu seinem Erlebnis in jener Höhle gab, das er in der Nacht nach Rahels Tod gehabt hatte. Mit geschlossenen Augen bemühte er sich, das genaue Bild wieder vor sich zu sehen, das er damals an der Höhlenwand erblickt hatte. Es waren die Garben seiner Brüder gewesen, die sich vor seiner Garbe verneigt hatten.

Natürlich würden sie sich vor ihm verneigen, überlegte er. Wenn er eines Tages ihr Erretter werden sollte, würden sie schon bereit sein, sich ihm zu unterordnen.

Als er jetzt seine Augen wieder öffnete, wurde sein Blick von seltsam geheimnisvollen Bewegungen am Sommerhimmel gefangengenommen. Noch kurz vorher hatten die Sterne, der Mond und die Planeten an ihren natürlichen Positionen gestanden, doch nun ging Seltsames vor. Mehrere Sterne, und zwar genau elf, formten eine gerade Reihe vor einem zwölften, der um vieles heller zu sein schien als die anderen elf. Nun stellte sich auch der Mond mit in die Reihe der weniger hellen Sterne. Und während Joseph dem seltsamen Schauspiel noch erstaunt folgte, wurde es am Himmel so hell wie am Tag. Und da erschien auch schon die Sonne und gesellte sich zu dem Mond und den anderen elf Sternen.

Joseph blinzelte und mußte seine Augen vor der Helligkeit abschirmen. Doch obwohl es am Himmel jetzt so hell war, konnte man diese Sterne noch deutlich sehen, und zu seinem Erstaunen überstrahlte der zwölfte Stern alle Helligkeit.

Während die Himmelsgestirne in dieser Position blieben, begann Joseph zu ahnen, daß die elf geringeren Sterne sowie die Sonne und der Mond dem zwölften hellen Stern Verehrung entgegenbrachten. Bei diesem Gedanken lief es ihm kalt über den Rücken. Er schüttelte sich, setzte sich auf und versuchte seine Gedanken zu ordnen. Doch die seltsame Himmelserscheinung und die Helligkeit mitten in der Nacht verschwanden noch immer nicht.

Erst als Josephs Aufmerksamkeit durch entfernte Geräusche, die im Lager entstanden, abgelenkt wurde, kehrte der Himmel zu seinem normalen Zustand zurück. Als er jetzt aufmerksam lauschte, meinte er, vom Lager her Weinen und Geschrei zu vernehmen. Er rannte zurück und traf bald darauf andere, die ebenfalls aufmerksam geworden waren und dorthin eilten, von wo das Geschrei kam.

Dort angekommen, vernahm Joseph, was geschehen war: In der Stille der Nacht war Isaak gestorben und zu seinen Vätern gegangen. Der von allen verehrte Patriarch, der einzige, der Abraham noch gekannt hatte, war im Alter von 180 Jahren von dieser Erde gegangen, nachdem er noch die große Freude erlebt hatte, seine verfeindeten Söhne wieder vereinigt zu sehen.

Als Joseph das hörte, kümmerten ihn die Sterne und der Mond nur noch wenig. Er hätte es vorgezogen, noch lange Zeit in der Gegenwart Isaaks zu sein, um ihm noch tausend Fragen zu stellen und von des Patriarchen vielen Erlebnissen mit Gott zu hören.

12. KAPITEL

Die herbstlichen Felder jenseits der Eichen Mamres waren naß vom Frühtau. Das rosafarbene Sonnenlicht, das über dem Tal lag, begann gerade langsam den Nebel zu zerteilen, der sich durch die taufeuchte Erde entwickelt hatte.

Der siebzehn Jahre alte Joseph rückte den Rucksack auf seinem Rücken wieder zurecht und atmete tief die feuchte, aber frische Morgenluft ein. Der Tau drang schnell durch seine Sandalen, so daß seine Füße naß wurden. Doch das machte ihm wenig aus. Er war unterwegs, um Dan und Naphtali, Gad und Asser, die Söhne von Jakobs Nebenfrauen, zu finden.

Den Sommer über hatte er sich mit einigen anderen um die Pferdeherde des Stammes kümmern müssen, wobei ihm die weißen und gescheckten Pferde, die Jakobs Stolz waren, ganz besonders anbefohlen wurden. Zwar hätte er viel lieber Hirtendienst getan. Draußen auf den Feldern zu sein und unter den nächtlichen Sternen zu wachen, schien Joseph die schönste Aufgabe. Außerdem schätzte er die männlichen Unterhaltungen mit seinen Brüdern und den anderen Hirten. Diese Gespräche schienen sein Leben immer besonders zu bereichern.

Von allen seinen Brüdern kam er am besten mit den Söhnen von Bilha und Zilpa zurecht. Gewiß, auch mit ihnen gab es manchmal Spannungen, vor allem dann, wenn er sein schönes buntes Gewand trug, das er von Jakob am Tage seiner Mannbarkeit geschenkt bekommen hatte. Doch er würde nicht vergessen, es abzulegen und ein einfacheres anzuziehen, ehe er das Lager der Brüder erreichte. Doch jetzt, als er an dem Bach entlangging, der die Eichen mit Wasser versorgte, trug er das schöne Gewand voller Stolz.

Vielleicht war es seine Unerfahrenheit oder auch die Tatsache, daß er so tief in Gedanken versunken war, denn Joseph übersah völlig die bewundernden Blicke und das Flüstern der Mädchen, die am Bach knieten und Wäsche wuschen. Er war nicht mehr der eckige Junge, der damals in Isaaks Versammlungshalle zum Mann erklärt wurde, auch nicht mehr der ungelenke Bursche, der in jener Nacht nicht recht wußte, wie er sich benehmen sollte, als die Mädchen mit ihm tanzten. Doch die begehrlichen Blicke, die viele Mädchen ihm nachwarfen, wenn er durchs Lager ging, berührten ihn sehr wenig.

In seiner äußeren Erscheinung hatte er große Ähnlichkeit mit Urgroßvater Abraham, Großvater Isaak und seinem Vater Jakob. Er war hochgewachsen, so daß er die meisten anderen schon jetzt überragte. Er hoffte, eines Tages noch so groß zu werden wie Ruben und so stark wie Simeon.

Doch am meisten beschäftigte er sich in seinen Gedanken immer wieder mit den Geheimnissen der Visionen oder Träume, die er gesehen hatte. Oft fragte er sich, wie sie wohl in Erfüllung gehen würden?

Als er die Grenze von Mamre passierte und hinausschritt auf die freie Gemeinschaftsweide, strich er voller Stolz mit der Hand über sein fürstliches Gewand. Kühl übersah er die bewundernden Blicke der Mädchen und schritt zielstrebig voran, um die Hirten zu finden. Es war doch wunderbar, ein Mann zu sein und ein Leben voller Hoffnungen und Erwartungen vor sich zu haben.

* * *

Die großen Hirtenfelder, wo Joseph seine Brüder finden würde, waren etwa eine halbe Tagereise von Mamre entfernt.

Es war schon nahe dem Sonnenuntergang zu, als er das Lagerfeuer entdeckte, das ihm ihren Aufenthaltsort verriet.

Obwohl jetzt ein unangenehm kühler Wind über die Hügel strich, zog Joseph doch das bunte Gewand aus und legte ein einfacheres an. Das Prachtkleid rollte er sorgfältig zusammen und verbarg es in seinem Rucksack.

Als er sich jetzt dem Lager seiner Brüder näherte, wurde er von dem Duft der Abendmahlzeit und von fröhlichen Musikklängen begrüßt. Jemand spielte auf einer kleinen Harfe, und ein anderer begleitete ihn auf einer Flöte.

„Joseph!" rief Asser mit schwerer Zunge, der man leicht anhörte, daß er zuviel Wein getrunken hatte, „komm zu uns und leiste uns Gesellschaft! Was treibt dich her?"

Joseph betrat den Lichtkreis, den das Feuer verbreitete. Die anderen rückten zusammen, damit er unter ihnen Platz finden konnte, und Gad gab ihm einen freundschaftlichen Klaps auf den Rücken.

Als Joseph sich einen Augenblick ausgeruht und es sich bequem gemacht hatte, sagte er: „Der Vater schickt mich." Dabei nahm er fröhlich den Weinschlauch entgegen, der ihm gereicht wurde, und tat einen tiefen Zug.

„Vater — guter alter Vater!" lachte Naphtali, hob einen anderen Weinschlauch empor und rief laut: „Auf Vater!"

Es kam zu einer Runde nicht immer verständlicher Trinksprüche, und einer nach dem anderen hob seinen Weinschlauch an die Lippen und nahm einen kräftigen Zug.

„Auf Vater und auf Urgroßvater Abraham!" rief Gad, und nochmals hoben alle lachend die Schläuche an die Lippen.

„Jawohl, auf Vater und auf Urgroßvater Abraham! Aber wir sollten auch Großvater Isaak nicht vergessen", meldete sich nun Asser nochmals. Und wiederum nahm die Runde einen mächtigen Schluck Wein. Fröhlichkeit ergriff alle, und auch Joseph ließ sich davon anstecken. Genau das war es, weshalb er das Leben unter den Hirten so liebte — diese Kameradschaft.

Gad, der am meisten von der abendlichen Leichtfertigkeit ergriffen zu sein schien, saß ganz eng neben Joseph. Den Weingeruch seines Atems blies er immer wieder in das Gesicht seines jüngeren Bruders, und dabei musterte er ihn mit etwas blutunterlaufenen Augen.

Joseph versuchte ein wenig beiseite zu rücken und konzentrierte sich in der Unterhaltung mehr auf die anderen. Das ging so lange gut, bis Gads Fröhlichkeit durch zuviel Alkohol in Aggressivität umschlug. „Ja", sagte Gad mit schwerer Zunge, „der liebe alte Isaak. Natürlich hat er uns andere nicht so brüderlich begrüßt und willkommen geheißen wie dich, Joseph. Doch er war trotzdem ein guter Mann. Er hat uns zwar kein solches Fest bereitet wie dir. Aber ein guter Mann war er deshalb doch."

Joseph zuckte zusammen, als Gad ihm nun geradewegs ins Gesicht starrte. Er mochte den Ton von Gads Stimme nicht. Nur zu schnell war die Grenze von weinseliger Fröhlichkeit zu einer gewissen Feindseligkeit überschritten worden. Als nun auch noch andere in der Runde begannen, ähnliche Bemerkungen zu machen, fühlte Joseph sich immer ungemütlicher.

„Natürlich", stimme Asser jetzt seinem Bruder zu, „Vater Jakob hat uns nie ein so prächtiges Gewand gegeben, wie er unserem jungen Bruder eines gab, aber deshalb ist er doch auch ein guter Mann."

„Ja! Ja!" riefen Dan und Naphtali, und die Knechte stimmten mit ein.

„Aber unser Kleiner trägt sein prächtiges Kleid heute abend ja gar nicht", bemerkte Dan nun. „Vielleicht denkt er, es sei für ihn schon nicht mehr gut genug."

Plötzlich lehnte Naphtali sich vor, ergriff Josephs Rucksack und wühlte darin herum. „Aha!" rief er dann, zog das bunte Gewand heraus und schwenkte es über seinem Kopf hin und her. „Ich wußte doch, daß er das Ding immer mit sich herumschleppt!"

Sofort wandte sich die trunkene Horde gemeinsam gegen Joseph, und alle brachten törichte Beschuldigungen vor.

„So ist das also", schimpfte Asser, „dein Prachtgewand ist also noch gut für andere Leute und für die Schafe, aber nicht für uns."

„Nein, ihr versteht mich ganz falsch", versuchte Joseph sich zu verteidigen.

Doch sein Widerspruch steigerte die Feindseligkeit seiner Brüder nur noch. Er würde nie in der Lage sein, die nächsten Augenblicke zu beschreiben. Denn plötzlich fielen sie alle über ihn her und warfen ihn zu Boden. Mit geballten Fäusten und Fußtritten schlugen sie auf ihn ein. Es war ein Glück, daß sie schon so betrunken waren und ihre Bewegungen dadurch immer schwerfälliger und langsamer wurden. Deshalb gelang es Joseph auch, ihren Fäusten zu entrinnen und sich aufzurichten.

Bebend vor Zorn stand er ihnen gegenüber, als sie ihm die Zähne zeigten und Beleidigungen an den Kopf warfen.

Wie es dann kam, wußte er selbst nicht mehr. Aber er verlor die Beherrschung, ging mit geballten Fäusten auf seine Brüder los und schrie ihnen dabei seine Visionen und Träume ins Gesicht, die er so lange vor ihnen verborgen gehalten hatte. „Ihr werdet es alle noch einmal bereuen!" brüllte er und schlug auf sie ein. „Eines Tages werdet ihr alle zu mir um Gnade schreien. Dann sollt ihr erleben, wie ich Rache nehmen werde!"

Asser stürzte sich wieder auf Joseph, warf ihn aufs neue zu Boden und rief laut lachend: „Was hast du da eben gesagt, Kleiner? Hast du etwa geträumt?"

Gad, der noch am wenigsten betrunken zu sein schien, war auch neugierig auf das, was Joseph zu sagen hatte. Deshalb versuchte er Ruhe zu stiften. Er schüttelte Asser an der Schulter und sagte: „Komm, laß ihn los. Wir wollen genau hören, was der Träumer uns sagen will."

Asser lockerte zwar seinen Griff, blieb aber auf Joseph sitzen und hielt ihn fest. „So, wir sollen also vor dir um Gnade betteln?" grollte er. „Du junger Schurke, du! Du Sohn einer zweiten Frau! Du wirst es gleich sein, der uns jetzt um sein Leben zu bitten hat!"

Wieder versuchte Gad, Asser zu beruhigen, und die beiden anderen Brüder halfen ihm dabei. „Komm, laß ihn gehen. Er soll uns sagen, was er meint", redeten sie auf Asser ein. „Wir werden dann wenigstens ordentlich was zu lachen haben."

Endlich konnten sie Asser überreden. Er stand auf und blickte auf Joseph hinunter, der im Staub lag. Mühsam erhob er sich nun und deutete mit dem Zeigefinger in Assers Gesicht.

„Du sollst wissen", fauchte er, „daß ich tatsächlich Träume habe. Es müssen wohl ähnliche sein wie sie Isaak gehabt hat, als er voraussagte, daß ich eines Tages soviel Macht über euch haben würde, daß ich über euer Leben oder euren Tod entscheiden könnte."

Untereinander leise ihre Meinungen austauschend, waren die anderen immer noch beeindruckt von der Erinnerung an Isaaks Prophezeiung. Immer noch wütend, forderten sie ihn auf, Näheres darüber zu sagen.

„Ich habe zweimal Visionen gehabt", erklärte Joseph nun fest. „Zweimal hat Jahwe mir gezeigt, daß ihr euch eines Tages mir unterordnen und euch vor mir verneigen werdet."

Als sie ihn haßerfüllt und wütend anstarrten, berichtete er alle Einzelheiten seiner Träume mit den Garben und Sternen. Doch die Männer, die ihn mehr verachteten als je zuvor, ließen ihn jetzt in Ruhe und waren still wie gesättigte Löwen.

Ein Windstoß, der von Hebron her über die Felder fuhr, fachte das sterbende Feuer nochmals an. Und nun war es wieder Asser, der das seltsame Schweigen brach. Mit einer tief brummenden Stimme wie ein gereizter Bär fragte er: „Willst du eines Tages tatsächlich über uns herrschen und Gewalt über uns ausüben?" Damit versetzte er Joseph einen schmerzlichen Fußtritt in die Seite.

Naphtali, der die Prophezeiung ernster nahm, als er zugab, packte Asser an den Armen und zog ihn zurück.

Joseph, der sich vor Schmerz zusammengekrümmt hatte, richtete sich mühsam wieder auf, ergriff seinen Rucksack und stopfte das herausgerissene Gewand wieder hinein. Mit einem Ruck warf er sich den Rucksack auf den Rücken, wandte sich um und schritt grußlos in die Dunkelheit hinein, und zwar in die Richtung, aus der er gekommen war.

Die Brüder starrten ihm schweigend nach. In einiger Entfernung drehte Joseph sich nochmals um und rief: „Ich werde dem Vater erzählen, wie ihr mit mir umgegangen seid!" Dann verschwand er in der Nacht.

Die Brüder blickten sich gegenseitig unsicher an. Dann begannen sie laut zu lachen und um das wieder angefachte Feuer zu tanzen. Damit wollten sie sich selbst ihren Mut beweisen und zeigen, wie gleichgültig ihnen alle Träume und Prophezeiungen waren. Doch in ihren Herzen blieb ein Stachel zurück.

13. KAPITEL

Dina kniete vor Joseph und wusch seine Verletzungen aus, die er durch die Schläge und Fußtritte seiner Brüder empfangen hatte, und verband sie. Sie war besorgt um ihn wie eine Mutter. Das Mädchen, das nach dem Verlust von Prinz Sichem nie wieder geheiratet hatte, war in seinem Element.

„Wie konntest du sie nur so reizen, daß sie dich so zugerichtet haben?" fragte sie anklagend. „Du weißt doch, wie schnell deine älteren Brüder zornig auf dich werden."

Joseph, der sich ihre übertriebene Behandlung hatte gefallen lassen, trat jetzt zurück. „Du redest mit mir, als wäre ich noch ein Kind", grollte er ärgerlich.

„Und vielleicht bist du auch noch eins", mischte sich Jakob jetzt ein, denn in seinem Zelt fand die Behandlung statt, und er lief erregt und unruhig hin und her. „Kann ich dich denn nicht einmal mehr zu den Herden senden, ohne mir Sorgen um dich machen zu müssen?"

Der kleine Benjamin saß in einer Ecke und hielt Josephs buntes Gewand in den Händen. Er lauschte aufmerksam der Unterhaltung, sagte aber kein Wort. Er hatte auch schon erfahren, was es bedeutete, einer von den kleinen Brüdern und ein Sohn Rahels zu sein. Auch er war schon von den älteren Zehn zurückgestoßen und verachtet worden. Deshalb verstand er besser, daß Joseph ohne eigene Schuld der Gemeinheit seiner Brüder zum Opfer gefallen war. Doch er schwieg, da er spürte, daß Jakob keine Einwände gelten lassen würde.

„Sie waren doch betrunken", protestierte Joseph. „Und sie hatten es darauf abgesehen, mich zu demütigen und zu schlagen."

„Du hättest sie nicht reizen sollen", antwortete Jakob. „Was hast du denn getan, daß sie so wütend wurden?"

Bei dieser Frage blickte Joseph zu Boden. Es wäre ihm lieber gewesen, diesen Punkt nicht weiter zu verfolgen. Doch sein Vater bestand hartnäckig darauf.

„Sie haben über mein buntes Gewand gelacht, das ich von dir geschenkt bekam. Und außerdem waren sie verärgert über den Segen, den Isaak über mich ausgesprochen hat", erklärte er endlich.

Jakob blieb stehen und legte eine Hand auf Josephs Schulter. In seinen Augen konnte man Mitgefühl erkennen, und er hätte die Sache als erledigt betrachtet, wäre nicht in diesem Augenblick Lea am Eingang des Zeltes erschienen. Sie betrat das Zelt ihres Gatten mit einem Arm voll sauberer Wäsche, die sie auf Jakobs Bett legte.

Als sie Joseph bemerkte, trat sie zu ihm und betrachtete seinen jämmerlichen Zustand. „Was ist dir widerfahren?" fragte sie kurz und stemmte die Arme in die Hüften.

Seit Rahels Tod war Lea, vom gesamten Stamm anerkannt, in die volle Position der ersten Frau des Patriarchen eingetreten. Obwohl Jakob sie nie so lieben würde, wie er Rahel geliebt hatte, gab es für Lea nun keine Konkurrentin mehr, die ihr die Zuneigung des Patriarchen streitig machte, und sie gebrauchte nun, ohne Widerspruch von irgendeiner Seite, die vollen Rechte der Hauptfrau des Stammes wie ein Schwert.

„Es ist nichts weiter geschehen, Mutter", mischte Jakob sich ein, indem er sie mit dem Wort anredete, bei dem sich Joseph innerlich versteifte. „Der Junge hatte draußen in den Hügeln einige Schwierigkeiten, wird aber bald wieder in Ordnung sein."

Jakob vermied es dabei sorgfältig, zu erwähnen, daß einige der älteren Brüder daran beteiligt gewesen waren. Obwohl es sich dabei um die Söhne der Nebenfrauen handelte, würde Lea sofort ihre Partei ergreifen und sich gegen Joseph stellen.

Lea beschaute sich die Wunden und Schrammen Josephs und zuckte gleichgültig mit den Schultern. „Am besten ist es, du behältst ihn daheim", bemerkte sie verächtlich. „Er ist offensichtlich noch nicht in der Lage, die Arbeit von Männern zu tun."

Joseph starrte schweigend zu Boden. Doch Benjamin fuhr ärgerlich auf. Aber Joseph warf ihm einen warnenden Blick zu, der ihn schweigen ließ.

Als die Frau das Zelt verlassen hatte, rieb Jakob nervös seine Hände. „Dina, Benjamin, verlaßt uns jetzt!" befahl er. „Ich möchte gern mit eurem Bruder allein sein."

Zögernd erhob sich das Mädchen und nahm die Wasserschüssel und das Tuch, mit dem sie Josephs Wunden gesäubert hatte. Benjamin legte vorsichtig das Prachtgewand um Josephs Schultern und folgte seiner Schwester hinaus auf den Hof. Jakob schnürte die Zelttür von innen zu, so daß die Leute erkennen konnten, daß er jetzt nicht gestört werden wollte. Dann trat er zu seinem Sohn und schaute ihm eine ganze Weile aufmerksam ins Gesicht.

Endlich sagte er: „Wir können uns nicht erlauben, daß es in unserem Stamm Zwietracht gibt, das weißt du."

„Sicher weiß ich das", nickte Joseph ohne Überzeugung.

„Hast du mir auch wirklich alles erzählt?" forschte Jakob. „Ich muß alles wissen, was geschehen ist."

Joseph seufzte, holte tief Atem und faßte Mut. „Da ist noch etwas", begann er, „aber sie haben mich dazu getrieben."

Als Jakob ihn nun durchdringend anblickte, aber kein Wort sagte, schüttelte er verzweifelt den Kopf und gestand: „Ich habe ihnen von einer Prophezeiung erzählt, Vater, von etwas, worüber ich bisher mit keinem Menschen gesprochen habe, nicht einmal mit dir."

„Von einer Prophezeiung?" wunderte sich Jakob.

„Erinnerst du dich noch, wie du mich damals, nach dem Tod meiner Mutter, in den Hügeln gefunden hast? Ich lag vor dem Eingang einer Höhle und sagte dir, ich hätte einen Mann und ein Feuer darin gesehen."

„Ja, ich erinnere mich", nickte Jakob. „Du hattest geträumt."

„Vielleicht!" Joseph bewegte zweifelnd den Kopf hin und her. „Aber was ist ein Traum? Ich habe seither noch andere ähnliche Erlebnisse gehabt. Ob es Träume waren oder etwas anderes, weiß ich nicht. Aber ich habe bisher noch nie mit jemand darüber gesprochen, außer jetzt mit meinen Brüdern."

Nun begann er, die Geheimnisse seines Herzens vor seinem Vater zu öffnen und berichtete von den Visionen. Als er das Bild an der Höhlenwand beschrieb mit den Garben, die offensichtlich seine Brüder darstellten, die sich vor seiner Garbe verneigten, hörte Jakob geduldig zu.

Doch als er dann die Vision von den elf Sternen und dem einzelnen hellen Stern beschrieb, bemerkte er, daß sein Vater eine ablehnende Haltung annahm. Doch er ließ trotzdem nichts aus und schloß seinen Bericht mit den Worten: „Auch die Sonne und der Mond verbeugten sich zusammen mit den elf Sternen vor mir." Seine Stimme war so leise geworden, daß er fast flüsterte.

Bei diesen Worten richtete sich Jakob kerzengerade auf und schlug mit der Faust auf den Tisch. „So, so, diese Dinge hast du also deinen Brüdern erzählt", polterte er laut los. „Was für eine Art von Träumen sind das denn? Sollen etwa ich, die Mutter und deine Brüder uns vor dir auf den Boden werfen?"

Ärgerlich sprang der Patriarch auf und begann wieder im Zelt hin und her zu gehen. Dabei hatte sich eine tiefe Furche von verwundetem Stolz in seine Stirn gegraben.

Joseph hatte zuerst gezögert, die Sonne und den Mond zu erwähnen. Die Tatsache, daß Jakob in diesen beiden Himmelskörpern sofort Lea und sich selbst sah, überraschte ihn keineswegs. Doch der junge Mann wußte nicht, wie er den Schmerz, den er mit diesem Bericht Jakob bereitete, hätte umgehen sollen, wenn er bei der ganzen Wahrheit bleiben wollte. Als Jakob ihn nun hart tadelte, liefen ihm die Tränen über die Wangen.

„Du kannst von Glück sagen, daß sie dich nicht gleich totgeschlagen haben!" rief der Vater empört. „Es sind schon Kriege aus geringerem Anlaß ausgebrochen als diesem!"

Tatsächlich wurden in ihrer Kultur Träume und Prophezeiungen nicht leichtgenommen. Ob das Volk dabei dem Träumer zustimmte oder nicht, war weniger von Bedeutung. In den Träumen zeigte sich das Herz, so glaubte man. Und da schienen die Produkte von Josephs Herzen auf einen ausgesprochen hochmütigen Geist hinzuweisen.

„Vater ... ich ...", stammelte er.

Vor Jakobs Zelt versammelten sich Leute und fragten sich, warum es drin so laut zuging. Als Jakob es bemerkte, forderte er seinen Sohn auf, leiser zu sprechen.

„Vater, ich kann doch nichts für meine Träume", wandte er mit leiser und vorsichtiger Stimme ein. „Was sollte ich denn nach deiner Meinung tun? Mir den Kopf abschneiden, damit ich sie vergesse?"

Erregt zerknüllte er den Rand seines Gewandes in seinen schweißnassen Händen. „Du hast niemals jemandem außer mir von deinem Kampf mit dem Engel erzählt", verteidigte sich Joseph. „Du wußtest, du konntest mir vertrauen, daß ich dein Erlebnis respektieren würde. Warum achtest du nun nicht auch meine Visionen und meinen Kampf?"

Jakob starrte seinen mutigen Sohn voller Staunen an. Als er aber jetzt seinen Mund öffnete, sprach er im Befehlston: „Du solltest auf den Hirtenfeldern arbeiten", erklärte er. „Und ich werde nicht zulassen, daß du deinen Dienst nicht tust. Gad, Asser, Dan und Naphtali sollten heute nach Sichem ziehen, wo deine anderen Brüder ihre Herden weiden. Wenn du nicht den Streit heraufbeschworen hättest, könntest du jetzt mit ihnen unterwegs sein. Komm", befahl er, „ich werde dich jetzt zu ihnen senden."

„Ja, Vater", sagte Joseph gehorsam und folgte ihm in den Hof hinaus. Scham erfüllte sein Herz. Noch nie in seinem Leben hatte er gewagt, die Autorität seines Vaters in Frage zu stellen. Wenn Jakob nun sagte, er habe die Schuld an den Streitigkeiten mit seinen Brüdern, dann war es vielleicht auch so. Die Leute draußen vor dem Zelt gingen schnell beiseite. Der Patriarch befahl ihnen, frische Nahrungsmittel und einen Schlauch mit Wein herbeizuschaffen. Alles zusammen wurde mit Decken und einem Schlafsack in einem Rucksack verpackt, den Jakob seinem Sohn auf den Rücken legte. Sorgfältig prüfte er noch, ob alle Riemen in Ordnung waren und der Rucksack richtig saß.

Dann klopfte er dem Jungen auf die Schulter und sagte: „Geh nun und sieh nach deinen Brüdern, ob mit ihnen und den Herden alles in Ordnung ist, und bringe mir dann Nachricht von ihnen."

Die Sonne stand schon tief, als Jakob die Eichen von Mamre verließ. Er würde seinen Weg nun zum Teil noch im Dunkeln finden müssen — und er durfte jetzt nicht zurückblicken.

Während Jakob seinem davonschreitenden Sohn nachblickte, wurde sein Herz von eigenartigen Gefühlen ergriffen. Er mußte plötzlich an Isaaks Worte denken, daß Joseph sie eines Tages alle retten würde und daß der Tag kommen würde, wenn sie sich alle tief vor ihm verneigen würden. Langsam ging der Patriarch zurück in sein Zelt, doch die Unruhe in seiner Seele wollte noch lange nicht weichen, obwohl er sein Zelt verschloß und für lange Zeit allein blieb.

Jakob begann zu ahnen, daß er die Botschaft von Josephs Träumen genausowenig würde wieder vergessen können wie seinen Kampf mit dem Engel in jener längst vergangenen Nacht am Jabbok.

14. KAPITEL

Obwohl ihn goldenes Sonnenlicht begleitete, als er über die Hänge ins Tal von Sichem hinabschritt, wurde Joseph doch durch den kalten Wind, der durch seine Kleider fuhr, daran erinnert, daß der Winter nahte.

Vor fünf Tagen hatte er Mamre verlassen. Doch immer noch schmerzten ihm einzelne Glieder von dem Kampf mit seinen Brüdern in den Hügeln von Hebron. In den vergangenen Tagen war er über große Teile der Winterweiden gewandert, zu denen Jakob ihn gesandt hatte. Überall hatte er seine Brüder gesucht, und an vielen fremden Lagerfeuern hatte er sich erkundigt, ob jemand wußte, wo die Söhne Jakobs mit ihren Herden weideten. Doch niemand hatte ihm Auskunft geben können.

Wie immer, so gab es auch in diesem Jahr in den Hügeln von Sichem besonders gute Weideplätze. Das Gras war hier besser als an den meisten anderen Orten in Kanaan.

Sieben Jahre waren vergangen, seit Levi und Simeon gemeinsam mit ihren Knechten die Stadt Sichem in Schutt und Asche gelegt und ihre Bewohner getötet hatten. Seither hatten sich die Israeliten nach ihrer Flucht nicht mehr auf diese Weidegründe gewagt. Doch nun hatte Jakob gemeint, daß genug Zeit vergangen sei, um auch für ihre Herden die fetten Winterweiden hier wieder auszunutzen. Die Erinnerung an die damalige Untat verblaßte wohl langsam, und unter den zahlreichen anderen Herden, die hier weideten, würden die Männer von Mamre vielleicht nicht weiter auffallen.

Doch es schien so, als habe niemand etwas von Jakobs

Söhnen gesehen noch von ihrem Aufenthaltsort gehört. An wie vielen Lagern Joseph auch nach ihnen fragte, überall erntete er nur Kopfschütteln und Achselzucken.

Es war nun der fünfte Tag, den Joseph unterwegs war. Des kalten Windes wegen zog er den schweren Umhang, den er über seinem bunten Prachtgewand trug, noch fester um sich. Er war entschlossen, das bunte Gewand dieses Mal nicht vorher auszuziehen. Er wollte es tragen, wenn er seinen Brüdern gegenübertrat, damit sie daran die bevorzugte Stellung erkannten, die er bei seinem Vater einnahm. Und bis dahin würde es noch dazu beitragen, ihn warm zu halten.

Am letzten Abend, als Kälte und Dunkelheit hereinbrachen und er sich ein einsames Lager im Schutz einiger Büsche und Felsen gesucht hatte, war er immer noch guten Mutes gewesen, seine Brüder bald zu finden. Doch nun, in der grauen Morgendämmerung des neuen Tages und der empfindlichen Morgenkühle, wollte ihn fast die Hoffnung verlassen, seine Brüder noch finden zu können. Er fragte sich, ob sie in der letzten Zeit überhaupt in dieser Gegend gewesen waren.

Doch dann sprach er sich selbst wieder Mut zu und begann in westlicher Richtung weiterzugehen. Unter ihm, zur Linken, lag das Tal von Sichem. Schwarze Ruinen und Mauertrümmer markierten noch immer den Ort, an dem einst Prinz Sichems hübsche Stadt gestanden hatte.

Als Joseph so den Ort der bösartigen und gemeinen Tat seiner Brüder unmittelbar vor Augen hatte, begann seine Phantasie ihn zu erschrecken. Vielleicht, dachte er, haben manche Leute aus der Gegend sie doch wiedererkannt und sich an jene Untat erinnert. Vielleicht haben sie sich zusammengetan und meine Brüder in einem unaufmerksamen Augenblick überfallen. Joseph schob seine eigenen Probleme beiseite und beschäftigte sich nur noch mit der Sorge um das Wohlergehen seiner Brüder. Immer schneller lief er über die Felder, und mit heftig klopfendem Herzen schrie er immer wieder: „Ruben! Juda! Simeon!"

Tiefe Besorgnis packte ihn, wenn er wieder die Spitze eines Hügelrückens erreichte. Jedesmal fürchtete er, auf der anderen Seite vielleicht die blutigen Leichname seiner Brüder und das zerstörte Lager vor sich zu sehen.

Während der Dunkelheit war es viel leichter, die verschiedenen Hirtenlager zu finden, denn in jedem von ihnen brannte mindestens ein größeres Lagerfeuer, das man schon von weitem sehen konnte. Doch am Tage, wenn die Hirten ihren Herden folgten, war es nicht so leicht, sie zu finden. Ein solches Lager konnte hinter dem nebenan liegenden Hügelrücken liegen, ohne daß Joseph es bemerkte.

Als er eine niedrige Felsgruppe umrundete, an der eine Anzahl Büsche wuchsen, wurde er von dem Duft bratenden Fleisches begrüßt. Er vermutete deshalb, ganz in der Nähe müsse ein weiteres Lager fremder Hirten liegen.

Um nicht gerade feindlich gesinnten Stämmen in die Hände zu laufen, wollte er sich erst vorsichtig davon überzeugen, wem das Lager gehörte. Leise kletterte er deshalb auf die Felsen und kroch vorsichtig an den Rand, um hinunterzublicken. Das Lager, das er sah, war ein sehr kleines, an dem nur ein einzelner Mann saß, der an einem langen Stock, den er über das kleine Feuer hielt, eine große Hammelkeule grillte.

Joseph lief das Wasser im Mund zusammen, als er den prächtigen Braten sah und der Duft ihm von unten noch besser in die Nase stieg als vorher. Obwohl er das Gesicht des Hirten nicht erkennen konnte, weil es unter einem breitkrempigen Hut verborgen war, mußte es doch schon ein älterer Mann sein, denn er trug einen langen weißen Bart. Auch an seinen Händen, mit denen er den Stock über dem Feuer hin und her drehte, sah man schon deutlich die Venen und viele Falten. Joseph fragte sich, was dieser Mann allein in diesem wilden Land tat.

Doch am meisten wurde Josephs Aufmerksamkeit von dem Braten gefangengenommen. Zum ersten Mal verstand er richtig, wie sein Onkel Esau gefühlt haben mußte, als er mit einem Riesenhunger von seiner erfolglosen Jagd heimkehrte und sein Bruder Jakob ihm ein herrlich duftendes Linsengericht unter die Nase hielt. „Ich würde jetzt fast auch mein Geburtsrecht für ein Stück von diesem Braten verkaufen", dachte er, als er sich an Esaus törichten Handel erinnerte. Voller Verlangen blickte er auf den immer schöner werdenden Braten hinunter.

„Warum kommst du nicht einfach herunter und setzt dich zu mir?" rief der alte Mann plötzlich.

Joseph spürte, wie sein Herz heftiger klopfte. Er hatte doch keinerlei Geräusche gemacht. Schon früh hatte er gelernt, sich in den Hügeln des Weidelandes lautlos zu bewegen. Der alte Bursche da unten hatte noch nicht einmal seinen Kopf bewegt und schon gar nicht zu ihm heraufgeschaut. Woher wußte er um Josephs Gegenwart? Der junge Beobachter konnte es sich nicht denken.

Immerhin hatte die Einladung des Fremden freundlich geklungen. Also erhob sich Joseph aus seinem Versteck, kletterte hinunter und nahm dankbar an dem Feuer Platz, an dem er zunächst einmal seine kalten Hände wärmte.

Der Hirte, der wohl sah, daß sein Fleisch gar war, gab Joseph großzügig die Hälfte davon ab. Heißhungrig fiel der junge Mann darüber her, und erst als sein erster großer Hunger gestillt war, begann er, seinen Gastgeber näher zu betrachten.

Als er es tat, ergriff ihn ein unangenehmes Gefühl, denn der Alte musterte ihn mit einem durchdringenden Blick. „Was suchst du hier in diesen abgelegenen Hügeln?" fragte er.

Es war eigentlich eine vernünftige Frage. Doch die Art, wie sie gestellt wurde, ließ Joseph vermuten, daß der Fremde die Antwort schon kannte. Es war ihm nicht möglich, etwa an dem Akzent oder an der Art seiner Kleidung festzustellen, zu welchem Stamm er gehörte. Das Besondere an dem Mann war nur die Direktheit seines Benehmens und die sehr einfache Kleidung.

„Ich ... ich suche meine Brüder", antwortete Joseph. „Kanst du mir vielleicht sagen, wo ihre Herden weiden?"

Irgendwie spürte er, daß keine weiteren Erklärungen notwendig waren, sondern daß der Alte genau wußte, von wem Joseph redete.

„Sie sind nicht mehr hier, sondern weitergezogen", antwortete der Mann. „Ich hörte, wie sie sagten: *Wir wollen nach Dothan gehen.*"

Die Tatsache, daß der Alte genau wußte, wer Josephs Brüder waren und wohin sie wollten, verwunderte den jungen Mann nicht sehr, sondern schien irgendwie selbstverständlich zu sein. Erst später würde er selbst darüber staunen, daß er sich in der Gegenwart dieses Fremden so sicher und gut aufgehoben gefühlt hatte.

„Dothan?" staunte Joseph. „Sie haben niemandem gesagt, daß sie weiter nach Norden ziehen wollten. Vielleicht fühlten sie sich in der Gegend von Sichem doch nicht ganz sicher."

Er hatte mehr zu sich als zu dem anderen gesprochen. Doch wiederum spürte er, daß der alte Mann genau wußte, was er meinte.

„Ich muß sie finden", erklärte Joseph entschlossen und erhob sich. Mit einer tiefen Verbeugung bedankte er sich bei dem Mann für dessen Freundlichkeit und schulterte seinen Rucksack.

Etwas an der Art des Alten hatte ihn nachdenklich gemacht. Irgendwie ging von ihm ein melancholischer, vielleicht sogar trauriger Eindruck aus. In Joseph hatte sich dadurch ein Gefühl breitgemacht, als ob ihn etwas warnen wollte. Zögernd stand er noch einen Augenblick am Feuer. Dann riß er sich zusammen und sagte: „Es wird schon alles in Ordnung gehen."

Der Hirte nickte. Mit einem wissenden Blick sagte er: „Jahwe sei mit dir!"

Joseph lächelte ihm nochmals zu, wandte sich dann um und ging davon. Als er eine kurze Strecke zurückgelegt hatte, blickte er nochmals zurück, um noch einen Gruß zu winken. Doch der alte Mann war verschwunden, und an dem Platz, an dem eben noch das Feuer gebrannt hatte, lag nur noch weiße Asche.

15. KAPITEL

Ruben saß auf dem Rand einer großen Zisterne und hatte einen schweren Sattel vor sich auf dem Schoß, an dem eine Naht aufgerissen war. Er bemühte sich, den Sattel wieder zu nähen, was nicht so einfach war, denn das Leder war zäh und widerspenstig.

Doch mit seinen Gedanken war er nicht bei dieser Arbeit, sondern beobachtete nervös die nahe vorüberführende Straße. Er und seine Brüder waren schon am Vormittag auf diese Oase mit den Zisternen gestoßen. Wenn bis zum Einbruch der Dunkelheit niemand kam und ihnen diesen Platz streitig machte, waren sie nach den ungeschriebenen Gesetzen der Nomaden berechtigt, hier einen Monat oder auch noch länger zu bleiben und die feinen Weideplätze für ihre Herden zu nutzen, die sich rechts und links erstreckten so weit man blicken konnte.

Solch ein Platz war beneidenswert, denn die Karawanen, die von Syrien nach Ägypten reisten, zogen gewöhnlich auf dieser Straße vorbei und machten an der Zisterne Rast. Dadurch hatten die Hirten Gelegenheit, den Reisenden frisches Fleisch, Butter und Milch und andere Erzeugnisse ihrer Herden zu verkaufen und dafür von den Händlern Dinge zu kaufen, die sie für ihre Vorräte brauchten.

Am Anfang des Winters einen solchen Platz zu finden, war für jeden Nomaden einer der größten Wünsche, denn weiter drin in den Hügeln wurde es jetzt besonders gefährlich, weil Raubtiere, hungrige Wölfe und Löwen, sich jetzt ungewöhnlich weit hervorwagten, um die nötige Beute zu finden. Dadurch waren nicht nur die Herden in größerer Gefahr, sondern oft mußten auch Hirten ihr Leben lassen, wenn sie ihre Herden verteidigten.

Natürlich war einer der Gründe, daß die Brüder weiter nach Norden gezogen waren, auch die Furcht vor den Stämmen der Gegend von Sichem. Sie hatten während der kurzen Zeit, die sie in der Nähe des Sichemtales geblieben waren, keine Schwierigkeiten bekommen; doch Dothan war ein Platz, der sicherer war.

Neben der Zisterne, an deren Rand Ruben saß, lag noch eine zweite, etwa derselben Größe. Ihre steilen Wände gingen fast vier Meter tief nach unten. Doch sie war jetzt leer. Im Frühjahr, zur Regenzeit, würde sie sich bis zum Rand füllen, genau wie die erste, die nun auch schon fast leer war. Die Bäume der Oase und die Zisternen ließen fast jede Karawane hier rasten. Und auch jetzt noch reichte das restliche Wasser für eine kleinere Schar, wie es Rubens Brüder und ihre Knechte waren, immer noch aus.

Doch bis zum Einbruch der Dunkelheit konnte das Recht der Israeliten, hier zu bleiben, nach den Gesetzen der Nomaden immer noch von anderen bestritten werden. Wenn jetzt noch eine andere, viel größere Herde mit viel mehr Männern auftauchte, würden sie den Platz beanspruchen, und die Schwächeren würden weichen müssen.

Doch mit jeder Viertelstunde, die verging, wurde die Wahrscheinlichkeit, daß dies noch geschehen würde, geringer. Außerdem waren Ruben, seine Brüder und ihre Knechte auch eine ansehnliche Schar. Es mußte schon eine starke andere Hirtenschar auftauchen, wenn sie die Söhne Jakobs noch vertreiben wollten. Doch Ruben würde erst ganz beruhigt sein, wenn die Sonne im Westen, in Richtung des großen Meeres, untergegangen war.

In nicht allzuweiter Entfernung bauten seine Brüder bereits das große Lager auf, da sie hier eine ganze Anzahl Wochen bleiben wollten. Rubens Pferd, das er an der Zisterne angebunden hatte, stupste ihn mit seiner weichen Schnauze in die Seite.

„Ja, ja, schon gut", rief er lachend. „Du bekommst bald etwas zu fressen." Er wies auf die Sonne, die schon recht tief stand, überlegte kurz und fügte dann hinzu: „In etwa einer Stunde gibt es für uns beide Abendbrot."

Als das Zwielicht hereinbrach, begann ein kalter Wind vom Osten her zu wehen. Doch offensichtlich würden keine Fremden mehr erscheinen, die den Lagerplatz für sich beanspruchten. In dieser Jahreszeit versuchten in der Regel alle Hirten, sehr zeitig einen guten Lagerplatz für ihre Tiere zu finden.

Ruben war mit sich zufrieden, weil er entschieden hatte, nach Dothan zu ziehen. Als er jetzt den schweren Sattel auf das Pferd legte und das Werkzeug und Material einsammelte, um zu seinen Brüdern ins Lager zurückzukehren, störte nur noch eine Sache den Frieden seiner Seele.

Als die Söhne von Bilha und Zilpa in Sichem zu ihnen gestoßen waren, hatten sie damit geprahlt, wie sie mit Joseph verfahren waren. Laut hatten sie gespottet über die Prophezeiungen des Kleinen. Und als sie in Einzelheiten berichteten, wie sie es dem großmäuligen Angeber heimgezahlt und ihn verprügelt hatten, hatten seine Brüder, außer Juda und ihm selbst, laut Beifall geklatscht.

Ruben zögerte gewöhnlich, seine Gefühle zu zeigen, doch er liebte Joseph wirklich von ganzem Herzen und war froh, daß der Junge, wie er ihn in Gedanken immer noch nannte, nun sicher daheim bei ihrem Vater und Benjamin war. Oft ärgerte er sich über den nicht endenden Haß seiner Brüder dem Kleinen gegenüber, und wie sie ihn deshalb immer wieder reizten. Er machte sich große Sorgen, sein Vater könnte auf den Gedanken kommen, den Jungen nochmals zu ihnen zu schicken. Er kannte die Stimmung seiner Brüder und wußte nicht, was dann geschehen konnte.

Als er jetzt bei Einbruch der Dunkelheit langsam zum Lager zurückging, wurde er von Gad eingeholt, der schon von weitem atemlos hinter ihm herschrie und wild mit den Armen wedelte. „Asser und ich haben gerade unsere Herde für die Nacht in einer Senke zur Ruhe gebracht", erklärte er schwer atmend. „Vom Hügelrücken aus, der vor dieser Senke liegt, konnten wir auf die Straße sehen, und dort kommt ein Wanderer in unsere Richtung gezogen."

Besorgt forschte Ruben: „Folgt ihm etwa noch eine größere Schar? Wir werden unseren Lager- und Weideplatz nicht mehr so leicht aufgeben." „Nein, nein", fuhr Gad fort, der mittlerweile zu Atem gekommen war. „Das war zuerst auch unsere Sorge. Doch als er näher kam, konnten wir sehen, daß er allein ist. Und es ist kein Fremder!"

„Ich habe keine Lust, Rätsel zu lösen", antwortete Ruben knapp. „Ich bin hungrig und will ins Lager zurück. Wenn du etwas zu sagen hast, dann sprich deutlich!"

„Du verstehst mich nicht", erwiderte Gad und hielt seinen Bruder am Ärmel fest. „Es ist unser Bruder, es ist Joseph, der da kommt!"

Ruben blieb, wie von einer unsichtbaren Faust ergriffen, stehen und blickte Gad mißtrauisch an. Während er die Neuigkeit verarbeitete, bemerkte er auch das hinterlistige Lächeln, das um Gads Mundwinkeln lag. Doch ehe er etwas sagen konnte, eilte Gad weiter auf das Lager zu, um auch die anderen auf die Ankunft Josephs vorzubereiten.

Während Ruben bedächtig seinen Weg fortsetzte, hörte er hinter sich bald nochmals eilige Schritte. Als er sich umdrehte, erkannte er Asser, der auch schnell an ihm vorüberlief und dem Lager zustrebte. Das, was er in Assers Gesichtszügen lesen konnte, gefiel ihm ebensowenig wie das, was er vorher in Gads Blicken gelesen hatte. Was auch immer die beiden planten, es war gewiß nichts, was Joseph gefallen würde, da war Ruben sicher.

* * *

Als Ruben mit seinem hungrigen Pferd das Lager erreichte, hatten seine Brüder dort schon begonnen, böse Pläne gegen Joseph zu schmieden.

„Der Träumer kommt!" hatten Gad und bald darauf auch Asser den anderen mitgeteilt. Sehr schnell hatten die neun Brüder dann entdeckt, daß sie in ihren haßerfüllten Herzen alle miteinander Joseph alles Böse wünschten.

Als Ruben in den Kreis der anderen trat, wurden dort so böse Pläne gesponnen und Worte gewechselt, die mit eifrigem Kopfnicken aller begleitet waren, daß Ruben tief erschrak. Nur Juda stand ein wenig abseits und schwieg. Doch auch er erhob keine Einwände gegen die bösen Absichten, über die die anderen eifrig diskutierten.

„Am besten ist es, wir töten ihn gleich", sagte einer. „Er wird das Lager nicht erreichen, bevor es völlig dunkel ist. Deshalb wird auch niemand etwas bemerken, selbst dann nicht, wenn doch noch jemand unten auf der Straße vorüberziehen sollte."

Ging ihr Neid schon so weit? Und reichte ihr Ärger wirklich für einen Mord aus? fragte sich Ruben, als er jetzt den Sattel neben dem Zelt ablegte und seinem Pferd zu fressen gab. Sorgfältig lauschte er dabei auf die Worte, die seine Brüder wechselten, und bei allem, was er hörte, lief es ihm kalt den Rücken hinunter.

Nervös strich sich Ruben durch seinen Bart und blickte immer wieder in die Dunkelheit hinaus. Er hoffte, Joseph früher zu bemerken als die anderen, so daß er vielleicht noch die Chance bekam, den jungen Bruder rechtzeitig zu warnen und ihn zur Flucht zu veranlassen. Er wäre Joseph sogar entgegengegangen, um zu verhindern, daß er in das Lager kam. Doch die anderen hatten seine Anwesenheit schon bemerkt und beobachteten ihn.

Schnell überdachte er seine Möglichkeiten. Er konnte einfach vorgeben, sie nicht gehört zu haben, und erklären, er habe etwas an der Zisterne liegen lassen und müsse es noch holen. Dann konnte er Joseph suchen und ihn warnen. Doch wenn Joseph dann nicht eintraf, würden sie ihn verdächtigen und eventuell versuchen, sie beide zu töten.

Nein, er hatte im Augenblick keine Wahl. Er mußte sich

zu den Mordplanern dort am Feuer gesellen und dann abwarten, ob sich eine günstige Gelegenheit ergeben würde, Joseph zu helfen, oder ob es ihm doch noch gelang, seine wildgewordenen Brüder von ihren Plänen abzubringen. „O Herr, Jahwe", flüsterte er, „hilf mir, daß ich das Richtige tue."

Entschlossen ging er zu den anderen, gab Gleichgültigkeit vor und setzte sich in ihren Kreis. „So, so, der Kleine kommt also", bemerkte er.

„Ach, du weißt es schon?" staunte Naphtali.

„Sicher, wir haben es ihm unterwegs erzählt", warf Gad ein. „Hast du ihn schon gesehen, Ruben?"

„Noch nicht", lachte er. „Aber erzählt mal, was habt ihr denn inzwischen für einen Plan ausgebrütet?"

Voller Eifer wollten alle auf einmal beginnen. „Wir haben genug von seiner Angeberei", rief Dan endlich. „Er plant doch, uns alle zu beherrschen, Ruben. Hast du davon noch nichts gehört?"

Ruben gab keine Antwort. Er zeigte weder Zustimmung noch Überraschung bei diesen Worten.

„Nächstes Jahr, wenn er achtzehn wird, bekommt er auch eigene Knechte; und wenn er es dann wünscht, wird ihm der Vater sogar eine ganze Armee geben", äußerte Asser seine Vermutungen. „Wie will er uns denn ohne Krieg dazu zwingen, uns ihm unterzuordnen? Er behauptet doch, daß wir dies tun würden."

„Ja, so ist es", stimmte Sebulon zu. „Sollen wir dann etwa stillsitzen und warten, bis unser Feind stärker wird als wir sind? Ihr wißt doch alle, daß er Jakobs Lieblingssohn ist und von ihm alles bekommt, was er sich wünscht: Soldaten, Waffen und alles andere — alles, was er braucht."

Ruben studierte die vor Wut verzerrten Gesichter seiner Brüder. Sie hatten an diesem Abend noch nicht viel Wein getrunken, es war vielmehr der Haß, der ihre Phantasie in so verrückter Weise mit ihnen durchgehen ließ.

„Also bringen wir ihn um!" rief Asser laut und sprang auf. Diese offene Ankündigung ihrer Mordabsicht ernüchterte die anderen doch für einen Augenblick. Es trat Schweigen in der Runde ein. Doch dann ertönten von allen Seiten zustimmende Rufe, und die meisten rissen ihre langen Messer aus den Scheiden und reckten sie hoch in die Luft.

„Wenn wir alle dichthalten, können wir die Tat gut verbergen. Niemand anders wird es je zu wissen bekommen", stimmte Gad seinem Bruder zu. „Wir werfen ihn in eine der Zisternen da unten oder verscharren ihn. Dem Vater können wir erzählen, ein wildes Tier habe ihn getötet. Das kommt ja in den Wintermonaten häufiger vor als zu anderen Jahreszeiten."

„Jawohl, so machen wir es!" rief Naphtali. „Dann werden wir ja sehen, was aus seinen Träumen und Prophezeiungen wird!"

Ruben erhob sich etwas schwerfällig und hob seine Hand. Ihm, als dem Ältesten, brachten die anderen doch noch etwas Respekt entgegen, und bald trat Stille ein. „Brüder, Brüder", sagte er und gab sich Mühe, in einem ruhigen Ton zu sprechen, „seid ihr sicher, daß richtig ist, was ihr plant? Überlegt einmal: Jahwe sieht uns!"

Das Schweigen in der Gruppe hielt nach dieser Mahnung an. Doch es war zu sehen, daß den Brüdern die Worte nicht gefielen.

Endlich sagte einer in aufsässigem Ton: „Jahwe! Jahwe! Ja, es ist wahr, Er beobachtet uns alle. Aber kann es etwa Sein Wille sein, daß wir stillsitzen, unsere Köpfe in den Sand stecken und warten, bis Joseph uns alle unterdrückt?"

Alle stimmten diesen Worten zu, und Beifall erhob sich rundum.

Ruben, der erkannte, daß er es mit seinen Argumenten allein nicht schaffte, wandte sich an Juda: „Bruder", sagte er, während er sich immer noch Mühe gab ruhig zu bleiben, „stimmst du der Meinung unserer Brüder zu?"

Juda war es nicht recht, so direkt angesprochen zu werden. Nervös blickte er sich im Kreis um und war gerade dabei zu antworten, als er Assers warnenden und zugleich drohenden Blick auffing. Er lächelte leicht und zuckte nur mit den Achseln.

„Natürlich ist er einverstanden, das siehst du doch", erklärte Gad großspurig. „Auch er ist ein Sohn der ersten Frau, wie auch du, Ruben. Juda hat ebensoviel zu verlieren wie wir alle."

Asser beugte sich zu Gad hinüber. Die beiden flüsterten miteinander und musterten dabei Ruben voller Mißtrauen.

Ruben sah, daß er es anders anfangen mußte, und zwar schnell, denn er mußte sonst noch um seine eigene Sicherheit sorgen. Sollte auch ihm etwas geschehen, würde niemand mehr versuchen, Joseph zu retten. Deshalb probierte er es jetzt auf eine andere Weise.

Nochmals hob er die Hand und begann: „Ich kann sehen, daß Vater und ich gute Lehrer für euch gewesen sind. Ihr tut recht daran, wenn ihr eure eigenen Interessen an eurem Besitz, eurem Wohlstand und eurer Stellung über alle anderen Dinge setzt. Es stimmt wirklich, daß wir die uns zustehende Erbschaft und Stellung zu verteidigen haben."

Die Brüder beruhigten sich und hörten mit wachsender Achtung zu. Zustimmende Worte wurden gemurmelt, und alle nickten bejahend.

Da von Joseph immer noch nichts zu sehen war, fuhr er schnell fort: „Es ist ein guter Gedanke, ihn in die Zisterne zu werfen. Aber ich warne davor, ihn zu töten."

Als Gad und Asser ärgerlich auffuhren, wiederholte er nachdrücklich: „Brüder, vergießt kein Blut. Werft ihn in die Grube, aber bringt ihn nicht um! Woher wollt ihr wissen, daß sein Blut nicht eines Tages doch von unseren Händen gefordert wird. Ihr alle wißt, daß unter uns Nomaden das Gesetz der Blutrache gilt. Ganze Sippen haben sich schon gegenseitig ausgerottet, weil einer aus ihrer Mitte von Verwandten getötet wurde. Wenn wir Joseph töten, müssen wir auch Benjamin gleich mit umbringen. Sonst wird er, wenn er erst erwachsen ist, irgendwann das Gesetz der Blutrache an uns vollziehen. Und dann muß wieder gerächt werden, was er uns antut, und so geht das Morden in unserer Sippe weiter. Dann wird euch vielleicht erst klar werden, was ihr angerichtet habt, wenn ihr Joseph jetzt tötet. Aber dann ist es zu spät!"

Tiefes und langes Schweigen folgte Rubens Worten. Ruben hatte nur zu recht, das wußten sie alle. Nur ihr blinder Haß auf Joseph hatte es bisher zuwege gebracht, daß sie diese Seite der Angelegenheit völlig übersehen hatten und die Folgen, die aus ihrem Mordplan entstehen konnten, nicht bedacht hatten. Nun war es Ruben mit seinen ruhigen und wohlüberlegten Worten doch noch gelungen, sie in die Ecke zu drängen.

Es war gerade Asser, der zu aller Überraschung endlich das Schweigen brach und erklärte: „Ruben, du hast sehr überlegte und kluge Worte gesprochen. Ich meine, wir sollten auf deinen Rat eingehen und Joseph in die Zisterne werfen; die soll dann das Gericht an ihm vollziehen. Welche Chance hat Joseph denn, lebend wieder aus dem Loch herauszukommen?"

Alle stimmten nun eifrig diesem Vorschlag zu, und Gad rief: „Ja, welche Chance hat Joseph dann eigentlich noch? Vor allem, wenn wir erst mit ihm fertig sind!"

Lautes Lachen und Beifall begleitete diese Worte, und ein Weinschlauch wurde nun von Hand zu Hand gereicht.

Voller Besorgnis blickte Ruben in die Dunkelheit hinaus. Und da kam Joseph, wie er befürchtet hatte. Er wurde von dem Lagerfeuer angezogen wie die Motte vom Licht.

Rubens Herz wurde immer schwerer. Am liebsten hätte er jetzt noch seinem Bruder eine Warnung entgegengeschrien. Doch er sah die gespannten Blicke der anderen und die geballten Fäuste und hielt sich zurück. Es hatte im Augenblick keinen Zweck. Seine ganze Hoffnung richtete sich darauf, Joseph vielleicht in der Nacht noch zur Flucht aus der Zisterne helfen zu können und ihm so eine Chance zu verschaffen.

Aber wie würde er je mit der großen Last weiterleben können, wenn ihm das nicht gelang?

TEIL III
DER AUSGESTOSSENE

16. KAPITEL

Die Sonnenstrahlen trafen den Boden der Grube wie feurige Speere. Joseph war nicht sicher, ob er wach war. Er wußte nicht einmal genau, ob er noch lebte.

Mit den Strahlen der Sonne erschien auch das Gesicht des alten Mannes, des Hirten von Sichem, vor ihm, verschwand wieder und erschien aufs neue. Zuerst schien das Gesicht über ihm zu schweben, dann trat es durch seine geschwollenen und immer noch geschlossenen Augen in sein Inneres hinein.

Irgendwie gelang es ihm, sich vom Bauch auf den Rücken zu drehen. So blieb er lange Zeit liegen. Dabei umgaben ihn die steilen Wände der Zisterne von allen Seiten, so daß er den Eindruck bekam, er sei in einem großen Leib oder in einem Grab eingeschlossen. Als das Bewußtsein mehr und mehr zurückkehrte, spürte er auch die Schmerzen in den brennenden Wunden und in den zerschlagenen Körperteilen.

Als es ihm einmal mit großer Mühe gelang, ein Auge zu öffnen, war ihm, als säße der alte Hirte auf dem Rand der Zisterne und schaue mit ernster, aber auch zuversichtlicher Miene zu ihm herab. Doch als Joseph versuchte, eine Hand nach ihm auszustrecken, verschwand der alte Mann — und mit ihm die Hoffnung, die er in dem jungen Mann geweckt hatte.

Schreckliche Schmerzen hüllten Joseph ein, und Fieberschauer rasten durch seine Glieder. Jede Bewegung tat ihm weh, ja ihm war sogar, als würde jeder Pulsschlag des Herzens ihm Schmerzen bereiten.

Sein Körper, der sich noch nicht ganz von der ersten Auseinandersetzung mit seinen Brüdern in den Hügeln von Hebron erholt hatte und dem er weitere Strapazen durch die anstrengende Reise von Mamre nach Dothan zugemutet hatte, mußte nun noch weit schlimmere Verletzungen ertragen. Hätte er sich selbst sehen können, würde vielleicht sein schmerzender Magen revoltiert haben.

Mehrere Fußtritte in den Leib hatten seine Rippen und einige innere Organe beschädigt. Sein Kopf, der vorher schon viele Schläge erhalten hatte, wurde noch erheblich verletzt, als er damit auf dem Boden der Zisterne aufschlug, nachdem seine Brüder ihn wie einen Getreidesack in die Grube geworfen hatten. Das eine Auge war davon so dick angeschwollen, daß er es überhaupt nicht öffnen konnte.

Es mußte jetzt gegen Mittag sein, überlegte er, weil die Sonne gerade über der engen Öffnung der Zisterne stand und erbarmungslos in das Loch hineinbrannte. Er war das erste Mal, seit seine Brüder ihn so zugerichtet hatten, wieder bei vollem Bewußtsein. Vergebens versuchte er, wenigstens sein Gesicht ein wenig vor den brennenden Strahlen zu schützen. Doch es gelang ihm nicht, auch nur einen Arm ein wenig zu heben.

Resignierend fügte sich Joseph in die Tatsache, daß er in diesem engen Loch wahrscheinlich würde sterben müssen. Gerade war er dabei, wieder in Ohnmacht zu versinken, als ein dumpfes Rumpeln hörbar wurde.

Da sein Kopf sich so anfühlte, als müsse er zerplatzen, meinte er zuerst, das seltsame Geräusch sei das Rauschen von Engelsflügeln, die gekommen seien, um ihm sein nahes Ende anzukündigen. Doch als sein Wahrnehmungsvermögen wieder etwas klarer wurde, konnte er die einzelnen Geräusche schon deutlicher unterscheiden.

Langsam erinnerte er sich daran, daß die Zisterne direkt neben der Karawanenstraße lag und daß die Karawanen hier gewöhnlich rasteten. Zwar konnte er sich noch nicht bewegen, aber er unterschied jetzt doch deutlich die Geräusche von Pferdehufen von denen sich drehender Wagenräder.

Die Karawane mußte, den Geräuschen nach zu urteilen, sehr groß sein. Als sie jetzt anhielt, hörte er Rufe und Kommandos. Er meinte, aus den Wörtern heraushören zu können, daß es sich wahrscheinlich um Midianiter oder einen ihnen verwandten Stamm handeln mußte, also auch um Nachkommen Abrahams. Doch es kümmerte ihn wenig, wer sie waren und von welchem Volk sie kamen. Er hoffte nur, jemand möge in die trockene Zisterne schauen und ihn sehen. Denn es konnte kaum noch schlimmeres Unheil über ihn kommen als das, was er schon hatte ertragen müssen.

Er mußte laut gestöhnt haben, obwohl ihm das nicht bewußt war. Irgendwie hatte er in den Schmerzen und seiner Not seine Stimme wiedergefunden. Nun stöhnte er noch lauter, um gehört zu werden. Gleich darauf erschienen braune, turbanbedeckte Köpfe, die sich über den Rand der Zisterne beugten, und schauten staunend zu ihm herunter.

Die Köpfe verschwanden wieder, und Joseph fragte sich, ob er nur eine Vision gesehen hatte wie die des Hirten von Sichem. Doch er konnte hören, wie sie nun miteinander redeten und überlegten, was sie mit dem Mann in der Zisterne anstellen sollten.

Dann hörte er ähnliche Geräusche wie vorher wieder, diesmal nur aus genau der anderen Richtung. Das konnte nur bedeuten, daß sich eine zweite Karawane näherte, und zwar von der entgegengesetzten Seite.

Die Leute oben redeten jetzt noch eifriger. Auch sie schienen sich über die zweite nahende Karawane Gedanken zu machen. Dann erschienen wieder einige Köpfe, die zu ihm herunterstarrten. Joseph nahm alle Kraft zusammen, und es gelang ihm, bittend eine Hand zu heben. Doch die Gesichter oben zeigten keinerlei Mitgefühl.

Hätte er in seinem elenden Zustand noch größere Angst bekommen können als er ohnehin schon hatte, so wäre er jetzt vor Schreck erstarrt. Denn er hörte aus der Unterhaltung der Leute oben Wörter heraus wie *Ismaeliten* und *Ägypten* und einige andere. Für einen Mann, der zu den Nachkommen Isaaks zählte, hatte vor allem das Wort *Ismaeliten* stets einen großen Schrecken in sich. Denn die Ismaeliten waren Feinde der Nachkommen Isaaks, seit ihr Urgroßvater Abraham seinen zweiten Sohn Isaak vor dem ersten Sohn Ismael vorgezogen und ihm das Erstgeburtsrecht und den Erstgeburtssegen gegeben hatte.

Und auch Ägypten war für die Israeliten ein fremdes Land, und es war ihnen bekannt, daß die Könige der dreizehnten und vierzehnten Dynastie sehr gern Hebräer als Sklaven hatten.

Er wußte nicht, was die Männer oben mit ihm vorhatten. Doch er war nun wach genug, um alles mögliche zu erwarten, als die zweite Karawane den Geräuschen nach immer näher kam.

Als die Midianiter nun ein Seil in die Zisterne herunterließen und einer ihrer kräftigsten Männer zu ihm herabstieg, um ihn heraufzuholen, versank Joseph wieder in tiefe Ohnmacht, die ihn einhüllte und ihm Erleichterung in seinen Schmerzen brachte.

17. KAPITEL

Das galoppierende Stampfen der Hufe von Rubens Pferd war weit in der Steppe zu hören, als er, so schnell das Pferd konnte, ostwärts jagte. Ruben trieb sein Pferd immer wieder an, um eilends zur Zisterne zu kommen und das Leben seines jüngeren Bruders noch zu retten.

Noch lange in die Nacht hinein hatten seine neun Brüder Joseph verspottet. Zuerst waren sie über ihn hergefallen und hatten ihm sein Prachtgewand ausgezogen. Einer nach dem anderen hatte sich damit bekleidet und war unter lautem Gelächter herumstolziert. Dabei hatte Joseph immer neue Schläge und Fußtritte ertragen müssen, bis man ihn endlich total zerschlagen in die Zisterne geworfen hatte.

Bis zum Anbruch des neuen Tages hatten sie dann die Tatsache gefeiert, daß sie Joseph nun endlich losgeworden waren. „Der Träumer wird mit seinem Stolz nie wieder unseren brüderlichen Frieden stören", hatten sie immer wieder einander versichert.

Doch weil keiner schlafen ging, war es Ruben auch nicht möglich gewesen, sich davonzuschleichen, um Joseph zu befreien. Da er sich nicht an der schrecklichen Behandlung Josephs und dem Spott beteiligt hatte, mißtrauten seine Brüder ihm noch mehr und beobachteten ihn scharf. Dann begann die Arbeit des Tages, und Ruben hatte noch keine Gelegenheit gefunden, ungesehen zu verschwinden.

Im Laufe des Vormittags hatten dann einige der Brüder die vom Norden her nahende Karawane der Ismaeliten entdeckt, die offensichtlich auf dem Weg nach Ägypten war. Die früher eingetroffene Karawane der Midianiter hatten sie nicht entdeckt, weil sie kleiner war und weil auch das Gelände von der anderen Seite her unübersichtlicher war.

Als die Karawane der Ismaeliten näher kam, hatten sich die Brüder wieder versammelt, und es war ausgerechnet Juda, der einen neuen schlimmen Vorschlag machte. Ruben erschrak, als er Judas Gedanken hörte, und war entsetzt darüber, daß auch dieser Bruder sich schon so sehr von den anderen in ihren Haß gegen Joseph hatte hineinziehen lassen.

Juda sagte: „Was haben wir eigentlich davon, wenn Joseph dort in der Zisterne umkommt? Wir könnten doch aus seinem Elend für uns noch einen guten Gewinn herausschlagen und ihn an die Karawane dort verkaufen. Die werden ihn sicher in Ägypten auf dem Sklavenmarkt weiterverkaufen und auch noch einen Gewinn dabei machen."

Die anderen wollten zunächst gar nichts von dieser Idee wissen. Vor allem Asser widersprach sehr heftig. Doch Juda redete weiter: „Ruben sagte ja schon, daß wir unseren Bruder nicht töten sollten, denn er ist ja vom gleichen Fleisch und Blut wie wir. Und wenn er erst als Sklave nach Ägypten kommt, ist es für uns genauso, als wäre er tot. Wir werden ihn nie wiedersehen müssen."

Das überzeugte die anderen, und sie stimmten zu, wieder zur Zisterne zu gehen, um den Reisenden, wer auch immer sie sein mochten, ihren Bruder für einen guten Preis zu verkaufen.

Als Ruben das hörte, konnte er sich nicht mehr zurückhalten. Ihm war es jetzt gleich, welches Risiko er einging, er wollte Joseph helfen. Er ergriff das Prachtgewand, das die Brüder im Lager behalten hatten, warf sich auf sein Pferd und galoppierte so schnell er konnte zur Zisterne. Er wußte, daß seine Brüder ihm schnellstens folgen würden. Doch ihm war jetzt alles andere gleich. Es ging ihm nur noch um Josephs Leben.

Als er sich der Oase näherte, sah er erstaunt, daß die Karawane bereits wieder südwärts zog. Ihr Aufenthalt war also nur sehr kurz gewesen. Zu seiner Überraschung bemerkte er auch eine zweite Karawane, die sich gerade auf den Weg nach Norden machte. Wenn die Brüder kamen, würde also niemand mehr hier sein, dem sie Joseph verkaufen konnten.

Voller Eifer eilte er zu der Zisterne, in die letzte Nacht Joseph geworfen worden war, nachdem die Brüder ihn jämmerlich zusammengeschlagen hatten. In der Hand hielt er Josephs schon sehr ramponiertes Prachtgewand. Er würde ihn aus der Zisterne holen und ihm das Gewand umlegen, was auch immer dann geschehen würde. Denn aus der Ferne hörte er schon den Hufschlag der Pferde seiner Brüder, die ihm folgten, um den Verkauf an die Karawane vorzunehmen.

Doch die Karawane war ja schon fort! Hatten sie etwa Joseph entdeckt und gar von sich aus mitgenommen, um ihn in Ägypten zu verkaufen? Als er jetzt die Zisterne erreichte, war sein Herz voller banger Sorge.

Weit beugte Ruben sich über den Rand der Zisterne und schaute hinab. Ihm war, als müsse sein Herz stehen bleiben, als er erkannte, daß die Grube leer war. Voller Entsetzen blickte er erst nach Norden und dann nach Süden. Die nördlich ziehende Karawane sah er noch, obwohl sie schon ein beträchtliches Stück entfernt war. Von der südlich ziehenden waren nur noch die Staubwolken zu sehen, die von den Tieren und Wagen aufgewirbelt wurden.

Wohin war Joseph verschleppt worden, nach Norden oder nach Süden? Selbst wenn er es gewußt hätte, wäre eine Verfolgung zwecklos gewesen, denn jene, die seinen Bruder verschleppt hatten, würden ihn unter keinen Umständen mehr herausgeben, das war ihm klar.

Mit hängenden Schultern taumelte er wie ein Betrunkener zurück zu seinem Pferd.

Mittlerweile waren Juda, Gad und Asser als erste angekommen. Sie hatten ebenfalls in die Zisterne geschaut und diese leer gefunden und wandten sich nun grollend an Ruben, um zu erfahren, wo Joseph geblieben sei.

Doch Ruben interessierte die Enttäuschung seiner Brüder nicht. Er warf sich neben seinem Pferd auf die Knie, hob die Hände zum Himmel und rief weinend: „Herr! Jahwe! Der Junge ist fort — und ich, wohin soll ich nun gehen?"

18. KAPITEL

Durch das Schütteln und Rumpeln der Wagenräder wurde Joseph wach. Für eine lange Weile lag er noch, nur halb bei Bewußtsein, still da und fragte sich, wo er war.
 Über ihm hing eine dicke Plane, die so gut wie kein Licht und nur wenig Luft in den Wagen ließ. Unter ihm schienen Getreidesäcke zu liegen, die ein so bequemes Lager ergaben, wie er keines mehr gehabt hatte seit Mamre.
 Ihm schien, er sei wieder ein sechsjähriges Kind und läge in Leas Wagen. Jeden Augenblick würde Dina ihn ansprechen und an seiner Schulter rütteln.
 Würde er sich jetzt erheben und hinausschauen, könnte er sicherlich die Hügel von Gilead hinter sich sehen und seine Brüder auf ihren Pferden, wie sie die Furt des Jabbok durchqueren. Sein Vater Jakob würde sicherlich auch bald kommen und von seinem Kampf mit dem Engel und seinen Schmerzen in der Hüfte erzählen.
 Doch als er sich jetzt bewegte, um sich noch bequemer hinzulegen, spürte er, wie ihm selbst alle Glieder schmerzten. Das brachte ihm nach und nach seine Brüder und ihre Schläge und Fußtritte ins Bewußtsein zurück, und sein halber Wachtraum verschwand.
 Auch die Worte fielen ihm nun wieder ein, die er noch gehört hatte, ehe er ohnmächtig wurde. Ihm wurde klar, daß er der unfreiwillige Besitz von irgend jemand war, der ihn in diesen Wagen verladen hatte, wer immer das auch sein mochte.
 Als er sich jetzt bemühte, bemerkte er, daß er seine Hand wieder bewegen konnte. Er versuchte, sich aufzurich-

ten, um die Plane ein wenig zurückzuschlagen und hinausschauen zu können. Doch in diesem Augenblick hielt der Wagen an.

Von draußen vernahm er jetzt Männerstimmen. Die ganze Karawane schien zu stehen, denn das Rumpeln der Wagen und die anderen Fahrgeräusche hatten aufgehört. Dadurch konnte er auch weit besser hören, was draußen gesprochen wurde.

Er legte sich wieder zurück und lauschte aufmerksam. Er wollte herausfinden, ob er die Sprache verstehen und dadurch erkennen konnte, in wessen Hände er gefallen war.

Mit Schrecken stellte er gleich darauf fest, daß er die Männer sehr gut verstand, da ihre Sprache ähnlich der war, die in Jakobs Stamm gesprochen wurde. Es waren also doch Ismaeliten. Die Midianiter hatten ihn demnach verkauft, und er wurde nach Ägypten gebracht, um dort auf dem Sklavenmarkt einen guten Preis zu bringen, da Hebräer in Ägypten als Sklaven sehr begehrt waren.

Er war also in der Hand der Feinde seines Stammes. Denn seit ihr Urgroßvater Abraham seinen zweiten Sohn Isaak, der ihm von seiner rechtmäßigen Frau Sarah geboren wurde, dem Erstgeborenen Ismael vorgezogen hatte, der ein Sohn der Magd Sarahs war, und Isaak das Erstgeburtsrecht und den Erstgeburtssegen zugestanden hatte, herrschte bittere Feindschaft zwischen den Nachkommen Isaaks und denen Ismaels.

Es war schon schlimm genug, wenn er als Sklave nach Ägypten verkauft wurde. Aber wenn die Ismaeliten herausfanden, daß er ein Enkel Isaaks war, konnte es ihm noch wesentlich schlimmer ergehen. Joseph beschloß deshalb, unter keinen Umständen zu erkennen zu geben, zu welchem Stamm er gehörte.

In diesem Augenblick wurde die Wagenplane ein Stück zurückgeschlagen, und ein breiter Streifen Sonnenlicht fiel in das Innere. Joseph, der davon geblendet wurde, drehte den Kopf zur Seite.

Ein braunes Gesicht schaute in den Wagen herein und betrachtete aufmerksam den Gefangenen. Der Ismaelite hatte Josephs Kopfbewegung sehr wohl bemerkt und sagte: „Na also, er lebt ja noch, und er scheint sogar aufgewacht zu sein."

Er langte mit dem Arm in den Wagen und stieß mehrere Male mit dem Zeigefinger in Josephs Leib, etwa wie eine Frau, die auf dem Markt ein Stück Fleisch prüft, ehe sie es kauft.

Da Joseph dies starke Schmerzen bereitete, zuckte er jedesmal zusammen. Der Ismaelite lachte daraufhin höhnisch und rief anderen Männern, die wohl in der Nähe standen, spöttische Bemerkungen über den Gefangenen zu.

Gleich darauf erschienen noch einige Männer am Wagen, betrachteten ihn und begannen dann Fragen zu stellen.

Joseph, der nicht wollte, daß sie herausfanden, daß er zu Jakobs Stamm gehörte, tat so, als würde er sie nicht verstehen. Endlich gaben sie ihre Bemühungen auf und versuchten es anders. Der zuerst in den Wagen geschaut hatte, er war ein sehr großer und dicker Mann, wies mit dem Finger auf sich und nannte seinen Namen. Dann zeigte er reihum auf die anderen und nannte dabei jedesmal ihre Namen. Anschließend schaute er Joseph fragend an und machte eine auffordernde Handbewegung.

Joseph weigerte sich immer noch, mehr zu sagen als unbedingt nötig, und antwortete: „Ich bin ein Hebräer!"

„Ein Hebräer also", wiederholte der Mann und schien darüber erfreut zu sein. Er wandte sich zu den anderen um und sagte in seiner eigenen Sprache: „Ein *Habiru* ist er!"

Alle lachten, forschten aber weiter nach seinem Namen. Doch Joseph war nicht bereit, auf ihre Fragen einzugehen, sondern gab vor, noch sehr schwach und müde zu sein.

Der große Mann, der zuerst hereingeschaut hatte, schien der Karawanenführer zu sein, denn er wurde von den anderen mit sichtbarem Respekt behandelt. Er packte Joseph plötzlich an seinem Gewand und zog ihn hoch. Dann drehte er ihn in eine andere Richtung und deutete mit dem Finger zum Horizont. „Ägypten", sagte er dabei mit tiefer, grollender Stimme.

Joseph erschrak und staunte gleichzeitig. Er mußte also sehr lange bewußtlos in dem Wagen gelegen haben, denn es war eine lange Reise von Dothan bis Ägypten. Ob er zwischenzeitlich wach gewesen war und zu essen und zu trinken bekommen hatte, wußte er nicht zu sagen, es mußte wohl aber so sein, sonst wäre er jetzt wohl noch schwächer oder hätte überhaupt nicht überlebt. Jedenfalls hatte er von der ganzen Reise nichts bewußt mitbekommen.

Er stellte jedoch jetzt fest, daß seine Wunden scheinbar behandelt worden waren und daß man sich auch sonst um ihn bemüht hatte. Vieleicht hatte man ihn sogar absichtlich in dem ziemlich bewußtlosen Zustand gehalten, um ihm keine Gelegenheit zum Davonlaufen zu geben.

Als Joseph jetzt mit seinem Blick dem Zeigefinger des Ismaeliten folgte, erkannte er erstaunt, daß es sich bei der hohen Linie, die sich in der Ferne am Horizont erstreckte, um einen riesigen langen Wall handelte, den die mächtigste Nation der Erde entlang ihrer Grenze gebaut hatte, um ihr Land vor Überfällen räuberischer Wüstenstämme und anderen aus dem Osten heranziehenden Völkern zu schützen.

Vor Joseph lag also das reiche und mächtige Land am Nil, in das vor langer Zeit sein Urgroßvater Abraham schon einmal gezogen war, überlegte der junge Mann. Was würde ihn dort wohl erwarten.

Während Joseph noch überlegte, begann der Karawanenführer Befehle zu schreien, und sofort setzten sich alle Männer in Bewegung. Eine rege Geschäftigkeit begann, das Lager für die Nacht wurde aufgeschlagen, die Tiere ausgeschirrt und gefüttert sowie getränkt und vieles andere mehr.

Der Karawanenführer, dessen Eigentum er jetzt offensichtlich war, hob ihn jetzt aus dem Wagen und stellte ihn auf den Boden. Dann begann er Joseph zu zwingen zu gehen.

Vorsichtig und unsicher setzte Joseph einen Fuß vor den anderen und merkte dabei, daß es mit jedem Schritt besser ging.

Sein Herr ließ ihn jetzt los und forderte ihn mit Handbewegungen auf, weiterzugehen und nicht stehenzubleiben. Er beobachtete ihn dabei und schien mit dem, was er sah, sehr zufrieden zu sein.

Nach einiger Zeit führte er Joseph in den Schatten eines kleinen Zeltes, das mittlerweile errichtet worden war. Nun rief er ein Mädchen herbei, die offensichtlich eine Dienerin war. Ihr befahl er, Josephs Wunden nochmals zu behandeln und ihm dann reichlich zu essen vorzusetzen. Der Gefangene sollte einen kräftigen Eindruck machen und auf dem Sklavenmarkt einen guten Preis bringen.

Nachdem er sich gestärkt und ein wenig erholt hatte, kam sein Herr mit einem anderen Mann und dem Mädchen zurück. Die Dinge, die sie mitbrachten, ließen keinen Zweifel über ihre Absichten offen. Joseph versuchte, sich zu wehren, doch es hatte keinen Zweck. Er war noch zu schwach, und die beiden kräftigen Männer hatten ihn fest im Griff.

Das Mädchen begann nun, ihm sein langes Haar ganz kurz zu schneiden. Anschließend rasierte sie ihm seinen jugendlichen Bart völlig ab, so daß sein Gesicht völlig nackt war, wie es sich für einen Sklaven gehörte.

Für einen freien Mann wäre es eine Schande gewesen, keinen Bart zu tragen, aber er war ein Sklave und mußte das Zeichen eines Sklaven tragen, da er nicht länger frei war. Er hatte durch den bösen Willen seiner Brüder seine Freiheit in Dothan verloren. Er fragte sich nun, ob es auch seines Vaters Gott so wollte, daß er sein weiteres Leben als Sklave verbrachte.

19. KAPITEL

Wie ein riesiger blutiger Finger reckte sich der aus rotem Granit bestehende große Obelisk in den Nachmittagshimmel. Fliegen, Mücken und andere Insekten summten in Scharen über den Marktplatz von On und quälten vor allem die Schar nahezu nackter Gefangener, die in einer langen Reihe auf das Podest zurückten, das in dem offenen Auktionszelt stand, auf dem einer der Gefangenen nach dem anderen als Sklave verkauft wurde.

Jeder der Gefangenen trug eine Fußkette, die lang genug war, damit sie gehen, aber nicht rennen konnten. Dadurch wurde ihnen eine Flucht so gut wie unmöglich gemacht. Außerdem waren ihnen allen die Hände vor dem Bauch zusammengebunden, so daß sie sich der quälenden Insekten kaum erwehren konnten.

In Ägypten gab es so gut wie nie Winterwetter. Abgesehen von Gewittern, die es ab und zu vormittags oder nachmittags gab, war es eigentlich immer heiß. Joseph, der ebenfalls, nur mit einem kurzen Lendentuch bekleidet, in der Reihe der Gefangenen stand, mußte die schwüle und stickige Hitze, die unter dem Zeltdach herrschte, auf das die heiße Sonne unbarmherzig herabbrannte, ebenfalls ertragen. Schweiß lief ihm in kleinen Bächen von der Stirn über den nackten Oberkörper hinunter. Außerdem hätte er viel dafür gegeben, wenigstens eine Hand frei zu haben, um sich gegen die krabbelnden, stechenden und blutsaugenden Insekten wenigstens ein wenig wehren zu können.

Die Haut seines mittlerweile ganz kahlgeschorenen Schädels und seines glattrasierten Gesichts brannte vom langen Stehen in der Sonne, ehe er unter das Zeltdach gekommen war. Durch das volle Haar, das er immer getragen hatte, war seine Kopfhaut an die Sonne nicht gewöhnt und brannte wie Feuer.

On war die erste große Stadt, zu der die Karawane der Ismaeliten gezogen war, nachdem sie die ägyptische Grenze überschritten hatten. Als Hauptstadt ägyptischer Wissenschaft und Weisheit war On eine großartige und schöne Stadt. Außerdem war es eines der religiösen Zentren des Reiches, da hier der Haupttempel des Sonnengottes Ra stand, der neben dem Gott Amun, dessen Haupttempel in Theben zu finden war, als oberster Gott Ägyptens verehrt wurde. Deshalb war in On auch der Sitz des obersten Priesters des Sonnengottes Ra.

Joseph hatte oft von dem großen Obelisk von On gehört, der einer der größten in ganz Ägypten war und in seiner Höhe und Wucht die Gewalt dieses mächtigsten aller Reiche der damaligen Zeit verkörperte. Nun stand er selbst unter diesem zum Himmel aufragenden Spitzpfeiler, und zwar als Gefangener, der in kurzer Zeit, sobald die Reihe an ihm war, von einem Ägypter als Sklave gekauft werden würde.

Doch für Joseph, wie für jeden Israeliten, war der riesige Obelisk in erster Linie ein Zeichen dafür, daß der Götzendienst des heidnisches Landes Ägypten sich stets gegen die Verehrung des einzig wahren Gottes aufgelehnt hatte.

Im Auktionszelt, das in der Mitte des großen Marktplatzes stand, drängten sich viele Ägypter, die alle Interesse hatten, einen Sklaven oder eine Sklavin zu kaufen. Hier wurden zu verschiedenen Zeiten und Tagen die unterschiedlichsten Waren versteigert, die von Karawanen aus fremden Ländern gebracht wurden.

Doch heute nachmittag war Sklavenmarkt, eine Sache, die viele Ägypter besonders interessierte, bekam man doch dabei Gefangene aus allen möglichen Ländern und Rassen zu sehen.

Die ismaelitische Karawane hatte neben dem vielen Getreide auch wertvollere Dinge wie Balsam, Myrrhe, Edelharze und anderes nach Ägypten gebracht, wofür die Händler gute Preise erzielten, weil das gefragte und seltene Erzeugnisse des Landes Gilead waren. Doch Joseph, als kostbarster Besitz, würde bestimmt den besten Preis bringen.

Müde blickte Joseph aus dem offenen Zelt hinaus und überschaute den Marktplatz. Dabei standen ihm Bilder von Mamre vor Augen — dem großen Eichenwald und dem klaren Bach, den weiten grünen Grasweiden mit den Herden hier und da. Immer wieder blickte er sich auch zu seinem jetzigen Herrn um, dem Karawanenführer, der mit verschränkten Armen in der Nähe des Auktionspodiums stand und darauf wartete, daß die Reihe an Joseph kam.

Der junge Hebräer war ein wertvoller Sklave, und obwohl der Ismaelit den Midianitern einen stattlichen Preis bezahlt hatte, hoffte er doch, jetzt noch einen großen Gewinn beim Verkauf des jungen Mannes machen zu können.

Sicher, Joseph war noch nicht ganz wiederhergestellt. Hier und da konnte man noch andeutungsweise kaum verheilte Wunden und einige Flecke sehen. Doch die gute Nahrung und sorgfältige Behandlung, die er bis hierher erhalten hatte, trugen schon Früchte. Josephs Farbe war nicht mehr so blaß, sondern nahm wieder eine gesunde Bräune an, auch war schon wieder zu sehen, welch muskulösen und kräftigen Körperbau er wirklich hatte. Darüber hinaus wies er ja eine stattliche Größe auf und überragte die meisten Männer hier um Haupteslänge.

Joseph selbst fühlte sich allerdings durchaus noch nicht sehr stark. Er spürte, daß in seinen Gliedern noch viel Müdigkeit von der überstandenen harten Behandlung und den Verwundungen steckte. Seine Knie wollten ihm manchmal ein wenig matt werden, als er hier in der brütenden Hitze immer näher an das Podium heranrückte. „O Herr! Jahwe!" flüsterte er ganz leise, „Gott Abrahams, Isaaks und Jakobs ..."

Das Podium war nun direkt vor ihm, und er würde der nächste sein, der hinaufgeführt wurde, wenn der Verkauf des Mannes, der jetzt oben stand, beendet war. Scham erfüllte Joseph, wenn er daran dachte, daß die neugierige Menge hier ihn in wenigen Augenblicken wie ein Stück Vieh betrachten und begutachten würde.

Einer der Gehilfen des Auktionators ging jetzt vor Joseph in die Hocke, um ihm die Fußkette zu lösen, damit er ohne Behinderung auf das Podium steigen und dort auch vor den interessierten Käufern die Beine heben konnte.

Der Verkauf des Gefangenen vor ihm war beendet, und ein anderer Gehilfe des Auktionators faßte Joseph grob an den gefesselten Armen und zerrte ihn zum Podium. Die rücksichtslose Behandlung ließ plötzlich Josephs rebellischen und freiheitsliebenden Geist wach werden. Zorn packte ihn, und Adrenalin schoß durch seinen Blutkreislauf und schien ihm neue Kräfte zu geben.

Ohne sich recht bewußt zu werden, was er tat, riß er sich von der Hand des Gehilfen los und versetzte ihm mit seinen beiden gefesselten Fäusten einen mächtigen Stoß, so daß dieser rückwärts stolperte, über den zweiten Gehilfen hinweg, der sich gerade erheben wollte. Beide fielen dadurch zu Boden. Joseph stand, abgesehen von seinen Handfesseln, frei vor den Zuschauern, da ihm ja die Fußkette abgenommen war.

Aufruhr brach unter den in einer Reihe stehenden Gefangenen aus, als sie die beiden Aufseher stürzen sahen. Die Sklaven ballten sich zu einem Haufen zusammen und bohrten sich, so schnell es ihnen durch ihre Fußketten möglich war, wie ein Keil in die Zuschauer hinein, die entsetzt zur Seite wichen. Da waren schwarze Nubier aus Äthiopien, bleichhäutige Barbaren aus Europa und braungesichtige Semiten von vielen verschiedenen Stämmen.

Der ganze Basar geriet nun in Aufruhr, da die weiter entfernt stehenden Händler und Käufer zunächst nicht wußten, was geschehen war, und auch noch herbeiliefen, um den Grund des Aufruhrs zu erfahren. Es herrschte ein heilloses Durcheinander.

Joseph, als einziger ohne Fußkette, sah seine Chance und rannte in entgegengesetzter Richtung davon. Zwar behinderten ihn die gebundenen Hände etwas, aber das konnte er im Augenblick nicht ändern.

Er drückte sich am Fundament des großen Obelisken vorbei, hinter dem sich der Eingang zum großen Tempel des Sonnengottes Ra befand, zu dem man viele Stufen hinaufsteigen mußte. Rechts daneben war ein Park, in dem der königliche Palast stand, in dem der Pharao bei seinen jährlichen Besuchen in On wohnte, und links vom Tempel standen die Regierungsgebäude. Der Palast des Oberpriesters stand, ebenfalls noch in dem Park, hinter dem Tempel und schloß sich fast unmittelbar an den königlichen Palast an.

Das größte Stadttor von On, der Haupteingang in die Stadt, lag nur ein kurzes Stück hinter den Regierungsgebäuden, und dorthin lief Joseph nun, um zu entkommen.

Doch er merkte schon nach wenigen Schritten, daß er einfach noch zu schwach war, um so schnell rennen zu können. Seine Beine versagten den Dienst, und er mußte langsamer gehen.

Es dauerte nur noch wenige Augenblicke, da wurde er von hinten von zwei starken Händen gepackt und zu Boden geworfen. Gleich darauf saß eine Last von nahezu hundert Kilogramm auf seinem Rücken.

,,So, so, du wolltest mich wohl um meinen Verdienst betrügen, was, nachdem ich dich mit soviel Mühe wieder aufgepäppelt habe?" sagte eine wütende und gleichzeitig höhnische Stimme, die Joseph mittlerweile sehr gut kannte.

Es war der ismaelitische Karawanenführer, der seinen Gefangenen nicht aus den Augen gelassen und ihn sofort verfolgt hatte, als dieser floh. Nun hatte er den noch zu schwachen jungen Mann eingeholt und hielt ihn fest.

Der Ismaelite erhob sich, packte Joseph an den gefesselten Armen und zog ihn ebenfalls hoch. Vor den interessierten Zuschauern begann er, seinen Gefangenen zu ohrfeigen. Wütend schrie er ihn an: ,,Sei froh, daß ich dich verkaufen will, sonst würde ich dich so zusammenschlagen, daß dein Zustand schlimmer wäre als damals, als wir dich von den Midianitern kauften."

Die Umstehenden zollten dem zornigen Ismaeliten Beifall, denn Sklaven durften sich so etwas nicht erlauben, das war klar, das würde ja sonst die gesamte ägyptische Gesellschaftsordnung bedrohen. Aufmunternde Rufe forderten den Karawanenführer auf, den Sklaven noch härter zu bestrafen.

Doch plötzlich wurde es stiller um sie herum. Die Menschen, die der Tempeltreppe am nächsten standen, waren als erste aufmerksam geworden und hatten eine ehrerbietige Haltung angenommen. Schnell breitete sich das Schweigen nun aus, und alle blickten zum Tempel hin, dessen Stufen eine ehrwürdige Gestalt herabstieg, der man es ansah, daß sie zu befehlen gewohnt war. Wo dieser Mann vorüberging, verbeugten sich alle so tief, daß ihre Rücken ganz krumm waren und ihre Köpfe bald den Erdboden berührten.

Flüsternd wurde sein Name von Mund zu Mund weitergereicht: *„Potiphar..."*, sagten einige, und *„Potiphar..."* flüsterten die nächsten. Der Name schien überall Ehrfurcht hervorzurufen.

Auch der Ismaelite verbeugte sich jetzt tief, so daß nur noch Joseph aufrecht stand und über all die gekrümmten Rücken hinwegblicken konnte.

Von den Tempelstufen her bliesen jetzt Trompeten ein kurzes Signal. Anschließend verkündete ein Herold mit lauter Stimme: „Hier kommt Potiphar, der Priester von On! Oberster Priester des Sonnengottes Ra! Führer der heiligen Leibgarde! Verbeugt euch und demütigt euch vor seiner ehrwürdigen Heiligkeit!"

Wieder erklangen die Trompeten, und von neuem erscholl der Ruf.

Joseph stand staubig und schweißbedeckt aufrecht. Für einen Augenblick hatte er vergessen, daß er eben noch versucht hatte zu fliehen und daß sein Herr zwar mit gebeugtem Rücken neben ihm stand, ihn aber deshalb trotzdem nicht losließ. Er war fasziniert von der Erscheinung des Mannes, der nun näher kam.

Begleitet wurde er von anderen, die scheinbar Ratgeber, Schreiber und Diener waren, außerdem von Speer, Schwert und Schild tragenden Soldaten in prunkvollen Panzern. Potiphar war eine beeindruckende Figur. Joseph war mehr als einen Kopf größer als die meisten Ägypter um ihn. Doch Potiphar stand ihm an Körpergröße in nichts nach. Der leichte silberne Schimmer, der sich in seinem Bart bemerkbar machte, erhöhte die Würde dieses Mannes noch.

Er trug ein eng anliegendes Gewand, das ihm bis zu den Knien reichte, und war auch sonst überaus prächtig gekleidet. Den Helm, den er auf dem Kopf hatte, durften nur wenige allerhöchste ägyptische Adlige tragen. Um seinen Hals hing ein breiter, aus Goldplättchen hergestellter Kragen, der bis auf die Brust hinunterfiel. Doch am meisten fiel das Emblem auf, das er auf dem Helm und nochmals auf diesem Brustharnisch trug. Es war eine goldene Scheibe mit Falkenflügeln rechts und links daran. Zu beiden Seiten der Scheibe richteten sich Schlangenköpfe empor.

Joseph hatte von diesem Emblem schon gehört, es war das Zeichen des Sonnengottes Ra. Gleichzeitig deuteten die Kobraköpfe an, daß ihr Träger mit dem Königshaus verwandt war. Der Eindruck, den der näherkommende Priester auf ihn machte, ließ ihn gar nicht wahrnehmen, daß er als einziger noch aufrecht stand.

Vielleicht war es dies, wodurch er die Aufmerksamkeit Potiphars auf sich zog. Vielleicht hatte er aber auch das Durcheinander auf dem Marktplatz vom erhöhten Standpunkt des Tempels aus beobachtet, und er selbst oder einer seiner Leute hatte erkannt, daß Joseph der Urheber dieses Aufruhrs gewesen war.

Was auch immer der Grund war, Potiphar blieb jedenfalls vor dem jungen Israeliten stehen und betrachtete ihn mit einer leicht amüsierten Miene. Nachdem er den jungen Gefangenen sorgfältig von allen Seiten beschaut hatte, nickte er anerkennend.

Als der Ismaelite jetzt Mut faßte und aufzublicken wagte, begegnete er dem tadelnden Blick des Priesters. „Laß ihn los, und löse ihm die Fesseln!" befahl Potiphar.

Der Ismaelite schien das nicht zu wollen und stammelte Entschuldigungen. Doch Potiphars Miene und seine herrische Handbewegung machten klar, daß er nicht gewillt war, den Befehl nochmals zu wiederholen.

Eingeschüchtert kam der Karawanenführer nun der Forderung des Priesters nach und trat dann ein wenig beiseite.

Potiphar wandte sich nun an Joseph und fragte: „Wer bist du?" Er verwendete dabei die Art der ägyptischen Sprache, die zu jener Zeit fast von allen Menschen in etwa verstanden wurde. Händler und andere Angehörige verschiedener Völker verständigten sich damit untereinander, und auch Joseph war sie einigermaßen geläufig.

Joseph richtete sich noch ein wenig höher auf und antwortete: „Ich bin ein Hebräer!"

Der Ismaelite lachte nervös: „Ja, ja, mehr bekommt man aus ihm nicht heraus!" Man sah ihm an, daß er besorgt war, der Gefangene könnte den Priester durch seine Halsstarrigkeit beleidigen.

Doch der Priester hörte ihm gar nicht zu, sondern betrachtete weiter Joseph. „Bist du es gewesen, der für diesen Aufruhr in meiner Stadt verantwortlich ist?" forschte er weiter.

Aus der Art, wie er fragte, konnte man schließen, daß er die Antwort eigentlich schon kannte. Wahrscheinlich war er von einem Beobachter genau informiert worden.

Joseph weigerte sich weiterhin, dem Ägypter entgegenzukommen, und gab keine Antwort.

Der Ismaelit wollte sich wieder einmischen, doch ein Blick des Priesters ließ ihn schweigen. Potiphar trat einen Schritt zurück und ging dann langsam um Joseph herum. Während er das tat, erschien ein leichtes Lächeln auf seinem Gesicht.

Nun wandte er sich an einen seiner Begleiter und sagte: „Wir müssen uns mit diesem jungen Rebellen beschäftigen. Er muß lernen zu gehorchen und sich unterzuordnen."

„Ja, Herr!" antwortete der Anführer der Soldaten und nahm Haltung an. Dann ging er auf Joseph zu und ergriff ihn hart am Arm. Offensichtlich wollte er ihn ins Gefängnis bringen.

Potiphar schüttelte den Kopf. „Nein, nein! Nicht auf diese Weise", tadelte er. „Behandelt ihn sanfter und zahlt dem Auktionator einen gerechten Preis für ihn. Außerdem", überlegte er, „ist die beste Weise, ein Auge auf ihn zu halten, die, ihn als Sklave zu mir zu nehmen. Bringt ihn also in meinen Palast."

Verwundert nickte der Soldat: „Wie ihr befehlt, Heiligkeit!"

„Ja, so soll es geschehen", bestätigte Potiphar. An den Ismaeliten gewandt, fragte er: „Der Gefangene ist doch noch zu verkaufen, oder?"

„Natürlich, verehrter Herr", antwortete dieser mit einer tiefen Verbeugung. „Und ich werde für euch sicherlich einen guten Preis machen."

„Sehr schön", nickte der Priester. Mit einer Handbewegung überließ er einigen seiner Begleiter alles andere und setzte seinen Weg fort, ohne ein weiteres Wort.

20. KAPITEL

Die Strahlen der sich langsam dem Untergang zu neigenden Sonne erhellten noch immer die Räume der Dienerschaft in Potiphars Haus. Schon begannen die aus weißem Kalkstein errichteten Mauern durch das sich verfärbende Sonnenlicht etwas rötlich zu werden. Die dadurch erzeugte Stimmung beeinflußte Josephs Gemüt auf eine seltsame Weise.

Seine Stimmung hätte verzweifelt sein sollen, denn er war vor kurzer Zeit auf einem Auktionspodest auf dem Sklavenmarkt wie ein Stück Vieh an einen heidnischen Priester verkauft worden. Sein mutiger Versuch, diesem Schicksal zu entfliehen, war fehlgeschlagen.

Er war nun das Eigentum eines anderen Mannes, das Eigentum eines fremden Heiden, und er hatte keinerlei Rechte, sondern galt in der ägyptischen Gesellschaft weniger als ein Hund. Tatsächlich gab es unter den vielen Göttern dieses erstaunlichen Reiches auch einen, der wie ein Hund war, wie man hier überhaupt viele Tiere, die gingen, krochen oder flogen, göttlich verehrte.

Männer und Frauen, die man gefangen und versklavt hatte, galten viel weniger als Menschen, und auch weniger als Hunde oder Schlangen oder Krokodile oder andere Raubtiere, denen Tempel errichtet und Opfer gebracht wurden.

Doch trotz seiner Lage befiel Joseph in dem großartigen Licht der untergehenden Sonne eine seltsame Zufriedenheit. Seit man ihn in Potiphars Palast gebracht hatte, war noch so gut wie nichts von ihm erwartet worden. Man hatte ihm sogar erlaubt, sich in den Räumen der Dienerschaft so lange zu erholen, bis seine angeschlagenen Kräfte wiederhergestellt sein würden. Deshalb saß er nun hier auf diesem niedrigen Diwan und ruhte sich aus. Außerdem hatte er auch schon reichlich zu essen und zu trinken erhalten.

Potiphar hatte sich selbst darum gekümmert, daß er anständig behandelt wurde. Joseph konnte sich zwar nicht denken, warum auf diese Weise mit ihm umgegangen wurde. Aber er dachte auch nicht weiter darüber nach, weil er zu schwach und zu müde für solcherlei Überlegungen war.

Wenn seine Gedanken doch wieder zu dieser Frage zurückkehrten, fühlte er irgendwie in seinem Herzen, daß Jahwe mit ihm war. Und er ahnte auch, daß dieser seltsame Potiphar, obwohl ein Heide, doch auf die eine oder andere Weise von dem allmächtigen Gott als Werkzeug benutzt wurde.

Zuerst hatte doch ein Gefühl der Kälte und Verlorenheit in seine Seele einziehen wollen, als ihm richtig bewußt geworden war, was es hieß, ein Sklave zu sein. Doch dieses seltsame Licht hatte ihn dann eingehüllt und in eine andere Stimmung versetzt, in der er das leise Flüstern des allmächtigen Gottes, die ihn zärtlich streichelnde Hand seiner Mutter Rahel und die beruhigende Stimme seines Vaters Jakob zu spüren und zu vernehmen glaubte.

Wie lange er so still gesessen und schweigend den arbeitenden Sklaven und Sklavinnen in der Küche zugeschaut hatte, wußte er selbst nicht genau zu sagen. Die Diener und Sklaven, von denen es im Palast verschiedene Klassen gab, gingen eifrig ihren Aufgaben nach. Jene, die den anderen Anweisungen gaben und die Arbeiten beaufsichtigten, waren angestellte freie Diener, die für Lohn arbeiteten. Andere waren durch einen gewissen Dienstverpflichtungsvertrag an ihren Herrn gebunden. Zum Zeichen dafür trugen sie in ihrem linken Ohrläppchen eine kleine silberne Nadel. Dann waren da noch die Sklaven, denen in ihren Nacken das Sklavenzeichen eingebrannt war. Doch worüber Joseph sich am meisten wunderte, war, daß sie alle scheinbar friedlich und gemeinschaftlich zusammenarbeiteten. Sogar den Sklaven wurde hier eine gewisse, sonst doch sehr ungewöhnliche, Anerkennung entgegengebracht.

Joseph war besonders auf einen Mann aufmerksam geworden, der offensichtlich der Aufseher der Küche war. Außerdem schien er so etwas wie der oberste Bäcker zu sein. Er schien mit viel Geschick und Autorität alles, was mit der Küche zusammenhing, in Schwung zu halten. Doch da war noch etwas anderes, was Joseph verwunderte. Dieser Mann hatte in seinem linken Ohrläppchen ein kleines Loch, was zeigte, daß auch er dort einmal die silberne Nadel getragen hatte und nicht frei, sondern seinem Herrn verpflichtet gewesen war. Doch jetzt trug er sie nicht mehr, sondern schien auf irgendeine Weise wieder zu einem freien Mann geworden zu sein.

Wie kam es wohl, daß er trotzdem noch in Potiphars Diensten stand, obwohl er doch frei war? Joseph konnte sich diese Frage nicht beantworten. Außerdem bemerkte er, daß seine Aufgabe in der Küche diesem Mann scheinbar Befriedigung und Freude bereitete. Es schien ihm auch nichts auszumachen, selbst mit zuzugreifen, wenn seine Untergebenen etwas nicht rechtzeitig schafften. Dabei sang er ab und zu ein Lied oder pfiff fröhlich vor sich hin.

Auf dem Kopf war er so kahl wie die Dünen der Wüste, und er war rund wie ein Kürbis. Seine Backen waren so dick und rot wie große reife Äpfel. Seine Untergebenen nannten ihn Phineas. Doch obwohl das ein ägyptischer Name war, hatte er nicht den hageren Körper und die schmale Nase dieser Rasse.

Joseph beobachtete ihn nun schon eine ganze Weile und wurde durch sein Wesen irgendwie aufgemuntert. Den anderen schien es ebenso zu gehen.

Als es begann dunkel zu werden, nahm der Betrieb in der Küche noch zu. In Ägypten nahm man die Hauptmahlzeit des Tages am Abend zu sich. Ab und zu klatschte Phineas jetzt in die Hände und trieb damit seine Untergebenen zur Eile an. Es wurde Zeit, die abendliche Mahlzeit zu servieren.

Tabletts mit Schüsseln aus Kupfer und Silber, die gebratene Geflügelsorten enthielten, größere und kleinere Teile von Honiggebäck sowie eingelegte Oliven und Früchte wurden in den Speisesaal getragen.

Joseph konnte den Speisesaal nicht sehen, da er hinter einem engen Zugang lag, vor dem ein schwerer Vorhang hing. Doch er konnte sich denken, wie eifrig dort die niedrigen Tische gedeckt wurden. Die ebenfalls niedrigen Diwane wurden zurechtgestellt, damit jeder der Familie und auch der Gäste, wenn solche anwesend sein sollten, seinen Platz fand. Sicher wurden auch goldene oder silberne Becher oder Kelche für den Wein auf die Tafel gebracht.

Noch war keiner von den Hausbewohnern oder Gästen im Speisesaal erschienen, doch die Dienerschaft schien voller Erwartung zu sein. In Potiphars Haus fand fast jeden Abend ein Festmahl statt, wobei es auch viel Unterhaltung, Tanz, Musik und anderes gab. Hochgestellte Persönlichkeiten des Tempels, der Regierung und der Stadt sowie Adlige der oberen Klassen, die in der Umgebung wohnten, kamen gern zur Tafel des Oberpriesters und zu den interessanten Gesprächen, die dabei gewöhnlich geführt wurden.

Doch keiner dieser vornehmen Gäste hätte den jungen hebräischen Sklaven so sehr beeindrucken können wie Phineas es tat. Joseph beobachtete ihn, wie er sich nochmals aufmerksam in der Küche umschaute, ob auch nichts vergessen worden war.

Als er dies tat, fiel seine Aufmerksamkeit auch auf den neuen Sklaven, und sein an sich schon gemütlicher Gesichtsausdruck wurde noch etwas freundlicher.

„Bist du ein Hebräer?" fragte er quer durch die Küche.

„Ja, Herr", antwortete Joseph und richtete sich ein wenig auf.

„Du wirst mir heute abend beim Servieren helfen", befahl Phineas. „Da mußt du ganz genau aufpassen."

Joseph stand auf und räusperte sich. „Servieren, Herr?" wunderte er sich. „Aber ich weiß doch gar nicht..."

„Das wirst du sehr schnell lernen. Bleib nur immer neben mir und beachte meine Anweisungen."

Phineas legte noch ein leinenes Tuch über seinen linken Unterarm und forderte Joseph dann mit einer Handbewegung auf, ihm zu folgen, was dieser resignierend seufzend auch tat.

„Die Herrin kehrt heute abend zurück und wird jeden Augenblick eintreffen", erklärte Phineas. „Sicherlich bringt sie einen ganzen Haufen schwatzender und kichernder vornehmer Damen mit, das ist immer so. Verhalte dich ruhig, dann wird alles in Ordnung gehen."

Er ging Joseph voran durch den schweren Vorhang in den Speisesaal, wo er ihm die Einzelheiten des Festmahls erklären würde.

Als Joseph den Raum betrat, war er überrascht von der femininen Dekoration der Tische. Da waren rosafarbene Lilien gemischt mit purpurnen Irisen und roten Rosen in wunderschönen Vasen festlich arrangiert auf den verschiedenen Tischen. In den Ecken des Saales stand je ein muskulöser dunkelhäutiger Sklave aus Nubien. Jeder hatte einen großen Fächer aus Straußenfedern in der Hand. Ihre eingeölten dunklen Körper glitzerten im Licht der Lampen und fügten sich harmonisch in das Bild, das jede Frau erfreuen mußte.

In dieser Umgebung nahm Phineas, der in der Küche befahl, sofort den zweiten Platz gegenüber einem großen dürren Mann ein, der schon anwesend war und sich sehr stolz benahm. Seine Augen blickten kalt und scharf wie Speerspitzen.

Hocherhobenen Hauptes näherte er sich Phineas und fragte von oben herab: „Ist das der Hebräer?"

„Ja", nickte Phineas. „Macht er nicht einen stattlichen Eindruck?"

Der Mann, er war der Oberaufseher des Festes, ging zwei- oder dreimal um Joseph herum, verzog dann verächtlich das Gesicht und sagte: „Der Herrin wird er gefallen, und darauf kommt es nur an."

21. KAPITEL

Potiphar hatte eine Schwäche. In allen anderen Dingen war er ein überaus fähiger Mann — klar denkend, seine Aufgaben gut und gründlich erfüllend und von hoher Intelligenz. Doch in diesem Punkt war er so naiv wie ein Schuljunge.

Seine schwache Seite war seine schöne und entzückende Frau Natira.

Nach zwanzig Jahren Ehe war er von ihr noch immer so gefangengenommen wie an dem Tag, als sein Vater, der vorherige Oberpriester, sie ihm vorgestellt hatte.

Potiphar verwöhnte Natira auf alle nur mögliche Weise. Es gab keinen Wunsch, den er ihr nicht erfüllt hätte, ganz gleich, wie groß oder töricht er auch immer war. Er gab sich sogar stets die größte Mühe, ihre Wünsche zu erraten und zu erfüllen, noch ehe sie diese ausgesprochen hatte. Aus diesem Grunde hatte der Oberpriester auch den jungen hebräischen Sklaven gekauft.

Natira hatte eine Vorliebe für junge hübsche Männer, mit denen sie sich fortwährend umgab. Sie besaß so viele männliche Diener und Sklaven, daß ihr Mann sich hätte fragen können, warum dies notwendig war. Doch Potiphar fragte nie. Er vertraute seiner Frau in einer geradezu kindlich naiven Art.

An diesem Abend stand er am Eingang seines Palastes und erwartete die Rückkehr seiner Frau. Sie war drei Wochen in der königlichen Hauptstadt Memphis im Palast des Pharaos zu Besuch gewesen. An diesem Abend sollte sie zurückkommen. Und sicher würde sie eine ganze Schar Damen aus der königlichen Familie und anderen vornehmen Familien mitbringen, die im Hause des Priesters Gäste sein sollten.

Der Besuch dieser Damen würde seinen Höhepunkt in der Ankunft des Pharaos und seiner Throngemahlin finden, die in einigen Tagen kamen und wie jedes Jahr im königlichen Winterpalast zu On für einige Zeit Aufenthalt nehmen würden.

On, das ein wenig vom Nil entfernt lag, war in dieser Jahreszeit nicht ganz so feucht und kühl, wie es in Memphis dann manchmal sein konnte. Die verwöhnten Glieder der königlichen Familie vertrugen die mit höherer Feuchtigkeit durchsetzte Winterluft in Memphis nicht so gut, und so war der Palast in On neben dem des Oberpriesters und dem Tempel ein willkommener Rückzugsort für diese Zeit.

Da beide Paläste in dem gleichen Park lagen und ihre Bauten fast ineinander übergingen, war die Bevölkerung sogar der Meinung, es handele sich nur um einen Palast.

Des Priesters Ungeduld wurde jetzt beendet durch das Geräusch trabbelnder Pferdehufe und rollender Räder, das auf dem Steinpflaster der Zufahrtsstraße immer lauter wurde und sich schnell näherte. Potiphar strich noch einmal sein lavendelfarbenes Gewand glatt und fuhr sich ordnend durch den Bart, obwohl das gar nicht nötig war.

Die Straße zur Akropolis herauf bewegte sich eine erstaunliche Parade von schönen goldglänzenden und reich verzierten Wagen, die von Pferden gezogen und von Soldaten eskortiert wurden. Nur wenige Minuten später fuhren sie durch das große prunkvolle Tor in den Palasthof ein, wo sie anhielten. Den Wagen entstieg nun eine Schar von Damen, die noch erstaunlicher anzusehen waren.

Die Damen hatten reichlich von Parfüm, Puder, Cremen und anderen Schönheitsmitteln Gebrauch gemacht. Sie steckten in überaus prächtigen bunten Seidengewändern, die mit Juwelen besetzt waren und nur so glitzerten. So schwebte die prächtige bunte Schar nun auf Potiphar zu wie ein Schwarm exotischer Vögel.

Die Damen zeigten mehr Ähnlichkeit als Individualität. Da sie sehr viel Wert darauf legten, immer nach der neuesten Mode gekleidet zu sein, gab es keine sehr großen Unterschiede in ihrer Kleidung, abgesehen davon, daß die Farbzusammenstellung bei den einzelnen etwas verschieden war. Doch auch hier herrschte vor, was gerade modern war.

An den Füßen trugen sie papierdünne Sandalen, die fast bis zu den Knien mit Bändern geschnürt wurden. Die Krönung stellten die Frisuren dar, in die viele Juwelen und Perlen eingearbeitet waren, um damit zu bekunden, wie reich die einzelne Trägerin war.

Auch an reichem Schmuck fehlte es nicht. Breite Armbänder und noch breitere Halsketten glitzerten an ihnen. Manche trugen ganze Ornamente aus Gold, die wiederum ebenso reichlich mit Edelsteinen besetzt waren.

Potiphar betrachtete sich diese Damenparade mit männlicher Anerkennung. Doch seine Aufmerksamkeit blieb auf Natira konzentriert, die offensichtlich die Leiterin dieser Herde war. Sie war in Kleidung und Aufmachung sowie in Haltung ganz die große Dame. Außerdem besaß sie eine ausgezeichnete Figur, worauf sie besonders stolz war.

Wann immer Potiphar seine Frau Natira gehen sah, war er von ihrem Gang hingerissen, und sein Herz wurde hingenommen wie ein hilfloses Blatt, das der Wind vor sich hertrieb. Auch nach zwanzig Jahren Ehe liebte er sie immer noch so, daß er alles andere darüber vergaß.

Als sie sich ihm jetzt näherte, gefolgt von ihren lachenden und schwatzenden Begleiterinnen, blieb sie einen Augenblick vor ihm stehen und strich ihm mit den Fingern sanft über das Gesicht. Doch sie sagte kein Wort zur Begrüßung, sondern schaute ihn nur kurz an und ging dann mit den anderen ins Haus.

Unmittelbar hinter ihr folgte eine wesentlich jüngere Frau, die aber große Ähnlichkeit mit Natira hatte. Sie war ebenso groß, aber um einiges schlanker. Auch sie blieb vor Potiphar stehen und wartete, daß er sie bemerken würde.

Doch der Mann blickte noch immer Natira nach und wollte dann mit einem Seufzer ebenfalls in das Haus gehen, ohne daß ihm die Gegenwart der jungen Dame bewußt wurde.

„Vater", sagte das Mädchen da leise und hielt ihn leicht am Ärmel fest.

Überrascht fuhr Potiphar herum und rief: „Asenath, ich habe dich gar nicht gesehen!"

Das Mädchen schüttelte lachend den Kopf. „Wenn Mutter in der Nähe ist, siehst du ja nie jemand anderes", meinte sie. „Du müßtest allerdings mittlerweile wissen, daß ich nie weit entfernt von Mutters Schatten bin."

Potiphar umarmte seine Tochter liebevoll und strich ihr über das seidige Haar. „Nein, nein", widersprach er, „du bist ein Kind der Sonne. Der Schatten ist nichts für dich!"

22. KAPITEL

Von der Küche aus beobachtete Phineas, der Oberbäcker, wie sein neuer Sklave während des Festmahls seinen Dienst ausführte. Der junge Hebräer schien durchaus mit seinen Aufgaben fertig zu werden, was den Bäcker sehr wunderte, da er wußte, daß der hübsche Bursche sein ganzes Leben als Nomade verbracht hatte. Er muß ein Naturtalent sein, wunderte er sich.

Joseph ging geschmeidig von Tisch zu Tisch, füllte Wein nach, wo die Becher leer wurden, und achtete darauf, daß die Speisen auf den Tabletts und in den Schüsseln heiß und frisch gehalten wurden. Wenn er hier oder da einmal ein wenig Nervosität zeigte oder einmal von der falschen Seite servierte, nahmen das die Gäste nicht übel, weil ihnen seine ruhige Art und sein natürliches gutes Aussehen gefiel.

Es war ein ausgesprochenes Frauen-Festmahl an diesem Abend. Potiphar hatte den Speisesaal ganz Natira und ihren Besucherinnen zur Verfügung gestellt. Und alle anwesenden Damen waren entzückt von dem hübschen jungen Burschen mit den nachtdunklen Augen.

Der Oberbäcker wußte nicht, daß Joseph doch allerlei Erfahrung als Diener hatte. Obwohl er der Sohn eines Stammes-Patriarchen und damit ein Prinz war, hatte er bei Mahlzeiten doch oft den Becher seines Vaters gefüllt und hatte auch häufig seine älteren Brüder bedienen müssen.

Außerdem konnte Phineas nicht wissen, daß Jakob seinem Sohn beigebracht hatte, Achtung vor Frauen zu haben.

Er hatte ihm nie erlaubt, sich seiner Mutter Rahel oder Lea oder Dina oder den Nebenfrauen gegenüber überheblich zu benehmen.

Doch der Eindruck, als fiele Joseph die Bedienung leicht, täuschte. Der Bäcker sah ja nicht, wie aufgeregt Joseph in seinem Herzen war, bemerkte nicht dessen schweißnasse Hände und die stotternden Antworten, die er manchmal gab, wenn eine der Damen ihn ansprach.

Natira dagegen war stolz, weil ihr neuer Sklave soviel Anerkennung fand. „Woher hast du ihn?" wollten ihre Freundinnen wissen. „Er ist bewundernswert!"

Die Gastgeberin wußte, daß er ein Rückkehrgeschenk Potiphars war, und teilte dies auch voller Stolz den anderen mit.

Joseph schämte sich darüber, daß am Tisch so offen über ihn gesprochen wurde. Er verstand genug von der Sprache, um das Wichtigste mitzubekommen. Doch er gab sich Mühe, keinerlei Reaktion zu zeigen, und servierte gewöhnlich mit gesenktem Kopf. Vor allem tat er das, wenn er an Natiras Tisch trat.

Natiras Tisch war ein Prachtstück aus Ebenholz und beherrschte den ganzen Saal. Gedeckt mit feinem Leinen, dem kostbarsten Geschirr und geschmückt mit den schönsten Blumen, brachte er ihre leicht bräunliche Gesichtsfarbe und ihr schwarzes Haar erst recht zur Geltung. Natira war sich durchaus ihres Eindrucks bewußt und thronte hinter ihrem Tisch wie ein aufgeblasener Pfau.

Als Joseph zu ihr trat, um ihren Becher zu füllen, nickte sie ihm zu, wobei die langen blauen Federn, die sie als Kopfschmuck trug, sich gnädig zu Joseph hin neigten.

Das Herz des jungen Mannes bebte heftig. Doch nicht aus Bewunderung. Joseph hatte vielmehr vom ersten Augenblick an in der Gegenwart Natiras eine unterschwellige Furcht empfunden, die er durch nichts begründen konnte, weil sie ja freundlich zu ihm war. Doch er spürte irgendwie, daß sie auch sehr gefährlich werden konnte.

Er vermied es, der Hausfrau in die Augen zu sehen, als er ihr Wein einschenkte, obwohl sie ihn mit ihren Blicken förmlich verschlang. Sie hielt ihm mit ihrem schlanken Arm ihren Becher einladend entgegen. Dabei konnte er den goldenen Schmuck studieren, der ihren Arm bedeckte. Er stellte eine Schlange dar, die ihn mit ihren glitzernden Augen, die aus zwei Saphiren bestanden, kalt anstarrte.

Er widerstand der Versuchung, ihr ins Gesicht zu blicken, sondern wandte seine Aufmerksamkeit ihrem leeren Becher zu, den er füllte und dann zur nächsten Dame weiterging.

„Vielen Dank", sagte eine sanfte Stimme, als er auch den Becher der Nachbarin gefüllt hatte.

Von dem sanften Ton überrascht, blickte Joseph die Besitzerin der Stimme an und war wie betäubt. Neben Natira auf dem Diwan saß eine weitere Schönheit, die der Hausfrau sehr ähnlich war, nur viel jünger, und von einem Hauch von Unschuld umgeben.

Joseph stand bewegungslos, hielt den Weinkrug in ganz seltsamer Weise in der Hand und starrte der jungen Dame in die Augen. Nach wenigen Augenblicken erhob sich ein leises Gekicher an den anderen Tischen. Doch er hörte es nicht, sondern war gefesselt von dem ägyptischen Mädchen.

Erst als die Herrin Natira ihn jetzt ansprach, wurde er aus seiner Verzauberung gerissen. „Hebräer", bellte sie ihn an, „du hast uns noch nicht gesagt, wie du heißt." Dann, als sei ihr erst jetzt ihr ärgerlicher Ton in der Stimme bewußt geworden, fügte sie sanfter hinzu: „Bitte, tue uns die Ehre an und sage uns deinen Namen."

Natira lehnte sich zu ihm und schien ihn mit ihren Blicken verschlingen zu wollen. Joseph wußte, daß es nicht üblich war, seinen Gästen einen Sklaven vorzustellen. Er konnte sich auch nicht denken, was die Frau damit bezweckte.

Vielleicht hätte er weiter verstockt geschwiegen, um niemand etwas über sich wissen zu lassen, doch da ihn auch das Mädchen mit interessierten Augen anblickte, konnte er sich nicht zurückhalten. „Joseph", fuhr es ihm heraus, ehe ihm bewußt wurde, was er da gesagt hatte. „Mein Name ist Joseph."

Er hatte dabei das Mädchen angeschaut und nicht seine Herrin, von der ja die Frage gekommen war.

Das war eine Beleidigung für die Hausherrin, jeder spürte das, wenn es auch keine absichtliche war. Natira richtete sich kerzengerade auf und durchbohrte den unverschämten Sklaven mit Blicken, die wie Dolche waren.

Das leise Gekicher war plötzlich verstummt, statt dessen hörte man mißbilligendes Murmeln. Joseph hatte eine Linie überschritten, die ihm Natiras Mißfallen zugezogen hatte, und so schnell würde sie ihm sicherlich nicht vergeben.

23. KAPITEL

Joseph betrat die Küche. Den Weinkrug hatte er immer noch in der Hand, aber sein Mund fühlte sich ganz trocken an. Immer noch war er in Gedanken so sehr mit dem ägyptischen Mädchen beschäftigt, daß er Phineas, der in der Ecke saß, kaum wahrnahm.

Vor ihm stand der Aufseher des Festes, jener lange dürre Mann mit dem verdrossenen Gesicht. Jetzt schien er noch dazu ausgesprochen zornig zu sein. Joseph verstand nichts von dem Wortwechsel der beiden Männer, da sie eine ihm nicht geläufige Sprache benutzten und dazu noch sehr schnell sprachen. Doch als der Aufseher sich jetzt ihm zuwandte, begriff er, daß er die Ursache des Konflikts war.

„Nimm ihn dir vor!" grollte der Aufseher und deutete auf den Hebräer.

Der plumpe Bäcker erhob sich, kam zu Joseph und packte ihn am Arm. Dann führte er ihn quer durch die Küche, wobei er ständig den Kopf schüttelte und murmelte: „Das ist nicht gut! Nicht gut! Tophet ist sehr zornig, weil die Herrin sehr zornig ist. Und wenn Herr Potiphar das erfährt, dann wird auch er sehr zornig sein."

„Aber was ist geschehen?" fragte Joseph. „Habe ich mich falsch benommen?"

„Du hast unsere Herrin beleidigt!" schimpfte Tophet, packte Joseph ebenfalls, riß ihn aus Phineas Hand und schob ihn in eine Ecke. „Wie kannst du unsere Herrin so übersehen, wenn sie dich anredet?"

„Aber ...", stammelte Joseph, „das habe ich doch gar nicht gewollt."

„So, so, du hast es nicht gewollt", spottete Tophet. „Phineas wird dafür sorgen, daß du in Zukunft deine Gedanken besser zusammenhältst. Nicht wahr, Phineas?"

Des Bäckers Augen waren groß und furchtsam, und er schüttelte leise den Kopf. Doch der Aufseher blieb hart: „Doch, Phineas, er ist dein Untergebener. Du mußt ihm nun das Brandmal ins Genick brennen. Vielleicht werden dabei gleich die Spinnenweben mit verbrannt, die vor seinem Verstand zu hängen scheinen."

Die Hände des Aufsehers hielten Josephs Arme wie zwei Klammern fest. Gewiß, er hätte sich losreißen können, aber wohin hätte er dann fliehen sollen?

Er wußte, was Tophet mit dem *Brandmal* meinte, denn er hatte die häßlichen Narben im Genick der anderen Küchensklaven schon bemerkt. Innerlich spürte er schon den brennenden Schmerz, und ihm war, als habe er schon den Geruch verbrannten Fleisches in der Nase.

Furcht ergriff ihn, und er begann sich gegen des Aufsehers Griff aufzulehnen. Phineas warf ihm einen mitleidigen Blick zu und schüttelte warnend den Kopf. „Ruhig, Junge", flüsterte er. „Du machst die Sache sonst nur noch schlimmer."

„Rede nicht so viel, sondern fang endlich an", grollte Tophet. „Du hast immer zuviel Mitleid mit diesen Burschen. Bald wirst du vor unserer Herrin Rechenschaft geben müssen wegen des ungezogenen Benehmens dieses Hebräers."

* * *

Phineas strich so sanft wie es nur ging gelbe Salbe auf Josephs brennendes Genick, dabei liefen ihm Tränen über sein Gesicht. „Es tut mir so leid", weinte er kopfschüttelnd. „Aber ich hatte einfach keine Wahl, das mußt du verstehen."

Joseph zuckte vor Schmerz zusammen. Er wollte die Wunde in seinem Genick mit der Hand schützen, doch Phineas zog sie weg. „Laß das, die Salbe wird dir helfen und den Schmerz bald lindern", ermahnte er ihn. „Wenn du mit deinen Händen dabei gehst, wird es erst richtig schlimm werden."

Auf dem Fußboden lag noch das heiße Brenneisen, das langsam seine rotglühende Farbe verlor und wieder schwarz wurde. Joseph betrachtete es voller Abscheu.

„Es ist das Zeichen der Sonne", sagte er mühsam und wies dabei auf die Marke am Eisen. „Aber ich bete die Sonne nicht an."

Phineas, der ihn noch immer voller Mitleid behandelte, antwortete: „Kommt es denn darauf wirklich an? Du bist doch nun einmal Potiphars Sklave."

„Doch, es kommt darauf an", weinte Joseph.

Phineas blickte vorsichtig um sich und versicherte sich, daß sie allein waren. Es war sehr spät, und die anderen Sklaven hatten sich schon zurückgezogen.

„Ich weiß, daß es für dich wichtig ist", seufzte er. „Ich will offen mit dir sein. Ich weiß, wer du bist!"

Josephs Augen schwammen vor Tränen. Der Schmerz schien sich immer tiefer in sein Genick zu brennen und war fast nicht mehr auszuhalten. „Du kennst nun meinen Namen", stöhnte er. „Aber das ist auch schon alles."

Phineas schüttelte den Kopf. „Ich weiß, daß du ein Sohn Jakobs bist, den man auch Israel nennt. Das ist doch genug, wie?"

Joseph zuckte wieder zusammen. „Woher hast du das erfahren?" wunderte er sich.

„Ich bin erst seit einigen Jahren bei Potiphar", berichtete der Bäcker jetzt. „Ich habe die ägyptische Sprache gelernt und einen anderen Namen erhalten. Aber ich bin ein Hebräer wie du."

Joseph schaute ihn voller Staunen durch seine tränennassen Augen an. „Ein Hebräer?" flüsterte er.

„Ja, ein Diener von Edom", nickte Phineas.

„Ein Edomiter?" rief Joseph überrascht. „Einer aus Esaus Stamm!"

„Psst, nicht so laut!" mahnte der Bäcker und sah sich wieder um. „Das soll ein Geheimnis zwischen uns bleiben", mahnte er. „Es soll unser Geheimnis bleiben, daß wir beide zu Jahwe beten."

24. KAPITEL

Joseph stand auf einer kleinen Veranda und sah zu, wie die Möbel im großen Salon von Potiphars Palast in eine neue Ordnung gebracht wurden. Tophet hatte darauf bestanden, daß er für einige Tage nur mit Phineas in der Küche zu arbeiten hatte und sonst nicht hinaus durfte. Nur am Abend konnte er sein Bett in einer Ecke der Sklavenräume aufsuchen. Nun stand er zum ersten Mal wieder draußen, durfte frische Luft atmen und die eifrige Arbeit der anderen beobachten.

Im Patio standen eine große Anzahl Güter, die gerade erst gekauft worden waren. Der junge Hebräer staunte über die vielen Luxusartikel. Da waren Ballen von farbiger Seide und viele Teppiche und Wandbehänge, Haufen seltsamer Körbe und kupferner Gefäße, Schachteln mit feinem Räucherwerk und viele andere Dinge. Inmitten dieser Güteranhäufung wurden Möbel hin und her getragen, und die verschiedenen Aufseher stritten sich, wie man alles am besten in neuer Ordnung aufstellen sollte.

„Na, was denkst du so?" lachte Phineas, der zu Joseph auf die Veranda trat. „All das wird herangeschafft, damit unsere Herrin als großartige Gastgeberin auftreten kann. Jedes Jahr ist es wieder dieselbe Sache. Kurz bevor der Pharao hier eintrifft, füllt sie die Speisekammern bis zum Überlaufen, hängt neue Gardinen auf, läßt die Diwane und die anderen Möbel erneuern und schafft neue Gefäße an."

„Wie, Pharao Timaeus kommt nach hier?" fragte Joseph staunend.

„Ja, das tut er jedes Jahr", antwortete Phineas. Dann zeigte er lächelnd zum Hauseingang, aus dem gerade Tophet hervorschoß, der mit den Sklaven zu schimpfen begann. „Hier herüber mit diesem Diwan! Dorthin den Tisch! Nein, nicht, sondern lieber nach dort!" kommandierte er, und gab einem Dutzend Leute eine Menge verschiedener Befehle. „Seht euch doch vor!" schrie er, als Sklaven mit zwei Möbelstücken zusammenstießen. „Geht vorsichtig mit den Sachen um!"

„Tophet hat die Gabe, so viele Befehle auf einmal zu geben, daß keiner mehr recht weiß, was er tun soll", bemerkte Phineas spöttisch. „Es ist manchmal ein Vergnügen, ihm zuzusehen."

Doch Joseph war noch immer mit dem beschäftigt, was er soeben von dem Bäcker gehört hatte. „Pharao kommt nach hier?" staunte er. „Sag, hast du ihn schon einmal gesehen? Wie ist er denn?"

„Er ist ein richtiger Thebaner", antwortete Phineas rätselhaft, als wäre damit alles erklärt.

Als er bemerkte, daß der junge Bursche damit nichts anzufangen wußte, nahm er ihn am Arm und ging ein wenig mehr an den Rand der Veranda, wo niemand ihnen zuhören konnte. „Er, wie alle seine Vorgänger, läßt es zu, daß Semiten wie du und ich versklavt werden. Weißt du nicht, daß die Hyksos das nicht gestatten würden?" sagte er leise und vorsichtig.

Joseph hatte schon manches von den Hyksos gehört, den *Hirten-Königen,* wie man sie auch nannte. Sie waren ein starkes Volk von Nomaden, von denen in der letzten Zeit schon viele nach Ägypten gekommen waren und innerhalb der Grenzen des Reiches wohnten. Sie waren ein umstrittenes Volk, und ihre Brüder, die anderen Hebräer, betrachteten sie mit Argwohn, während sie von Pharaos Ratgebern als eine Bedrohung des ägyptischen Reiches angesehen wurden.

Ihr Einfluß nahm jedenfalls immer mehr zu, und solche im Reich, die für eine mehr menschliche Politik eintraten, wünschten sich, sie würden die Macht ergreifen.

„Ich weiß einiges über sie", nickte Joseph. „Aber sind solche Gespräche nicht gefährlich?"

„Gefährlich schon, aber auch notwendig", flüsterte Phineas, der ganz nahe bei Joseph stand. „Ich sehe, du mußt noch viel lernen."

Lächelnd wandte er sich wieder um und beobachtete weiter den Oberaufseher bei seiner Arbeit. Tophet würde sich ganz gewiß nicht auf die Seite der Hyksos stellen. Er war ein großer Bewunderer von Pharao Timaeus und stolz darauf, ein Ägypter zu sein, und er haßte die Semiten. Wäre Phineas nicht ein so fähiger Mann für das gesamte Küchenwesen, hätte Tophet ihn sicherlich schon längst aus dieser einflußreichen Stellung vertrieben.

Doch Phineas war klug und verstand seine Sache. Er hatte sich schon als Unfreier im Hause Potiphars einen guten Platz erobert, und nun, da er wieder frei war, blieb er freiwillig hier, weil ihm das für ihn selbst am besten zu sein schien.

„Tophet ist viel gefährlicher als die Gespräche, die wir jetzt führen", warnte der Bäcker. Er liebt und verehrt den Pharao, und er würde uns lieber aufhängen lassen, als daß er erlauben würde, daß wir ihm zu nahe kommen."

✷ ✷ ✷

Pharao Timaeus würde in zwei Tagen in On eintreffen. Die erwartungsvolle Atmosphäre im Hause des Oberpriesters war auf den Höhepunkt gestiegen.

Joseph ging an diesem Nachmittag mit seinem Vorgesetzten über den Basar von On und beobachtete sorgfältig, wie Phineas mit den Kaufleuten handelte und stritt.

„Als ein Sohn aus dem Hause Israels solltest du doch ein guter und geschickter Händler sein", meinte der Bäcker. „Wenn du so schnell lernst, wie ich es dir zutraue, dann lasse ich dich in Zukunft all unsere Einkäufe besorgen."

Joseph wußte, daß Phineas ihm diese Gelegenheiten verschaffte, weil sie beide von ähnlichem Herkommen waren.

Ihm war klar, daß der Bäcker ihn wie einen Verwandten, ja nahezu wie einen Sohn betrachtete.

„Wie kam es eigentlich, daß du zu Esaus Stamm gestoßen bist?" fragte der junge Hebräer, während sie von einem Marktstand zum anderen gingen.

Phineas überlegte eine Weile und begann dann: „Vor vielen Jahren lebte ich in Edom. Von Geburt bin ich ein Kethurahiter."

Joseph lächelte stolz. „Also auch ein Nachkomme Abrahams", bestätigte er, da er wußte, daß Kethura Abrahams zweite Frau gewesen war. „Dann sind wir also tatsächlich Brüder!"

„Vielen Dank!" antwortete Phineas froh. „Es freut mich, daß du das so siehst. Meine Familie und ich lebten in einer schweren Hungersnot, als wir deinem Onkel Esau begegneten. Meine Eltern waren schon recht alt und krank. Ich war zwar Bäcker, konnte aber nirgends Getreide erhalten, deshalb war ich nicht in der Lage, für meine Eltern zu sorgen. Da trafen wir Esau."

In der Stimme des Mannes lag etwas wie Bewunderung, als er den Namen des Patriarchen aussprach. Joseph mußte daran denken, welche Furcht dieser Name früher einmal im Stamm seines Vaters verbreitet hatte. Doch auch er hatte mittlerweile Esau lieben gelernt, geradeso wie Phineas.

„Esau nahm uns in seinen Stamm auf", fuhr der Bäcker nun fort. „Er gab uns Unterkunft und Nahrung und rettete uns das Leben. Dafür habe ich mich ihm zum Dienst angeboten, und er ließ mich seinen Diener sein."

„Und wie bist du dann nach Ägypten gekommen?" forschte der Jüngere weiter.

„Ich wurde entführt, genau wie du", antwortete Phineas. „Genauso, wie es immer wieder Tausenden unserer Leute durch die Jahrhunderte hindurch geschehen ist. Ich konnte hier in Ägypten so gut vorankommen, daß ich in der Lage war, mir meine Freiheit wieder zu erkaufen. Seitdem bin ich nun Aufseher. Doch ebenso könnte ich jetzt noch ein Sklave sein."

Joseph blickte sich überall aufmerksam um, während sie weitergingen. Dabei mußte er an die weiten Felder daheim und an die Zelte Jakobs denken, nach denen er sich mit all seinem Herzen sehnte.

Es gibt keine Liebe in Ägypten, überlegte er. Es ist ein kaltes Land ohne Gefühle, in dem man keine Hoffnung fassen kann.

Gerade in diesem Augenblick begannen viele Leute in die Richtung des Tempels zu laufen. Aufmerksam geworden, blickten auch Phineas und Joseph nach dort. Den Fahrweg von der Akropolis herunter, vom Palast Potiphars, kam eine großartige Kutsche, und die Leute im Basar drängten näher zu ihr.

Manche erkannten sie als die Kutsche der Frau des Oberpriesters, und sie hofften, einen Blick auf sie werfen zu können, wenn sie durch die Stadt fuhr. Es war allerdings unwahrscheinlich, daß sie ihr hochmütiges Gesicht zeigen würde, denn sie achtete stets sorgfältig darauf, daß ihr das einfache Volk nicht zu nahe kam.

„Es ist Natira", erklärte Phineas. „Sieh nur einmal, wie die Narren sich drängen, um sie vielleicht einen kleinen Augenblick zu sehen."

Die Kutsche näherte sich jetzt. Doch Joseph wurde schon bei dem Gedanken an diese Frau abgestoßen. Als jetzt eine schlanke Hand den Vorhang der Kabine ein wenig zur Seite schob, wollte er gerade wegblicken, als er erkannte, daß das Gesicht, das da herausschaute, weder hochmütig noch kalt war. Es war vielmehr sanft und freundlich — er erkannte das Gesicht des jungen Mädchens, das ihn an jenem ersten Tag beim Gastmahl Natiras so gefangengenommen hatte.

In ihrem Blick schien Mitleid mitzuschwingen, als sie auf die Menschen schaute, als würde sie in ihnen Persönlichkeiten sehen und nicht einfach einen Haufen Volks. In diesem Augenblick begegneten ihre Augen denen Josephs, und er hätte schwören mögen, daß sie ihn erkannt hatte.

Doch nun war eine andere Hand zu sehen, die dem Mädchen über die Schulter reichte und den Vorhang wieder fest schloß.

„Natira", dachte Joseph, „wie kannst du so mit der Frau, die ich so hoch achte, umgehen?"

25. KAPITEL

Asenath! Ihr Name war also *Asenath!* hatte ihm der Bäcker gesagt. Und immer, wenn Joseph von nun an diesen Namen hörte, klang er ihm wie süße Musik.

Er versuchte, dieser Verlockung zu widerstehen, da er glaubte, es sei falsch für ihn, eine Ägypterin zu lieben. Und außerdem versuchte er immer wieder, sich die Gedanken an sie aus dem Kopf zu schlagen, weil er wußte, sie war für ihn unerreichbar. Sie war, so hatte Phineas erzählt, die Tochter von Natira und Potiphar. Außerdem war sie als Tochter des Oberpriesters von Geburt an den Göttern Ägyptens geweiht worden.

Sogar ihr Name zeigte das an, denn er bedeutete *Tochter von Nath,* und *Nath* war die ägyptische Göttin der Weisheit. Joseph dachte, es sei recht töricht und durchaus nicht weise, sie zu lieben.

Trotzdem konnte er ihr freundliches Lächeln und ihr feines Gesicht nicht vergessen. Und er wußte, daß auch sie sich gefreut hatte, als sie ihn heute auf dem Basar sah. Würde sie ihn auch wiedererkennen wollen, wenn sie ihn hier bei der Küchenarbeit sah? fragte er sich. Er war froh, daß die vornehmen Damen des Hauses sich so gut wie nie in die Küche verirrten.

Er stand in der Speisekammer und ordnete die Gefäße mit Gewürzen und Früchten. Voller Kummer dachte er an Jakob. Er war dankbar, daß sein Vater seine Schmach nicht sehen konnte, wie er hier Frauenarbeit tun mußte, oder eben auch Sklavenarbeit, dachte er. Wie sehr er sich wünschte, daß

Asenath ihn doch in seiner Rolle als Prinz seines Stammes und in seinem Prachtgewand kennengelernt hätte.

Vorsichtig tastete er jetzt nach dem Brandmal in seinem Genick, das langsam abheilte. Sie würde nie einen Sklaven lieben, das wußte er. Jedoch den Prinzen eines Stammes, den Erstgeborenen von Israels Lieblingsfrau und den Erben der Prophezeiungen Isaaks — eine solche Stellung hätte vielleicht auch Asenath als erstrebenswert angesehen.

Als er so seinen niedrigen alltäglichen Arbeiten nachging, wurde ihm das Herz schwer. Wo waren nun die Prophezeiungen Isaaks? Erwiesen sich auch seine eigenen Träume nun als nichts anderes als törichte Phantasien? Seine Brüder würden sicher so denken, und vielleicht hatten sie recht.

Doch er wußte andererseits, daß er dem alten Hirten in der Nähe Sichems wirklich begegnet war. Und auch der Mann und das Feuer in der Höhle, in jener Nacht nach Rahels Tod, waren Realität gewesen. Als er sich an den Gesichtsausdruck des alten Hirten erinnerte, war es ihm, als hätte dieser um seine Zukunft und alles Leid, das vor ihm war, gewußt.

Niedergeschlagen verließ Joseph die Speisekammer. Das Elend seines Lebens bedrückte ihn schwer. Er konnte sich nicht vorstellen, was in seinem Leben noch hätte schlimmer kommen können. Denn es gab sicher nichts Beschämenderes, als das Leben eines Sklaven in der Küche eines heidnischen Priesters zu führen.

Erinnerungen an den alten Hirten gingen ihm immer noch durch den Kopf, als er jetzt in die Küche zurückging, wo Phineas sicherlich eine weitere erniedrigende Beschäftigung für ihn hatte.

Doch da stand plötzlich jemand vor ihm in dem Gang, der zur Küche führte. Joseph wollte zuerst seinen Augen nicht trauen, denn es war Natira, die dort am Durchgang lehnte und auf ihn zu warten schien. ,,Herrin", sagte Joseph und verbeugte sich tief, ,,womit kann ich dir zu Diensten sein?"

Natira musterte ihn von Kopf bis Fuß, wobei ein katzenartiges Lächeln um ihre Lippen spielte. „Ich werde heute abend nicht mit unseren Gästen speisen", sagte sie.

Joseph hätte fast herausgeplatzt: „Warum?" Doch er wußte, daß ihm als Sklave eine solche Frage nicht zustand.

„Ich bin der ewigen politischen und wirtschaftlichen Gespräche der Gäste meines Mannes müde", seufzte sie. „Morgen trifft Pharao Timaeus hier ein, da muß ich ausgeruht sein. Ich werde heute abend allein in meinem Zimmer essen, und du sollst mich bedienen."

26. KAPITEL

Joseph stand am Fußende von Natiras Diwan, und sein Gesicht brannte. Das unangenehme Gefühl, das ihn in ihrer Gegenwart immer befiel, war heute abend stärker als je.

Er beugte sich vor und stellte ein großes, mit Speisen beladenes Tablett auf ihre Tafel und wartete dann, während sie über ihr Gewand strich und sich die Kissen zurechtrückte, um besser sitzen zu können.

„Kalat", rief sie ärgerlich nach ihrem Stubenmädchen, „diese Kissen sind viel zu steif!"

Sofort eilte die junge Dienerin herbei, um ihrer Herrin zu helfen. Sorgfältig nahm sie ein Kissen nach dem anderen von Natiras Diwan, schüttelte sie auf und legte sie sorgfältig wieder hinter den Rücken der Frau.

„Genug! Genug!" rief Natira ungeduldig. „Verlasse uns jetzt!" Mit einer Handbewegung scheuchte sie das Mädchen davon.

In jeder Ecke des Raumes stand ein Diener. Und es gab eine ganze Reihe von Ecken, da der Raum einige Nischen und Bögen aufwies. Die meisten dieser Diener waren junge Männer von verschiedenen Rassen. Doch sie alle trugen das Brandzeichen des Sklaven im Genick.

Joseph fragte sich, welches Schicksal sie zu Sklaven gemacht hatte und ob sie sich in der Nähe Natiras genauso unwohl fühlten wie er selbst.

Als Phineas erfahren hatte, daß Joseph an diesem Abend die Herrin bedienen sollte, war er ungewöhnlich ruhig geworden. Doch gerade als der junge Mann sich auf den Weg zu seinem Dienst machen wollte, nahm der Bäcker ihn beiseite, blickte ihm tief und besorgt in die Augen und flüsterte: „Sei sehr, sehr vorsichtig, mein Sohn!"

„Phineas lobt dich sehr", sagte Natira, als Joseph ihr ein Tuch reichte, das sie mit einem Lächeln entgegennahm.

Überrascht, weil er gerade auch an Phineas' Worte gedacht hatte, nickte er. „Ich habe noch nie einen hebräischen Sklaven gehabt", fuhr sie fort. „Die Hebräer sind eine wilde Rasse, nicht wahr? Sie lieben ihre Freiheit sehr."

In Josephs Innerem entstand wieder das Bild der weiten Steppen und der Berge Palästinas, und Ärger erfüllte sein Herz. „Das stimmt, Herrin", bestätigte er, dabei betrachtete er sie mit ruhiger Zurückhaltung.

„Nun", versuchte sie ihn zu trösten, „ich bin sicher, daß es dir nach und nach auch bei uns gefallen wird." Dabei streckte sie ihre Hand aus und strich ihm, als wolle sie ihn ermutigen, über das Handgelenk. Mit verführerischem Lächeln fügte sie hinzu: „Es hat große Vorteile, gerade mein Sklave zu sein."

Joseph trat einen Schritt zurück. Schweigen trat ein. Nach einigen Augenblicken sagte der Diener: „Herrin, wenn mein Dienst jetzt beendet ist, würde ich gern gehen. Phineas braucht mich noch in der Küche. Du weißt doch: Unser aller Herr, der Pharao, kommt morgen, da müssen noch viele Vorbereitungen getroffen werden."

Natiras Gesicht wurde rot vor Zorn und Scham, und ihre Augen blitzten wütend. „Gewiß", würgte sie heraus und machte dabei eine verächtliche verabschiedende Handbewegung, „geh nur, hier vermißt dich jedenfalls niemand."

* * *

Joseph stand zitternd im Schatten außerhalb der Tür, die zu Natiras Räumen führte. Das Mondlicht beschien die breite offene Loggia am Ende des Ganges. Und da sich dort niemand aufhielt, ging der Hebräer dahin.

Sein Herz pochte heftig. Er lehnte sich an das Geländer der Loggia, um sich erst ein wenig zu beruhigen, und betrachtete die großartigen Gebäude, die sich rundum erstreckten. Eine so grandiose Umgebung hatte er sonst an noch keinem anderen Platz gesehen, und es gab wohl auch nur wenige Städte auf Erden, die damit vergleichbar waren. Doch trotzdem wurde Joseph von den Mauern und Türmen und Straßen abgestoßen. Er sehnte sich nach dem endlosen Horizont und der weiten Steppe der Nomaden.

Eine lange Zeit stand er so und lauschte auf die Musik, die aus einem entfernteren Raum an sein Ohr klang. Doch viel lieber hätte er jetzt die einfachen Zimbeln und Flöten der Hirten gehört und unter dem offenen Sternenhimmel am Lagerfeuer gesessen.

Joseph strich mit der Hand über seinen kahlen Kopf und empfand wieder die Scham der Haarlosigkeit. Stets wenn sich wieder ein Schimmer seines schwarzen Haars zeigt, sorgte Tophet dafür, daß es wieder ganz kahl und blank geschoren wurde. Er würde wohl nie mehr das Gefühl der Wärme durch die herunterhängenden Locken im Nacken spüren oder durch seinen schwarzen Bart streichen.

Während er so einsam vor sich hinbrütete, mischten sich in die Musik die Geräusche von entferntem Frauenlachen, die aber immer näher kamen. Joseph wurde aufmerksam und lauschte.

Eine Gruppe jüngerer Frauen kam um die Ecke des Ganges, und Joseph konnte nun nicht mehr davonlaufen, ohne bemerkt zu werden. Er war wohl so tief in Gedanken gewesen, daß er das Nahen dieser Frauen erst zu spät bemerkt hatte.

Da war eine kleine Nische in der Wand. In diese preßte er sich hinein und hoffte, nicht gesehen zu werden. Vielleicht würden die Frauen ja auch noch einen der Räume vor ihnen betreten.

Doch das war nicht so, sondern sie kamen lachend und redend geradewegs zu der Loggia, stellten sich an das Geländer und bestaunten die großartige Aussicht von der Akropolis herab auf die Stadt.

Zuerst wurde Joseph nicht bemerkt, da sie ihm alle den Rücken zudrehten. Doch dann wandte sich eines der Mädchen um und sah ihn. „O seht einmal", schrie sie, „da steht ein Mann auf der Frauen-Loggia!"

„Asenath! Asenath! Sieh doch, es ist der Sklave deiner Mutter", stellte eine andere fest, die in seiner Nähe stand und sich nun auch umgedreht hatte.

Joseph stockte der Atem, denn jetzt hatte sich das Mädchen seiner Träume durch ihre Gefährtinnen gedrängt und stand direkt vor ihm — die Tochter seiner Herrin, das ihm verbotene Kind seines Herrn.

Mit großen Augen betrachtete sie ihn und wandte sich dann an die anderen. „Geht schon", sagte sie. „Ich will ihm noch einige Fragen stellen."

Die anderen Mädchen, es waren Asenaths Freundinnen, entfernten sich kopfschüttelnd. Man konnte ihnen ansehen, daß etliche Fragen sie bewegten, denn sie flüsterten eifrig zusammen und erinnerten sich an das ungezogene Benehmen des Hebräers der Herrin des Hauses gegenüber bei jenem Festmahl. Als sie allein waren, versuchte Asenath einen strengen Eindruck zu machen. „Du hast hier nichts zu suchen", fuhr sie Joseph an.

„Ich weiß es, Herrin", antwortete Joseph heiser. Ihm war, als habe er einen großen Klumpen im Hals stecken.

„Diese Loggia darf von Männern nicht betreten werden", fuhr Asenath fort.

„Ja, das ist mir jetzt klar geworden", gab Joseph zu, „und es wird ganz sicher nicht wieder geschehen."

„Wie kommst du überhaupt nach hier?" forschte das Mädchen.

Sklaven bekamen gewöhnlich keine Gelegenheit, Erklärungen abzugeben. Als Joseph jetzt die Augen aufschlug und sie anblickte, sah er einen freundlichen Zug in ihrem Gesicht, wie schon am Nachmittag auf dem Basar.

„Ich ... ich mußte heute abend deine Mutter bedienen", stammelte er.

Asenath versteifte sich. „Ich verstehe", sagte sie. „Und hast du deinen Dienst getan?"

Er antwortete verlegen: „Ja, das habe ich, Herrin."

Auf Asenaths Stirn erschien eine leichte Falte, und Joseph fragte sich, was sie dachte. Er fuhr fort: „Ich brachte meiner Herrin ihr Abendessen und habe serviert, während sie aß. Dann habe ich abgeräumt und bin wieder gegangen. Also habe ich meinen Dienst getan."

Sie schien erleichtert zu sein, als sie jetzt antwortete: „Dann ist es ja gut. Aber nun solltest du in die Küche zurückkehren."

Joseph verbeugte sich nochmals und wollte sich entfernen. Doch eine Frage von ihr hielt ihn auf: „Gefällt dir der Ausblick von dieser Loggia?" lächelte sie.

Da der Sklave nicht gleich antwortete, fuhr sie fort: „Du hast sicher noch keinen schöneren Blick irgendwo gesehen."

„Es gibt Orte, die ich weit mehr liebe", wagte Joseph zu antworten.

Sie blickte ihn staunend an. „Du? Ein Hebräer?" lachte sie. „Was könntest du schon gesehen haben, das es sich mit unserer Stadt vergleichen läßt?"

Joseph wußte, daß die Antwort, die er auf der Zunge hatte, riskant war und er sie damit verärgern konnte. Doch er wagte es trotzdem:

„Ich habe Plätze ohne Mauern gesehen", antwortete er, „Orte, wo der Wind weht, als wäre es der Atem Gottes. Ich habe die Steppe und die Weiden singen gehört und unter den Sternen des nächtlichen Himmels gesessen. Herrin, ich wünschte dir den Reichtum, daß du besitzen würdest, was ich besessen habe."

27. KAPITEL

Joseph stand an der Hinterwand von Ons großem Zentraltempel, der dem Sonnengott Ra gewidmet war. Es war der Haupttempel des Ra-Kultes für ganz Ägypten. Er sowie alle anderen Sklaven aus Potiphars Haus mußten anwesend sein beim Empfang des Pharaos, der jeden Augenblick eintreffen konnte.

Jedes Jahr, so hatte Phineas ihm erklärt, kam König Timaeus in den Tempel, und zwar unmittelbar nachdem er in On eingetroffen war. Hier empfing er den Segen des Hohenpriesters, und damit des Gottes, für ein weiteres Regierungsjahr.

Von allen üblen Erfahrungen, die der Sohn Jakobs bisher in Ägypten machen mußte, war diese nun die schlimmste. Denn für jemand, der Jahwe im Herzen trug, war es eigentlich undenkbar, an einer solchen heidnischen Zeremonie teilzunehmen.

Joseph spürte die Kälte der steinernen Mauer des Tempels in seinem Rücken, denn es war kühl in der hohen Säulenhalle des heidnischen Heiligtums.

Hochgewachsene Tempelsklaven mit langen Bärten — die Sklaven des Tempels waren die einzigen, deren Haar nicht geschoren wurde — betraten durch ein Tor an der Rückwand die große Halle. In ihren Händen trugen sie schön gearbeitete große brennende Wachskerzen. Sie gingen auf das Podium zu, das an der Vorderwand der Halle stand. Ihnen folgten bartlose Eunuchen in weißen Gewändern. Diese Eunuchen trugen Handtrommeln und Tamburins, die sie im gleichen Takt spielten wie die Kerzenträger gingen.

Schon im Laufe des Tages hatte es den großen Einzug des Pharaos in die Stadt On gegeben. Mit vielen Prunkkutschen, prächtig gekleideten Soldaten, die auf ebenso schönen Pferden saßen, und tanzenden Mädchen war der Herrscher Ägyptens eingezogen. Die Tempelprozession an diesem Abend war kürzer und einfacher, sollte sie doch nur dem heiligen Zweck der erneuten Segnung Pharaos dienen. Hinter den Eunuchen folgten nun nur noch einige Sklaven mit Trompeten, die mit schmetternden Signalen das Kommen des Königs ankündigten.

Als Joseph den Pharao Timaeus erblickte, lief es ihm kalt den Rücken hinunter. Er war ein Riese von Gestalt. Noch ein ganzes Stück größer als Joseph selbst. Es schien so, als wolle er auch mit seiner Größe und imposanten Statur seine Position als Herrscher der Welt verkörpern. Er trug die rot-weiße Doppelkrone Ägyptens, ein breiter Umhang aus Goldfäden fiel über seine Schultern, und auf seiner breiten nackten Brust hing ein großes Sonnensymbol des Gottes Ra mit den Falkenflügeln.

Sein Gesicht war kalt wie Eisen, und seine Gesichtszüge waren unbarmherzig hart. Er schien seinen Ruf als ein rücksichtsloser und gewalttätiger Herrscher wohl zu verdienen.

Mit wohleinstudierten zeremoniellen Schritten ging er auf das Podium zu, begleitet von hohen Würdenträgern des Reiches. Gewöhnlich ließ der Pharao sich von Sklaven in einer schön gearbeiteten und reich verzierten Sänfte tragen. Doch hier, im Haupttempel Ra's, ging auch er zu Fuß wie alle anderen.

Der König schaute weder rechts noch links, sondern hatte seine Augen fest auf den Altar gerichtet, der auf dem Podium stand. Er stieg auf das Podium und trat vor den Altar. Im gleichen Augenblick kam Potiphar hinter dem Vorhang hervor, der die Rückwand des Podiums bildete.

Seit Joseph als Sklave in Potiphars Haus war, hatte er ihn nur sehr selten zu sehen bekommen. Als er ihn jetzt betrachtete, fand er an ihm dieselbe ruhige Würde und Freundlichkeit, die ihm damals schon auf dem Basar aufgefallen war, als Potiphar ihn gekauft hatte.

Die Segnungszeremonie war nur kurz. Unter dem leisen Klang der Trommeln stiegen die Sklaven mit den Kerzen auf das Podium und entzündeten ein Feuer auf dem Altar. Dann traten sie wieder hinunter. Potiphar ergriff eine goldene Schale und goß daraus Blut eines frisch geschlachteten Tieres in das Feuer, so daß beißender Qualm zur Decke hinaufstieg, der einen durchdringenden lästigen Geruch verbreitete.

Unzählige Male hatte Joseph zugeschaut, wenn sein Vater vor den Altären, die er unter freiem Himmel baute, wo immer er hinzog, eine ähnliche Zeremonie durchführte. Doch wenn er das tat, hatten sie dabei Loblieder zur Ehre Jahwes gesungen. Potiphar hingegen sang, begleitet von den Eunuchen, eine Hymne zur Verherrlichung des Sonnengottes Ra.

Nun verbeugte sich der Pharao tief vor dem Altar, um den Segen zu empfangen.

Josephs innere Ablehnung der heidnischen Zeremonie wäre wahrscheinlich nicht ganz so stark gewesen, wenn jetzt nicht auch noch Asenath auf der Szene erschienen wäre. Wahrscheinlich auf ein bestimmtes Wort ihres Vaters hin trat nun auch sie hinter dem Vorhang hervor und stellte sich neben den Oberpriester.

Potiphar wies mit großartiger Geste und einer leichten Verbeugung auf sie hin und erklärte, sie sei die Göttin der Weisheit, die *Tochter von Nath,* und damit die Bewahrerin der Geheimnisse des Lebens.

Der junge Hebräer war schockiert, als er Asenath auf dem Podium erblickte. Zwar hatte ihr Gesicht nach wie vor den lieblichen und unschuldigen Ausdruck, doch sie war in ein prunkvolles goldenes Gewand gekleidet, das über und über mit verschiedenen heidnischen Symbolen bestickt war. Ihre Augen, die sie fest auf den König gerichtet hielt, waren dunkler nachgezogen als üblich.

Sie trat jetzt nahe an den immer noch tief gebeugt stehenden Pharao heran und legte ihm die Hände auf den Kopf, um ihm als *Göttin der Weisheit* diese Weisheit auch für sein weiteres Regierungsjahr zu vermitteln. Denn Weisheit würde der Pharao zum Regieren brauchen, der nach ägyptischer Vorstellung auch ein Sohn der Götter und die Inkarnation des Gottes des Lichts war.

So wurden in einer symbolischen Darstellung der Gott des Lichtes und die Göttin der Weisheit vereinigt und übertrugen sich gegenseitig ihre Fähigkeiten.

Als die Zeremonie beendet war, richtete sich Timaeus wieder auf und wurde in der gleichen feierlichen Prozession, in der er gekommen war, wieder hinausgeführt zu einem weiteren Jahr der Herrschaft über Ägypten.

Als Joseph beobachtete, wie der Pharao den Tempel verließ, fragte er sich, wie dieser Unterdrücker der Menschen und Anbeter so vieler falscher Götter wohl für weise gehalten werden konnte.

Außerdem dachte er darüber nach, ob es Jahwe wohl überhaupt noch möglich sein würde, der freundlichen Asenath gnädig zu sein.

28. KAPITEL

Pharao und sein Gefolge blieben für zwei Monate in On. Mit seinem Aufenthalt in der Stadt nahmen Josephs Aufgaben sehr stark zu.

Phineas' hohe Meinung von Josephs Fähigkeiten und seine Überzeugung, der junge Mann müsse als Prinz eines hebräischen Stammes große Gaben besitzen, war durchaus nicht unbegründet. Und obwohl Tophet, der Oberaufseher, der bei solchen Gelegenheiten auch als Mundschenk des Königs dienen mußte, sich gegen Josephs Aufstieg nach Kräften gewehrt hatte, mußte auch er zugeben, daß Joseph wirklich auf vielen Gebieten sehr gut zu gebrauchen war.

Nach und nach wurde Joseph immer mehr damit beauftragt, andere Diener und Sklaven, die schon viel länger in Potiphars Haus arbeiteten, zu beaufsichtigen. Außerdem war er schon zum Haupteinkäufer des Bäckers geworden und zu seinem ersten Assistenten bei allen Festen, und ebenso zum Aufseher über Tophets Sklaven, die bei Banketten servieren mußten.

Durch die weitaus bessere Stellung, die der Hebräer nun im Haus einnahm, kam er auch häufiger mit Potiphar selbst in Kontakt. Obwohl er eigentlich für Natira gekauft worden war, wurde er nun ab und zu damit betraut, persönliche Aufträge für Potiphar zu erledigen. Und je häufiger Joseph mit dem Oberpriester zu tun hatte, um so mehr kam er zu der Überzeugung, daß dieser ihn mehr und mehr schätzen lernte.

An diesem Abend gab der Pharao ein Gastmahl für speziell ausgewählte Minister und hohe Beamte und Generäle seines Reiches. Tophet hatte bestimmt, daß Joseph ihm als erster Assistent beim Servieren zur Hand gehen sollte. Da der Oberaufseher auch noch als königlicher Mundschenk dienen mußte und seine ganze Aufmerksamkeit auf diese Pflicht zu richten hatte, oblag es Joseph, die anderen Sklaven, die mit servierten, zu beaufsichtigen. Dadurch stand auch er an der großen Festtafel immer in der Nähe von Pharao und Potiphar, die nebeneinander saßen.

Obwohl die Diener und Sklaven, die bei solchen festlichen Gelegenheiten den Servierdienst zu tun hatten, für die Unterhaltung ihrer Herren taub sein mußten, bekamen sie doch sehr viel von dem mit, was da gesprochen wurde. An diesem Abend drehte sich die Unterhaltung am Tisch um wirtschaftliche Probleme. Und Joseph lauschte mit großem Interesse, während er darauf achtete, daß die anderen Sklaven ihre Dienste reibungslos versahen.

Aus den Gesprächen war zu entnehmen, daß es in Gosen, dem fruchtbarsten Teil Ägyptens, in diesem Jahr eine sehr schlechte Weizenernte gegeben hatte. Pharao und seine Gäste diskutierten darüber, daß man den durch die schlechte Ernte fehlenden Weizen durch Importe würde ersetzen müssen.

Allerdings konnten sich seine Berater nicht darüber einigen, wo am günstigsten Weizen einzukaufen sei. Joseph fühlte, wie es ihn drängte, seine Meinung dazu zu sagen.

Einige erwähnten Gilead, wo durch Wetterbedingungen und Bodenverhältnisse immer ausgezeichneter Weizen wuchs. Doch man wußte auch, daß die Leute in Gilead von der Mißernte in Gosen erfahren hatten und daß deshalb der Weizen dort in diesem Jahr ungewöhnlich teuer war.

Gedanken wurden laut, ob man bei den Phöniziern kaufen sollte. Doch auch hier wurden Einwände erhoben. Phönizien lieferte zwar viele gute Dinge, angefangen von der berühmten Purpurfarbe von den Schnecken, über feinen Schmuck, seltene Gewürze und Parfüme und anderes, doch der Weizen von dort hatte noch nie gute Qualität.

Endlich konnte Joseph sich nicht mehr zurückhalten und murmelte leise, als spräche er nur zu sich: „Sichem!"

Potiphar, dem Josephs Stimme vertraut war, forderte ihn auf, lauter zu sprechen.

Joseph erschrak zuerst, faßte aber dann Mut und sagte: „Der Weizen aus der Gegend von Sichem wird in diesem Jahr besonders gut sein."

„Was du nicht sagst?" staunte der Priester. „Woher weißt du das denn?"

Die anderen Gäste flüsterten leise miteinander und wunderten sich über die Kühnheit des Sklaven und die Großzügigkeit des Oberpriesters.

„Es gab einen außergewöhnlich kalten Winter im Sichemtal", erklärte der junge Hebräer; dabei dachte er an die Strapazen und Kälte, als er auf der Suche nach seinen Brüdern gewesen war. „Dadurch ist der Weizen besonders kräftig geworden und wird viele und gute Frucht tragen."

Timaeus lehnte sich zu Potiphar und sprach leise mit ihm. Einer der anderen am Tisch meinte inzwischen ein wenig ironisch: „Nicht nur in Gilead, sondern in ganz Palästina ist das Wetter in diesem Jahr auch nicht besonders gewesen. Was also soll an Sichem so Besonderes sein?"

Als Joseph jetzt die Frage beantwortete, vermied er es sorgfältig, davon zu reden, daß Sichem vor einigen Jahren zerstört worden war. Noch viel weniger erwähnte er die Rolle, die sein eigener Stamm dabei gespielt hatte. Er sagte: „Die Leute im Tal sind sehr arm. Deshalb werden sie froh sein, wenn sie ein gutes Angebot gemacht bekommen und werden zu einem günstigen Preis verkaufen."

Die Gäste blickten sich gegenseitig erstaunt an. Doch der erste Frager schien immer noch nicht überzeugt zu sein.

„Der junge Sklave ist Hebräer", klärte Potiphar die Gäste jetzt auf, „er redet also von Dingen, die ihm bekannt sind."

„Na gut, meinetwegen", meinte der Zweifler überheblich. „Dann kann uns dieser Hebräer vielleicht auch erklären, was es mit der Wolle auf sich hatte, die wir im letzten

Jahr dort kauften. War es nicht Wolle von Schafen, die an der Küste des Landes auf Heideland weiden? Doch so schlechte Wolle haben wir lange nicht mehr erhalten."

„Wenn ihr wirklich gute Wolle möchtet, Herr, dann müßt ihr nicht an die Küste gehen", antwortete Joseph. „Sicher kann man dort billig einkaufen, aber nur, weil die Seeküste eigentlich kein gutes Hirtenland ist. Wenn ihr gute Wolle wollt, müßt ihr weiter nach Osten gehen, sogar noch östlicher der Gegend, in der mein Stamm weidet. Die Gegend von Zoar hat Asche im Boden, und das Gras ist dort so fett wie auf den Hängen des Libanon. Die Schafe dort werden fett, und ihre Wolle wird so fein und lang, daß sie wie Decken über ihnen hängt. Ihr werdet dort etwas mehr bezahlen müssen als an der Küste, aber das werdet ihr nicht bereuen."

Die Männer waren überrascht. Nie hatten sie daran gedacht, daß die Ebene, in der einstmals Sodom und Gomorrah gelegen hatten, überhaupt noch zu etwas zu gebrauchen sei.

Joseph, der die Verwunderung der Männer bemerkte, faßte Mut und fuhr fort: „Außerdem, ihr Herren, werdet ihr in dem Sand jener Gegend einen Schatz finden. Wenn ihr dort graben laßt, werdet ihr ganze Flächen von grünem Glas finden, das viel besser ist als alles, was die Phönizier produzieren. Es liegt dort überall verborgen, und nur die Beduinen kennen die Fundorte."

„Das ist ja sehr seltsam!" lachte der Pharao. „Und wie kommt dieses Glas nach dort?"

„Der Gott meines Volkes hat vor langer Zeit die Städte in dieser Ebene zerstört", erklärte Joseph wie selbstverständlich. „Er zerstörte sie mit Feuer und Schwefel. Dadurch ist auch jetzt noch in der ganzen Gegend Asche im Boden. Auch ließ er dabei Feuer vom Himmel fallen, welches so heiß war, daß der Sand geschmolzen wurde und dadurch das Glas entstanden ist."

Alle schüttelten die Köpfe und redeten durcheinander: „Dummes Zeug!" „Lauter Unsinn!" „Er erzählt Märchen!" konnte man rund um die Tafel hören.

„Und welcher Gott soll das sein, von dem du da redest?" fragte Timaeus spöttisch.

„Mein Gott ist der Gott der Wüste und des Meeres, der Stürme und der Städte, Er ist der Gott über die ganze Erde! Nur leider vergißt unser Volk Ihn sehr oft."

Potiphar war so verblüfft über den Mut seines Sklaven, daß er zunächst keine Worte fand. Doch als er auf der Stirn des Pharaos Zornesfalten erscheinen sah, legte er ihm beruhigend die Hand auf den Arm und sagte: „Laßt den jungen Burschen doch reden, Majestät. Ihr werdet euch doch nicht aufregen, wenn ein Schafhirte anfängt aufzuschneiden."

Der König nickte und schwieg grollend. Doch seine Minister waren nicht so leicht zu beruhigen. Sie wandten sich an Potiphar und forderten ihn erneut heraus.

„Welche Ratschläge hat euer junger Angeber noch?" spotteten sie. „Vielleicht kann er sogar unser ganzes Land retten!"

Joseph wußte, daß sie damit nicht nur wirtschaftliche Probleme meinten. Wäre er nicht um sein Leben besorgt gewesen, hätte er ihnen jetzt geraten, ihren Pharao abzusetzen und die Hyksos herbeizurufen.

Doch er fand auch jetzt noch eine Antwort auf die Frage. „Ihr Herren, ihr kauft die Pferde, die Ägypten braucht, immer bei den Midianitern. Aber ich wüßte einen noch besseren Platz", sagte er zurückhaltend und respektvoll.

Wieder lachten sie höhnisch. „Wir haben unsere Pferde immer in Midian gekauft. Die ganze Welt weiß, daß es dort die besten gibt."

„Sie sind nicht so gut wie die Pferde der Edomiter", wandte Joseph ein. Dabei dachte er an Esaus großartige Herden. „Die Pferde am Jordan werden in der Steppe und mit wildem Weizen aufgezogen. Sie sind schnell, ausdauernd und doch sehr leicht zu zähmen. Und wenn sie erst zugeritten sind, gehorchen sie dem leisesten Zügeldruck. Sie sind die gehorsamsten Tiere, die es gibt."

Staunendes Schweigen breitete sich jetzt aus, während der junge Hebräer ihnen noch seine Kenntnisse auf anderen Gebieten mitteilte.

Tophet, der schräg hinter dem Pharao stand, hörte ungläubig zu. Was war das für ein Bursche, den er da zum Dienst in seine Küche bekommen hatte? Langsam begann er, sich um seine eigene Position zu sorgen. Und das mit gutem Grund. Denn sollten sich im Laufe der Zeit die Ratschläge dieses jungen Hebräers als richtig erweisen, dann konnte es leicht geschehen, daß er als oberster Hausverwalter eingesetzt wurde.

TEIL IV

DER ANGEKLAGTE

29. KAPITEL

Potiphar ging mit Joseph durch die Kornfelder außerhalb der Stadtmauern Ons. Die Felder rundum, die dem Oberpriester gehörten, hatten in den letzten Jahren nicht so gut getragen, wie er sich das wünschte. Nun sah er mit seinem hebräischen Sklaven zu, wie die Bauern Asche in den Erdboden einarbeiteten. Dieses Verfahren war neu für Potiphar. Doch er machte auf Josephs Vorschlag hin einen Versuch damit.

Potiphars Gesicht war erwartungsvoll, als er sich vorstellte, wie gut die Ernte in diesem Jahr ausfallen würde.

Joseph war nun schon vier Jahre in Potiphars Haus. Er arbeitete mittlerweile für ihn mindestens ebensoviel wie für Natira. Bisher hatten alle Ideen, die er dem Priester oder seinen Ratgebern vorgeschlagen hatte, reiche Frucht getragen. Der Kauf des Sichem-Weizens hatte sich als ausgezeichneter Rat erwiesen. Dadurch war Ägypten zu einem recht günstigen Preis über das Mißerntejahr hinweggekommen.

Die Wolle von Zoar war außergewöhnlich fein, genauso wie der Hebräer es gesagt hatte. Und mittlerweile hatte der Pharao auch begonnen, die meisten seiner Pferde in Edom zu kaufen.

Bei diesem letzten Vorschlag hatte Joseph noch an Dinge gedacht, die er nicht erwähnte. Er wußte: Wenn es Esau gut ging, würde auch sein Bruder Jakob davon profitieren, denn die beiden Stämme arbeiteten eng zusammen; und was dem einen an Gutem oder Schlechtem widerfuhr, davon bekam der andere immer sein Teil ab.

Joseph hatte Potiphar nie etwas von seiner Familie erzählt. Wann immer er gefragt wurde, bezeichnete er sich als einen *Hebräer,* ohne dabei zu erwähnen, von welchem Stamm er kam. Und sein Herr, der die persönlichen Angelegenheiten seines Sklaven respektierte, hatte ihn nie gezwungen, darüber zu reden.

Als sie an diesem Tag durch die Kornfelder gingen, legte Potiphar vertrauensvoll seine Hand auf Josephs Arm. „Du bist für mich wirklich ein großer Segen in vielen Dingen", sagte er. „Habe ich dir das eigentlich schon einmal gesagt?"

„Ja, Herr, schon oft", antwortete Joseph lächelnd.

Einige Augenblicke schwieg Potiphar, tief in Gedanken versunken, ehe er fortfuhr: „Manchmal denke ich fast, du seist der Sohn, den ich nie hatte. Es scheint so zu sein, als ob alles, was ich in deine Hand gebe, besser gedeiht als alles andere."

Joseph fühlte sich geschmeichelt. Doch er wurde bei diesen Worten auch an seinen wirklichen Vater Jakob erinnert und an das gute Verhältnis, das er immer zu ihm hatte, und das machte ihn ein wenig traurig.

„Es ist wirklich erstaunlich, wie erfolgreich du bist", sagte Potiphar kopfschüttelnd. „Manchmal meine ich, daß der Gott, an den du glaubst, auch so groß sein muß wie unser Sonnengott."

Joseph spürte am Klang der Stimme Potiphars, daß diese Erklärung ein wenig scherzhaft gemeint war. Doch er nahm sie ernst, weil er das so wollte, und antwortete: „Herr, bei allem Respekt, den ich dir gegenüber habe, muß ich doch sagen: Mein Gott ist viel größer, denn Er hat ja die Sonne und den Mond und die Sterne und alles andere geschaffen."

Bei diesen Worten mußte Joseph an die Vision denken — oder war es nur ein Traum gewesen? —, die er in jener Nacht gehabt hatte, als er in die Gemeinschaft der Männer des Stammes aufgenommen wurde. Damals hatten sich die Sonne, der Mond und elf Sterne vor seinem Stern verbeugt. Waren das alles nur Einbildungen übersteigerter Phantasie und eines stolzen Herzens gewesen? Wenn er auch versuchte, so wenig wie möglich an diese Dinge aus einer glücklichen Vergangenheit zu denken, so tauchten sie doch von Zeit zu Zeit auf und machten sein Herz traurig.

Doch sein Herr schien nicht zu bemerken, welche Gefühle ihn bewegten. „Ich sollte eigentlich zornig werden, wenn du so zu mir sprichst", seufzte er. „Doch solange dein Glaube dich nicht hindert, für mich so gute Arbeit zu tun wie bisher, gelingt mir das einfach nicht."

Diese Einstellung zeigte deutlich die Liberalität, die in Ägypten im Blick auf ihre Religion herrschte. Die Ägypter akzeptierten fast die Religion aller Götter, und sie hatten tatsächlich auch viele Tiere den verschiedenen Göttern zugeordnet und sie für heilig erklärt. Es gab bei ihnen sogar einen Krokodil-Gott. Joseph wäre vielleicht über die religiöse Weitherzigkeit des Priesters erstaunt gewesen, hätte er nicht mittlerweile begriffen, daß sie auf einem Glauben auf fast unzählige Götter, Hauptgötter und Nebengötter, beruhte.

Potiphar schwieg wieder eine ganze Weile. Er schien nach Worten zu suchen. Endlich begann er wieder: „Worüber ich mit dir eigentlich einmal reden wollte, ist deine Zukunft in meinem Haus. Siehst du das alles hier?" Er machte eine weitausholende Armbewegung über die unabsehbaren Felder, die sich rundum erstreckten. „Das alles stelle ich nun hiermit unter deine Aufsicht, und meinen ganzen Haushalt dazu. Von diesem Tag an sollst du mein Oberhaushalter sein und alle meine Geschäfte führen. Ich habe mir schon lange gewünscht, einen solchen Mann zu finden, denn nun kann ich mich ganz beruhigt meinen Studien und religiösen Aufgaben noch mehr widmen als bisher. Was eigentlich auch meine Aufgabe ist. Niemand in meinem Haus soll noch über dir stehen, sondern alle haben ab jetzt dir zu gehorchen. Bist du damit zufrieden, und gefällt es dir?"

Gefiel es ihm? Joseph starrte Potiphar an, als habe er nicht richtig verstanden, was er eben gehört hatte. Denn das konnte ja nicht wahr sein!

„Herr", stammelte er, als er wieder Worte fand, „wie soll das denn möglich sein? Ich bin doch nur ein Sklave — eben ein Ding, das man kaufen und verkaufen kann!"

„Halt, Joseph!" unterbrach Potiphar ihn, „sprich nicht wieder so von dir. Von heute an bist du kein Sklave mehr, sondern der Oberaufseher meines Haushalts, und all meines Besitztums."

Mittlerweile waren sie wieder zur Fahrstraße gekommen, wo Potiphars Kutsche auf sie wartete. Sie stiegen ein, und der Kutscher lenkte die Pferde zurück zum Palast.

Der junge Hebräer saß schweigend neben seinem Herrn. In Gedanken war er immer noch dabei, das zu verarbeiten, was er soeben erfahren hatte. So wurde ihm auch nicht recht bewußt, daß sie sich schon der Akropolis näherten und der schöne Palast des Oberpriesters mit all seinen Nebengebäuden vor ihnen lag.

„Schau es dir an", riß Potiphar den jungen Mann aus seinen Gedanken und deutete auf seine beeindruckende Residenz, „das alles lege ich in deine Hände. Alles, was du sagst, soll geschehen und kein Bereich meines ganzen Haushalts soll ausgeklammert sein."

In diesem Augenblick veränderten sich die Gesichtszüge des Priesters und schienen sich an einem Punkt festzusaugen. Als Joseph seinen Blicken folgte, sah er Natira, die auf dem vor ihren Räumen liegenden Balkon saß und sich von einer Sklavin ihr prächtiges Haar neu herrichten ließ.

„Wie ich schon sagte, soll mein ganzes Haus unter deiner Aufsicht stehen", wiederholte Potiphar, „ausgenommen Natira."

Joseph wollte kaum glauben, was er da hörte. Daß sein Herr überhaupt auf den Gedanken kommen konnte, er könnte ihn in einer solchen Weise hintergehen, traf ihn wie ein Schock. Doch er sagte nichts, da er bemerkte, mit welch liebevollen Blicken der Priester seine Frau beobachtete.

„Sie ist mir lieb wie mein eigenes Leben, Joseph", flüsterte er. „Sie ist mein Leben!"

30. KAPITEL

Es vergingen nahezu weitere sieben Jahre, in denen Joseph in Frieden und ohne größere Ärgernisse seinen Aufgaben in Potiphars Haus in aller Treue nachging. Das Vermögen des Hohenpriesters hatte sich unter der fähigen Verwaltung des Hebräers mehr als verdoppelt, und jeder, der einmal Fragen oder Schwierigkeiten hatte oder mit einem Problem nicht fertig wurde, kam zu Joseph, um ihn um Rat zu fragen.

Sogar Tophet verbeugte sich respektvoll vor dem jungen Mann, weil er dessen Fähigkeiten anerkannte, obwohl er sich immer noch nicht ganz damit abgefunden hatte, daß er durch ihn vom ersten Platz in der Hausverwaltung verdrängt worden war.

Schon bald nach der Aufhebung von Josephs Sklavenstatus durch Potiphar hatte dieser ihn ermutigt, sein Haar und seinen Bart wieder wachsen zu lassen. „Du könntest dein Haar ja in ägyptischer Weise tragen", hatte er vorgeschlagen, „aber laß dich nicht mehr kahl scheren."

Joseph trug prachtvolle Gewänder, pflegte seinen Bart sorgfältig, und seine schwarzen Locken hingen ihm wieder bis auf die Schultern herab. Seine Kleidung bestand aus den kostbarsten Stoffen und war an den Rändern und am Kragen überall mit breiten blaßvioletten Borten — der Farbe seines Herrn — abgesetzt.

Es war ein besonders schöner Abend, und ein leichter Wind wehte vom Fluß herüber durch Haus und Garten. Joseph mußte wieder einmal in besonderer Weise an die Weite und Einsamkeit der Steppen und Weidegebiete Palästinas denken und an die Freiheit, die das Nomadenleben auszeichnete. Doch stets wurde er ein wenig getröstet, wenn er an seine eigenen schönen Räume hier im Palast dachte, in die er sich zurückziehen konnte, wenn er allein sein wollte.

Von den Fenstern seiner Räume aus, die in der obersten Etage lagen, hatte er einen großartigen Ausblick nach Norden und konnte weit über die Stadt hinweg bis in die Steppe hinausschauen. Oft tat er das und träumte dabei von der Zeit, da er zum Stamm seines Vaters würde zurückkehren können.

Gewiß, er war ein freier Mann, kein Sklave mehr. Er hätte deshalb sein Recht fordern können, das Land zu verlassen. Doch er hatte im Laufe der Zeit Potiphar immer mehr schätzen gelernt und glaubte, sein Dienst hier sei wichtig.

Außerdem spürte er in seinem Inneren, daß die Zeit für seine Heimkehr noch nicht gekommen war, sondern daß Gott noch einen Plan mit ihm hier in Ägypten hatte. Er konnte zwar nicht sagen, woher dieses Gefühl kam, aber es war einfach vorhanden. Sein Vater war sicher überzeugt davon, er sei längst tot. Auch seine Brüder wünschten sich das wahrscheinlich. Sicher hatten sie ihrem Vater nie erzählt, wie grausam sie ihn behandelt hatten. Doch wie immer es seiner Familie auch gehen mochte, jedesmal wenn er an die Heimkehr dachte, hielt ihn irgend etwas auf.

An diesem Abend dachte er über die vor ihm liegenden Ereignisse nach. In einer Woche würden es genau sieben Jahre sein, daß Potiphar ihn zum Oberaufseher seines Haushalts gemacht hatte. Der Oberpriester plante für diese Gelegenheit ein großes Fest zu Josephs Ehren und hatte seinem treuen Verwalter gesagt, er solle ernstlich über seine Zukunft nachdenken, denn er solle anläßlich dieses Festes eine besondere Belohnung erhalten. Joseph sollte sich bis zum Zeitpunkt des Festes gut überlegen, welchen Wunsch er erfüllt haben wollte.

Vor Jahren, als Potiphar dem jungen Hebräer diese Position übertrug, hatte er ihm gesagt, daß ihm nichts in seinem Haus vorenthalten würde, ausgenommen seine Frau Natira.

Doch es gab eigentlich nichts, was ihm fehlte, mußte Joseph sich sagen, als er jetzt über Potiphars großzügiges Angebot nachdachte; nichts, außer daß ihm die Gemeinschaft mit seiner eigenen Familie fehlte. Er wußte nicht, was er sich erbitten sollte und machte sich deshalb ernstlich Gedanken, weil er die Großzügigkeit seines Herrn nicht enttäuschen wollte.

Während Joseph nachdenklich auf die im letzten Sonnenlicht liegende Steppe hinausblickte, nahm er im unter ihm liegenden Palastgarten eine Bewegung wahr. Als er seine Aufmerksamkeit darauf richtete, sah er, daß Asenath den Garten betreten hatte. Und nach all den Jahren begann sein Herz immer noch schneller zu klopfen, wenn er sie erblickte.

Immer wieder hatte er versucht, die Gefühle, die er für Asenath empfand, aus seinem Herzen zu vertreiben, doch es war ihm bis heute nicht gelungen; im Gegenteil: die Liebe zu ihr wurde in ihm immer stärker.

Obwohl sie sich nur selten einmal allein begegneten, war jede dieser Gelegenheiten bereichert worden durch feine Unterhaltungen und ein seltsames Gefühl der Übereinstimmung, das zwischen den beiden zu bestehen schien.

Asenath war kein Mädchen mehr, sondern sie war voll erblüht zu einer wunderschönen jungen Frau. Großgewachsen und schlank und von großer Freundlichkeit, erregte sie das Aufsehen eines jeden Mannes. Doch obwohl schon viele vornehme und reiche Ägypter um sie geworben hatten, war sie bis heute unverheiratet geblieben.

Joseph zog es nun unwiderstehlich hinunter in den Garten. Er hoffte, Asenath noch allein zu treffen und ein wenig mit ihr plaudern zu können. Und richtig, als er eine große Hecke voller Blüten umrundete, sah er Asenath vor sich auf einer Bank sitzen. Sie war allein.

Wie immer, wenn sie sich begegneten, ging ein Leuchten über ihr Gesicht. „Joseph!" rief sie freudig überrascht. Als er jetzt vor ihr stand, lud sie ihn mit einer Handbewegung ein: „Komm, setz dich doch!"

Mit einer Verbeugung nahm der Hebräer neben ihr Platz, und die beiden sahen sich einige Augenblicke schweigend an. Endlich begann Asenath: „Vater sagte, es wird nächste Woche ein Fest geben, um dich zu ehren, weil du nun sieben Jahre diesen Dienst verrichtest. Du mußt doch recht stolz darauf sein."

Joseph meinte lächelnd: „Dein Vater ist sehr freundlich zu mir."

„Das ist nicht Freundlichkeit", widersprach Asenath, „sondern Dankbarkeit für deine treuen Dienste. Niemand verdient eine solche Ehrung mehr als du. Vater wäre sehr unaufmerksam, wenn er all deine Verdienste, die du dir um seinen Haushalt erworben hast, nicht bemerken würde."

„Dein Vater ist immer sehr großzügig zu mir gewesen, Herrin", sagte Joseph mit einer leichten Verneigung. „Doch ich freue mich besonders, wenn du dich auch darüber freust."

Asenath nickte und blickte schweigend in den Garten hinein. Endlich begann sie wieder: „Vater möchte, daß du an diesem Abend auch einige Worte zu unseren Gästen sagst. Wirst du dann auch von deinem Gott sprechen?"

Joseph wurde von dieser Frage völlig überrascht und mußte eine Weile überlegen. Nachdenklich wiegte er den Kopf hin und her und meinte: „Warum nicht, wenn es bei dieser Gelegenheit passend ist und niemand verärgert wird. Aber warum fragst du?"

„Du erwähnst deinen Gott recht oft, deshalb würden viele hier gern mehr über Ihn hören", gestand Asenath.

Joseph hörte ihrer Stimme an, daß hinter dieser Bemerkung mehr als bloße Neugier verborgen war. „Gehörst du auch zu denen, die gern mehr von Ihm hören würden?" Gespannt wartete er auf ihre Antwort.

„Mein Vater hat mich gelehrt, die Göttin der Weisheit zu repräsentieren", sagte sie und begann nervös mit ihrem breiten Armband zu spielen. „Ich habe gemeinsam mit ihm in den Bibliotheken von On Studien betrieben und bin mit vielen Gebeten zur Göttin der Weisheit aufgewachsen."

Joseph hörte achtungsvoll zu. „Man kann über göttliche Dinge wirklich sehr viel lernen", stimmte er zu. „Doch es gibt keinen Gott und keine Göttin, die dich wirklich belehren könnten. Nur der einzig wahre Gott ist es, der uns alle geschaffen hat, von dem wir die richtige Unterweisung erhalten können."

Asenath hätte nun beleidigt sein können. Doch zu seinem Erstaunen schien das nicht so zu sein. Sie legte ihm sanft die Hand auf den Arm, was einen wohligen Schauer durch seinen Körper laufen ließ.

„Wie ist der Name deines Gottes?" fragte sie. „Ich kann mich nicht erinnern, daß du ihn je genannt hättest."

Joseph schüttelte seufzend den Kopf: „Ich weiß es nicht", gestand er. „Wir nennen Ihn *Jahwe, das heißt der Herr*. Doch soweit ich weiß, gibt es keinen Mann und keine Frau auf der Erde, die je seinen Namen gehört hätten."

Er wußte, daß dies einer Ägypterin seltsam vorkommen mußte und daß dadurch sein Zeugnis vielleicht unglaubwürdig wurde.

„Ich weiß nur, daß mein Vater, mein Großvater, mein Urgroßvater und auch ich Ihm begegnet sind", fuhr er fort. „Er kann die Herzen der Menschen bewegen — und ich glaube, Er ist gerade jetzt dabei, es bei deinem Herzen zu tun, Asenath. Ist es nicht so?"

Die junge Frau schien gefesselt zu sein von Josephs Worten und war nicht in der Lage, das zu verleugnen. Sie nickte bestätigend auf Josephs Frage.

Joseph neigte sich noch näher zu ihr und blickte ihr tief in die Augen. Er wußte jetzt, was er von seinem Herrn erbitten würde. Diese junge Frau hatte einen ihm verwandten Geist, und er sehnte sich danach, sie sein eigen zu nennen.

Vorsichtig legte er seinen Arm um ihre Schulter. Sie kam ihm entgegen und schmiegte sich an ihn. Josephs Herz schmerzte vor Verlangen, sie zu besitzen. Und als sich jetzt ihre Lippen begegneten, träumte er davon, daß es bald wahr werden würde.

31. KAPITEL

Es gab eigentlich nur einen Punkt, der Joseph in seiner besonderen Stellung im Hause Potiphars immer wieder Kummer machte. Seine Aufgaben brachten es mit sich, daß er fast täglich mit Natira in Kontakt kam.

Obwohl sie ihn seit jenem Abend vor vielen Jahren, als sie ihm befohlen hatte, ihr das Abendessen zu servieren, nie wieder berührt hatte, hatte sie ihm immer wieder auf vielerlei Weise zu verstehen gegeben, daß sie sich von ihm angezogen fühlte. Und das belastete ihn manchmal.

Doch im allgemeinen war Joseph guter Laune, wenn er seinen täglichen Aufgaben nachging. Besonders an diesem Tag war sein Herz froh.

Hatte er sich vorher vor dem Fest ein wenig gefürchtet, so konnte er es jetzt kaum mehr erwarten, weil er bei dieser Gelegenheit ja Potiphar um die Hand von Asenath bitten wollte. Der Kuß vom Abend zuvor hatte ihm bestätigt, daß auch die junge Frau ihn mochte. Doch er mußte erst die Gewißheit haben, daß ihr Vater dieser Verbindung zustimmte.

Als Phineas an die Tür von Josephs Büro klopfte, war dieser dabei, die Zahlen auf mehreren Papyrusrollen durchzurechnen. Des Bäckers bedrücktes Gesicht wollte so gar nicht zu der guten Laune des jungen Mannes passen.

„Was gibt es, mein Freund?" fragte er. „Der Tag ist doch viel zu schön, um so niedergeschlagen zu sein."

„Sicher, du hast ja recht, Herr", stimmte Phineas zu. „Ich hoffe nur, daß meine Nachricht dir keinen Kummer bereitet."

„Da müßte es schon sehr schlimm kommen, wenn ich mir diesen Tag verderben ließe", lachte Joseph. „Ich sehe eine schöne Zukunft vor uns liegen. Ja, Phineas, ich werde bei dem Fest nicht nur meinen Wunsch vortragen, wie unser Herr das möchte, sondern ich werde bei ihm gleichzeitig auch für dich und Tophet um Anerkennung und Ehrung bitten."

„Du bist sehr freundlich", sagte der Bäcker und verbeugte sich. Doch die Sorgenfalten wollten nicht von seiner Stirn weichen. „Es scheint so, daß nicht nur Potiphar dich belohnen will. Unsere Herrin Natira bittet darum, daß du sie in ihren Räumen aufsuchst, denn ... sie möchte dich ebenfalls ehren."

Nun runzelte auch Joseph die Stirn und schüttelte ablehnend den Kopf. „Na ja", seufzte er und legte die Papyrusrollen beiseite, „das Schlimmste was passieren kann ist, daß sie sich wieder über mich ärgern wird."

Phineas stimmte zögernd zu. „Sicher, Herr", nickte er und bemühte sich, ein Lächeln zu produzieren. „Doch sei bitte sehr vorsichtig."

✲ ✲ ✲

Joseph hatte sich nie an die Art gewöhnen können, wie Natira auf ihrem Diwan lag. Sie war sehr begabt darin, sich auf diese Weise zu produzieren. Joseph wurde dabei immer an eine Schlange erinnert, die auf ihr Opfer wartete.

Im Laufe der Jahre hatte er gelernt, sich ihren Annäherungsversuchen zu entziehen. Er reagierte einfach nicht auf ihr verführerisches Lächeln und auf ihre anzüglichen Bemerkungen und tat jedesmal, als sei überhaupt nichts gewesen. Solange sie ihn nicht berührte, konnte er auch um sie herum seinen Dienst tun und all ihren Versuchen mit freundlicher Zurückhaltung begegnen.

Doch heute schien sich Natira besondere Mühe gegeben zu haben, all ihre verführerischen Fähigkeiten spielen zu lassen. Als Joseph den Raum betrat, sah er sie in einer noch herausfordernden Weise auf dem Diwan liegen als je zuvor.

Und als er sich nun mit einem schnellen Blick im Zimmer umsah, wäre er fast zusammengezuckt. Denn sie waren allein! Da standen keinen Sklaven in den Ecken, und auch Natiras Zimmersklavin war nirgends zu sehen.

Vielleicht will Natira es heute auf direkte Weise versuchen, da all ihre anderen Bemühungen keinen Erfolg hatten, dachte Joseph, der erkannte, daß sie ihre Absichten noch nie so offen gezeigt hatte wie jetzt.

Verführerisch lächelnd blickte sie ihn an und flüsterte: „Komm, setz dich zu mir!" Dabei rückte sie noch ein wenig beiseite und klopfte mit der Hand auf die Polsterung. „Du bist ein allseits geehrter Diener. Also will ich dich auch belohnen."

Joseph spürte, wie ihm die Röte ins Gesicht stieg. „Herrin", stammelte er, „sage mir, womit ich dir zu Diensten sein kann ... was ich für dich tun kann?"

Natira schien die Frage falsch verstanden zu haben, dachte Joseph, denn sie streckte ihre Hand nach ihm aus.

„Kann ich dir vielleicht etwas bringen, Herrin?" murmelte er.

„Du fürchtest dich doch nur vor Potiphar", versuchte Natira ihn zu überreden. Doch habe keine Angst, der Herr ist weggegangen und wird erst gegen Abend zurück sein."

Sie räkelte sich jetzt auf dem Diwan wie eine Katze, wobei ihr Gewand sehr weit nach oben rutschte. „Komm", forderte sie nochmals und klopfte auf das Polster, „lege dich neben mich."

Josephs Gesicht brannte, doch es gelang ihm, seine Würde zu bewahren.

„Herrin", erklärte er, „mein Herr Potiphar ist mehr als mein Herr, er ist mir fast wie ein Freund und Vater. Er hat mich zum obersten Aufseher über sein ganzes Haus gesetzt und vertraut mir in allen Dingen. Es gibt außer ihm niemand, der in diesem Haus noch über mir steht. Und er hat mir alles in meine Hände gelegt. Ausgenommen nur dich, weil du ja seine Frau bist. Wie sollte ich denn nun ein solch großes Übel tun und gegen Gott sündigen?"

Mit geballten Fäusten hatte er vor ihr gestanden, als er diese Worte sagte. Nun wandte er sich um und ging zur Tür. Sein Herz pochte heftig, als er so schnell er konnte die Räume dieser Frau verließ, um sich inmitten der Dienerschaft sicher zu fühlen.

Nie würde er irgend jemandem etwas von Natiras Vorhaben erzählen. Aber er würde auch nie wieder allein ihre Räume betreten, das nahm er sich fest vor.

32. KAPITEL

Nur zwei Tage verblieben noch bis zu dem Fest. Und obwohl es ja zu Josephs Ehren stattfand, hatte er doch sehr viel Arbeit mit allen Vorbereitungen. Als oberster Aufseher war er doch am Ende für alles verantwortlich und durfte nichts übersehen und nichts vergessen.

Schon seit dem frühen Morgen ging er durchs ganze Haus. Er kontrollierte, ob die Zimmersklavinnen alle Gästezimmer ordentlich hergerichtet hatten, ob in Haus und Hof alles in Ordnung gebracht wurde, ob genügend Geschirr für die festliche Tafel vorhanden war, kümmerte sich darum, daß der echte Blumenschmuck vorbereitet wurde und fragte in der Küche nach, ob alles in Ordnung war. Auch an Musiker und Tänzer und alles andere, das zur Unterhaltung der Gäste diente, mußte gedacht werden.

Obwohl es eigentlich noch nicht die übliche Zeit war, zu welcher der Pharao nach On kam, würde er diesmal extra des Festes wegen früher eintreffen. Schon dadurch allein fiel noch reichlich zusätzliche Arbeit an.

All diese vielen Aufgaben halfen Joseph, den unangenehmen Zusammenstoß mit Natira zu vergessen, und sie halfen ihm auch, ihr aus dem Weg zu gehen.

Die wenigen Male, die sie sich an diesem Tag begegneten oder wenn er doch zu ihr gehen und etwas mit ihr besprechen mußte, waren immer andere dabei, so daß sie sich damit zufrieden geben mußte, ihm böse Blicke zuzuwerfen.

Er hoffte, daß es vor dem Fest keinen weiteren Zwischenfall mit ihr geben würde. Wenn Potiphar erst eingewilligt hatte, ihm Asenath zur Frau zu geben, würde Natira ihre Versuche sicherlich aufgeben.

Es war ein außergewöhnlich heißer Tag für die Jahreszeit. Joseph hatte gerade draußen im Hof die Anlieferung von Vorräten für das Fest überwacht, nun eilte er schon wieder zu einer anderen Aufgabe, die er in seinem Büro erledigen mußte.

Potiphar und seine Beamten hatten an diesem Nachmittag eine Besprechung, bei der es um politische Dinge ging, die mit dem Wohl Ägyptens zu tun hatten. Der Bäcker und der Mundschenk waren mit den Sklavinnen in den Küchenräumen, und die männlichen Sklaven befanden sich fast alle auf den Feldern.

Die meisten Vorbereitungen waren schon beendet, deshalb war es im Haus relativ ruhig. In Joseph begann sich gerade ein Gefühl der Entspannung zu regen.

Als er jetzt den Gang zu seinem Büro entlangging, hörte er plötzlich, wie jemand seinen Namen flüsterte. Er drehte sich um, weil er meinte, die Stimme hinter sich gehört zu haben, und zuckte entsetzt zusammen, als aus einer Nische Natira in den Gang trat.

„Joseph", gurrte sie wieder, dabei begann sie ihre Spange zu lösen, die ihr Gewand an der Schulter zusammenhielt, so daß ihr Kleid nun nach unten zu rutschen begann.

Völlig verwirrt stand Joseph wie erstarrt. Seine Gedanken rasten. Wie konnte er entkommen? Nach hinten ging es nicht, denn sein Büro war das letzte im Gang. Er mußte also an der Frau vorbei, wenn er fliehen wollte.

Da trat Natira auf ihn zu und legte ihm den Arm auf die Schulter. „Komm mit mir in meine Räume", forderte sie und wollte ihn an sich ziehen.

„O Herr, Jahwe, hilf mir!" rief er und stieß sie grob beiseite, um davonzurennen.

Doch Natira ließ ihn nicht los, sondern griff auch noch mit der anderen Hand zu, obwohl dadurch ihr Obergewand zu Boden glitt. Als Joseph trotzdem weiterrannte, zerriß sein Umhang und blieb in Natiras Händen zurück.

Joseph rannte blindlings auf den Hof hinaus. Doch hinter sich hörte er die zornigen und haßerfüllten Schreie der Frau: „Hilfe! Überfall: Helft mir, man will mir Gewalt antun! Wachen! Wachen!"

33. KAPITEL

Joseph lag in einem ohnmachtähnlichen Schlaf und träumte, seine Brüder hätten ihn in die Zisterne in der Steppe geworfen, und da läge er nun und müsse sterben. Keine Sonne schien auf ihn herab, doch sein Leben schien aus ihm herauszufließen wie der Schweiß aus einem Fieberkranken.

In seiner Qual blickten seine träumenden Augen zum Rand der Zisterne und hofften, den alten Hirten dort zu sehen. Vielleicht würde sein Anblick ihm neue Hoffnung bringen. Doch er war nirgends zu sehen.

Träumend vernahm er, wie aus der Steppe die Geräusche der nahenden Karawane immer lauter wurden, und er spürte Erleichterung, weil er hoffte, aus dem Loch befreit zu werden. Doch als er jetzt aus seinem Schlaf auffuhr, merkte er bald, daß die Geräusche nichts mit Wagenrädern zu tun hatten, sondern daß es der Hall der Schritte der Wachen draußen auf dem Gang vor den Gefängniszellen war.

Als er sich jetzt mit steifen Gliedern aufrichtete und gegen die feuchte Wand von Potiphars Gefängnis lehnte, zuckte er zusammen, als er die Kette bemerkte, die um seine Füße lag.

Draußen gingen die Wachen an seiner Zelle vorüber. Er rief sie an: „Schickt zu meinem Herrn Potiphar", schrie er, „gewiß wird er anhören, was ich zu meiner Verteidigung zu sagen habe, denn ich bin unschuldig! Ruft Phineas, er wird bezeugen, daß ich nichts Böses getan habe!"

Doch niemand ging auf sein Flehen ein. „So, so, jetzt haben wir also den berühmten Hebräer auch hier", spotteten die Wachen und freuten sich über seine Erniedrigung. „Es ist schon besser, daß du nun wieder nur ein Sandfloh bist."

Die sinnliche Natira stand vor seinen Augen. Er mußte daran denken, wie sie ihn mit entrüsteten Worten beschuldigen würde und ihm so jede Hoffnung nahm. Ihm war klar, daß sie ein Lügengewebe gesponnen hatte, in dem er nun wahrscheinlich für immer gefangen war.

Ganz deutlich konnte er sich vorstellen, was geschehen war. „Seht her!" würde sie gerufen haben, als die Wachen und die Dienerschaft auf ihr Geschrei hin herbeieilten. „Seht her, ich habe sein Gewand noch in meiner Hand! Ich konnte es festhalten, als dieser Lüstling floh! Das beweist doch, was er versuchte, mir anzutun! Und ihr könnt daran auch sehen, wie ich mich gewehrt habe!"

Und er konnte sich auch vorstellen, wie enttäuscht und niedergeschlagen sein lieber Herr sein mußte und voller Zorn, weil er glaubte, von dem verraten worden zu sein, dem er mehr als allen anderen Menschen vertraut hatte.

Er kämpfte mit den Tränen, als er über all das nachdachte. Morgen nun würde das große Fest stattfinden, bei dem er der Mittelpunkt hatte sein sollen. Da der Pharao kam und viele andere Gäste, würde man es ganz gewiß nicht absagen. Deshalb würde Potiphar einen anderen Grund finden, um zu feiern und lustig zu sein. Licht und Lachen würden die festlich geschmückten Säle des Palastes erfüllen, während er einsam in der Dunkelheit saß und die Verzweiflung sein einziger Zellengenosse war.

Gewiß, man würde nach dem Hebräer fragen, und die Gäste würden sich wundern, warum er nicht anwesend war. Dann würde Natira ihre Geschichte erzählen, und sie würden zornig über ihn sein und ihn verachten, als wären elf Jahre treuer Dienst kein Beweis für die Lauterkeit seines Charakters.

Es wäre viel besser, wenn er sterben würde, glaubte er, als sein Leben hier in der Tiefe als Verachteter und Ausgestoßener zu verbringen. Es wäre viel besser gewesen, murrte er, er wäre niemals darüber belehrt worden, daß Jahwe ein Gott ist, der sich um die Schicksale der Menschen kümmert.

Denn Josephs Glaube war gewichen. Er konnte nicht mehr hoffen, sondern sah nur noch ewige Nacht als sein Schicksal vor sich.

* * *

Als der Abend von Josephs Fest herannahte, machte sich Tophet voller Ärger in der Küche zu schaffen und gab sich Mühe, zwei Aufgaben auf einmal auszuführen.

Er war, wie üblich, der Aufseher im Speisesaal. Doch nun mußte er auch noch Phineas Arbeit mit erledigen und die Küche beaufsichtigen, damit dort alles in Ordnung ging.

Erschöpft warf er einen Blick in die Speisekammer. Dort saß Phineas auf einem Stuhl in der Ecke und hatte einen Weinkrug in der Hand.

Als Tophet ihn in diesem betrunkenen Zustand gefunden hatte, war es Zeit gewesen, die Hauptmahlzeit zuzubereiten, damit sie zur rechten Zeit fertig war. Er hatte den Bäcker in der Speisekammer in die Ecke gesetzt und den Sklaven befohlen, sie sollten allein kochen.

Doch mittlerweile wurde Phineas aufsässig und zornig und fing an, sehr laut zu reden, wie das bei Betrunkenen häufig geschieht.

„Wir müssen ihn beruhigen", grollte Tophet und nahm ihm den Weinkrug aus der Hand. „Kocht ihm den stärksten Tee, den ihr finden könnt."

Während die Gäste langsam den Speisesaal füllten, versuchte einer der Sklaven nach dem anderen, dem Bäcker den Tee zu trinken zu geben. Doch alle Bemühungen waren vergebens.

Tophet hätte alle Hoffnung aufgeben sollen, daß sein Mitarbeiter an diesem Abend noch nüchtern wurde und ihm helfen konnte. Er hätte ihn vielmehr rechtzeitig auf sein Zimmer bringen sollen, ehe er begann laut zu schreien.

Denn Phineas hatte die Phase hinter sich, wo er sich selbst bemitleidete und sich beschuldigte, er habe Joseph nicht eindringlich genug gewarnt und habe nun dessen Verderben mit verursacht.

Nein, Phineas wurde jetzt aufsässig und frech, und es war ihm gleichgültig, was mit ihm geschehen würde.

Als Tophet im Speisesaal gebraucht wurde, um den Pharao zu bedienen, hatte Phineas die Speisekammer verlassen und den Gang betreten, der zum Speisesaal führte. Die Sklaven hatten ihn nicht aufhalten können, als er jetzt zum Durchgang torkelte und laut zu schreien begann: „Potiphar ist ein Narr! Und Natira ist eine Hure! Und der Pharao ist ein König von Narren und Huren!"

Drin im Saal, von wo bisher eifrige Unterhaltung und Lachen zu hören war, wurde es still. Potiphar erhob sich und warf einen Blick auf den König. Er sah, daß dessen Gesicht schon zornrot war, und sandte sofort Wachen, die herausfinden sollten, wer für diese Beleidigungen verantwortlich war, denn nun war auch schon sein eigener Hals in Gefahr.

Als ihm berichtet wurde, der Bäcker sei betrunken und schreie draußen im Gang herum, befahl er, ihn sofort in das Gefängnis zu werfen. Als die Wachen ihn wegführten, schrie er weiter und war nicht zu beruhigen.

„Tophet ist doch der Vorgesetzte des Bäckers, ja?" fragte Timaeus seinen Gastgeber.

„So ist es", bestätigte Potiphar beklommen.

„Dann nimm ihn ebenfalls gefangen!" schrie der König. „Beide gehören sie in die finsterste Zelle deines Gefängnisses!"

34. KAPITEL

Fackelschein erhellte Josephs Zelle. Das Geräusch von Schritten und das Kreischen der Türangeln ließ ihn aus einem unruhigen Schlaf auffahren. Es gab wohl keinen Zweifel — weitere Gefangene wurden zu ihm in die Zelle gebracht.

Als er jetzt blinzelnd aufblickte, sah er im Licht der Fackeln mehrere Wachen, die zwei Männer rücksichtslos in seine Zelle stießen. Als seine Augen sich nun an das Licht gewöhnten, erkannte er in ihnen Tophet und Phineas.

Überrascht sprang er auf und sah, wie die Wachen die Tür so heftig schlossen, daß der Mundschenk des Königs sie fast ins Gesicht bekommen hätte, weil er sich noch nicht mit seiner Gefangenschaft abfinden wollte, sondern auf der Schwelle lebhaft protestierte.

Tophet trommelte mit beiden Fäusten wütend an die verschlossene Tür. „Das könnt ihr mit mir nicht machen!" schrie er. „Ich bin immer ein treuer Diener des Pharao gewesen! Vielleicht war ich in diesem Hause sogar sein treuester!"

Als Antwort waren von draußen nur die sich entfernenden Schritte der Wachsoldaten zu hören.

Phineas hingegen war noch immer betrunken. Auch die Tatsache, daß man ihn ins Gefängnis brachte, hatte ihn nicht nüchtern werden lassen. Er lehnte an der Zellenwand, ließ den Kopf hängen und murmelte unverständliche Worte.

Es war sehr düster in der Zelle, denn nur durch das Fenster in der Tür fiel ein wenig Licht von der im Gang brennenden Fackel herein. Als Tophets Augen sich an die Düsternis gewöhnt hatten, erkannte er den in der Ecke stehenden Joseph.

Seine Stimme klang wie das Knurren eines gereizten Hundes, als er jetzt sagte: „Das hat man nun davon, wenn einem Hebräer Autorität übertragen wird! Ich habe dir vom ersten Tag an nicht getraut. Zu versuchen, unserer Herrin Gewalt anzutun und dadurch das ganze Haus in Aufruhr zu bringen — und das auch noch einen Tag bevor der Pharao zu Gast kommt. Es ist erstaunlich, daß Timaeus dir nicht gleich den Kopf abschlagen ließ!"

Natürlich hatte Joseph keine Ahnung, warum die beiden nun ebenfalls in der Zelle saßen. Weil er den Grund wissen wollte, wandte er sich fragend an Phineas.

Dieser hielt sich immer noch den Kopf, schien aber doch durch die Umgebung langsam nüchtern zu werden. Er stöhnte: „Lege dir ein wenig mehr Zurückhaltung auf, Tophet, du weißt ganz genau, daß Joseph unschuldig ist."

„Und was ist mit dir?" schimpfte der Mundschenk. „Hättest du dich nicht betrunken, sondern dein loses Mundwerk besser im Zaum gehalten, säßen wir jetzt nicht hier. Aber du hast immer einen heimlichen Groll gegen Pharao Timaeus im Herzen getragen und gewünscht, daß er gestürzt wird. Ist es nicht so? Ich habe sogar den Verdacht, daß du dich auf die Seite der Hyksos schlagen würdest, wenn du eine Chance dazu bekämst."

„Oh, oh . . .", stöhnte Phineas und rieb sich seine schmerzenden Schläfen. „Joseph, komm doch einmal näher und laß dich anschauen."

„Nun habe ich dich doch noch hinter mir hergeschleppt, alter Freund", sagte Joseph, während er mühsam zu Phineas ging, seine Fußkette hinter sich herschleppend. Die beiden umarmten sich brüderlich, und Joseph meinte: „Deine Treue zu mir geht einfach zu weit, Phineas. Sieh, wohin sie dich gebracht hat!"

Doch Phineas' Lebensgeister schienen wieder wach zu werden. Er empörte sich: „Sieh dir das an, Tophet, Ketten an den Füßen unseres Herrn! Hast du etwa Zweifel, daß er unschuldig leidet? Du weißt genau, wie Natira ist."

„Sei still!" befahl Tophet. „Willst du etwa, daß sie uns noch umbringen, wenn jemand dich hört?"

„Also gibst du es zu? Du weißt, Natira ist eine..."

„Bist du endlich ruhig!" schrie Tophet. „Ich will von solchen Dingen nichts hören!"

„Jedermann weiß es". beharrte Phineas auf seinem Standpunkt. „Sogar Potiphar weiß es in seinem Herzen, will es sich aber nicht zugeben."

„Da gibt es nichts zu wissen", grollte der Mundschenk. „Halt jetzt deinen Mund, oder du bringst uns um!"

„Aha!" triumphierte Phineas. „Sieh, Joseph, er gibt es zu. Es gibt ja auch niemand im ganzen Haus, und sogar in der ganzen Stadt, der sich nicht fragt, warum Natira ihre Räume beständig mit jungen Männern füllt. Jeder weiß..."

Nun sprang Tophet auf den Bäcker los, packte ihn am Hals und würgte ihn, um ihn daran zu hindern, noch mehr zu sagen.

Trotz seiner Behinderung durch die Fußketten ging Joseph dazwischen und rief: „Wenn ihr nicht sofort aufhört, braucht ihr gar nicht erst von des Pharaos Henkern hingerichtet zu werden. Ihr werdet euch gegenseitig umbringen!"

Die beiden Kampfhähne ließen voneinander ab, und jeder ging in eine andere Ecke. Schweigen machte sich in der Zelle breit.

Joseph schüttelte den Kopf, setzte sich wieder auf seinen Platz und wunderte sich darüber, wie verkehrt und verrückt diese Welt doch sein konnte.

* * *

Das Gefängnis des Oberpriesters war kein ruhiger Ort. In den zwei Wochen, die Joseph nun schon dort war, hatte er sich an das beständige Kommen und Gehen gewöhnt.

Als Oberpriester war Potiphar auch der „Führer der königlichen Leibgarde". Das war kein militärischer Titel, sondern eher ein politischer, polizeilicher und religiöser. Es sollte damit gesagt werden, daß Potiphar verantwortlich war für das Wohlergehen des Pharaos, solange dieser sich in On aufhielt. Da der Pharao für sich in Anspruch nahm, er sei göttlicher Abstammung, fiel Potiphar die Aufgabe zu, ihn vor allen Gefahren zu beschützen.

Josephs angebliches Verbrechen hatte sich gegen Potiphars Haus gerichtet, doch Tophet und Phineas wurden als politische Verbrecher angesehen. Offensichtlich war das Gefängnis voll mit ähnlichen Unglücklichen, von denen viele ebenso unschuldig angeklagt waren wie diese drei.

Potiphar selbst kam ganz selten in das Gefängnis. Joseph hatte zwar schon oft darum gebeten, ihn sprechen zu dürfen, um ihm zu berichten, was wirklich zwischen ihm und Natira geschehen war. Doch er wußte, daß der Priester sich seinen Bericht wahrscheinlich nicht anhören würde, da er blind seiner Frau vertraute.

Das Kommen und Gehen im Gefängnis nahm immer mehr zu. Pharao war ein brutaler Tyrann und fragte bei einem Angeklagten nicht lange nach dem wahren Sachverhalt. Männer und Frauen wurden wegen der lächerlichsten Beschuldigungen eingesperrt und auch einer bloßen Laune des Königs wegen wieder freigelassen.

Als Joseph nun wieder näherkommende Schritte hörte, maß er ihnen keine besondere Bedeutung bei. Doch diesmal hielten sie vor ihrer Zellentür inne. Und als er gar noch eine Frauenstimme vernahm, richtete er sich auf und lauschte aufmerksam.

Eine Fackel wurde nahe genug an das Fenster in der Tür gehalten, damit die Zelleninsassen die Besucherin erkennen konnten. Als der Hebräer erkannte, wer draußen stand, blieb ihm fast der Atem stehen.

Er erkannte Asenaths energisches Gesicht, das durch das Fenster schaute. Und da rief sie auch schon seinen Namen. So schnell er konnte, lief Joseph zur Tür. Hinter ihm folgten Tophet und Phineas.

„Meine Herrin", rief Joseph, „was führt dich an diesen schrecklichen Ort?"

„Ich habe meinen Vater überredet, mich kommen zu lassen", sagte sie, „um dir dies hier zu übergeben." Dabei schob sie ihm durch die Fensteröffnung einen versiegelten Brief zu, der auf feinstem Papyrus geschrieben war.

Während Joseph den Brief öffnete, fügte sie hinzu: „Es war das Beste, was er für dich tun konnte. Zu mehr hat er sich nicht überwinden können."

Joseph begann zu lesen, und seine Augen wurden dabei immer größer. „Das ist doch geradezu unglaublich", schnaufte er. „Potiphar macht mich zum Aufseher über das Gefängnis, obwohl ich selbst ein Gefangener bin."

„Die Schwierigkeiten draußen werden immer größer", erklärte Asenath. „In den Kämpfen unserer Soldaten mit den Hyksos bleiben diese meist siegreich. Und sie haben überall im Land schon Verbündete, auch in On, so daß es in unserer Stadt schon zu Aufruhr und Straßenkämpfen gekommen ist. Deshalb wird Vater einen zuverlässigen Helfer brauchen, der hier im Gefängnis für Ordnung sorgt."

Phineas zupfte Joseph am Ärmel. „Hast du gehört? Die Hyksos!" flüsterte er.

„Wenn ich dich recht verstehe, hat der Pharao vor, alle, denen er nicht mehr recht trauen kann, zu verhaften", äußerte Joseph seine Vermutung. „Da wird das Gefängnis schon bald überfüllt sein."

„Aber es ist im Augenblick alles, was Vater für dich tun konnte", wiederholte Asenath nochmals.

Als Joseph sie fragend anblickte, fügte sie etwas verlegen hinzu: „Mehr kann er jetzt wirklich nicht tun, um alles wieder gutzumachen."

„Wieder gutmachen?" fragte Joseph. „Also glaubt er mir?"

„Vater war sehr zornig", erklärte Asenath, „doch in seinem Herzen weiß er ..." Sie brachte es nicht fertig, ihre Mutter offen zu beschuldigen. Doch Phineas stieß Tophet triumphierend in die Seite.

„Ach, Joseph", versicherte sie, „Vater ist nicht mehr recht froh geworden, seit du im Gefängnis bist. Er schläft schlecht und ißt kaum etwas. Doch als er dann noch hörte, daß meine Mutter ihm die Schuld für die ganze Angelegenheit gibt, hat er begonnen, ernstlich darüber nachzudenken."

„Wie könnte Natira die Schuld auf deinen Vater schieben?" staunte der Hebräer.

„Sie erzählt überall, Vater habe dich mit der Absicht in unser Haus gebracht, sie mit dir in Verlegenheit zu bringen. Diese Verleumdung hat meinem Vater schwer zu schaffen gemacht; deshalb wird er jetzt zum ersten Mal meiner Mutter gegenüber mißtrauisch. Vielleicht", meinte sie entschuldigend, „wenn mein Vater nicht zu stolz wäre, um Natira ganz aufzugeben, könnte er dich voll rehabilitieren und dir die Freiheit wiedergeben."

Joseph seufzte kopfschüttelnd. „Verliere nur nicht den Mut", sagte er, „denn ich weiß nun, daß Gott doch mit mir ist!" Zögernd fügte er hinzu: „Doch wenn der Pharao seine Drohung jetzt wahrmacht, wird das Gefängnis sich mit gefangenen Hebräern füllen, mit Leuten aus der Steppe. Von meinem eigenen Herkommen, denn die sind es, die im stillen zu den Hyksos halten. Wie kann ich dann hier ihr Herr sein?"

Phineas mischte sich zum ersten Mal ein. „Du könntest dich als ihren Tröster betrachten", sagte er. „Als Aufseher hier im Gefängnis hast du die Möglichkeit, ihnen ihr Los zu erleichtern."

35. KAPITEL

Semiten von so vielen verschiedenen Stämmen, wie nun nach und nach in das Gefängnis gebracht wurden, hatte Joseph noch nie gesehen.

Draußen gingen die Kämpfe weiter, deshalb wurden die Hebräer im Lande immer dreister. Und Pharao griff hart durch. So waren also Menschen vom verschiedensten Herkommen und Dialekt und Lebensstil dabei. Und Joseph, als Aufseher, erlaubte jeder Gruppe, sich so einzurichten, wie sie es für sich am besten hielten.

Weil diese Leute fast alle aus Stämmen kamen, die noch als Nomaden lebten oder in ähnlichen Umständen, waren sie sehr freiheitsliebend und machten fortwährend Pläne, wie sie fliehen könnten. Das machte Joseph ziemliche Schwierigkeiten. Und obwohl er ihnen und ihrer Sache im Herzen zustimmte, ärgerte er sich doch oft über sie, obwohl er selbst ein Hebräer war.

Die meisten Gefangenen hatte schon von ihm gehört. Sie wußten, daß er ein Hebräer war und um Natiras willen unschuldig im Gefängnis saß. Sie bedauerten ihn zwar deswegen, aber auf der anderen Seite warfen sie ihm vor, daß er zu Potiphar hielt, der ein Ägypter war. Da half es auch nicht, daß Joseph ihnen erzählte, wie großzügig der Oberpriester mit ihm verfahren war.

Das einzige Argument, das ihre Vorurteile ein wenig ins Wanken brachte, war Josephs Glaube an den einen Gott und seine Überzeugung, daß Gott ihn für einen bestimmten Zweck nach Ägypten gebracht hatte, der bis jetzt noch nicht zu erkennen war.

Joseph machte nicht den Fehler, seinen Mitgefangenen von den Träumen und Visionen seiner Jugendzeit zu erzählen. Die Erfahrungen mit seinen Brüdern hatten ihn gelehrt, daß es besser war, wenn er diese Dinge für sich behielt.

Auch gab er nicht der Versuchung nach, die Gefangenen nach Neuigkeiten von seinem Vater, seinen Brüdern und seinem Stamm zu fragen. Unter den vielen Hebräern, mit denen er es jetzt zu tun bekam, waren sicher manche, die ihm da hätten einiges berichten können. Aber um seiner Familie willen blieb er dabei, niemandem etwas über seine genauere Herkunft zu sagen. Doch er erklärte offen, daß er mit ihnen den Glauben an den einen Gott teilte, einen Glauben, der durch ihr gemeinsames Herkommen über Generationen hinweg in den meisten Stämmen immer noch bestand.

Sein größter Kummer war, daß er mit ansehen mußte, wie Pharao auf die brutalste Weise unter den Hebräern wütete. Fast jeden Tag wurden Männer und Frauen zur Hinrichtung aus dem Gefängnis geholt. Bis jetzt waren Tophet und Phineas allerdings noch verschont geblieben. Vielleicht hatte Timaeus sie sogar vergessen, weil sie ja nichts mit der Bedrohung durch die Hyksos zu tun hatten. Doch würde Phineas fortfahren, immer wieder von seiner hebräischen Herkunft zu reden, dann konnte auch ihn eines Tages dieses Schicksal treffen.

Es war noch früher Morgen. Joseph hatte gerade das Wachhaus verlassen, in dem Potiphar ihm einen Wohnraum hatte herrichten lassen. Die ganze Nacht hatte er wach gelegen und sich Sorgen gemacht, weil eine Gruppe von Gefangenen nach der anderen zur Hinrichtung geführt wurden.

Pharaos Zorn stieg immer mehr, und da die Hyksos ihm überlegen zu sein schienen, ließ er ihn an seinen hilflosen Gefangenen aus.

Mit gebeugten Schultern eilte Joseph durch den Gefängnishof zu den Zellen. Wenn er den Blick hob, sah er auf einer kleinen Anhöhe, nicht weit entfernt, eine lange Reihe von Galgen aufgestellt, an denen die toten Leiber der Gefangenen im Morgenwind leise hin und her schaukelten. Um die Galgen herum flogen große Scharen von Aasvögeln und pickten das Fleisch aus den Toten.

Immer wieder hatte sich Joseph gefragt, ob er zum Verräter an seiner Rasse geworden war. Bin ich wirklich ein Feigling, weil ich mich nicht entschieden genug auf ihre Seite stelle? überlegte er. Doch stets wenn er nahe daran war, eine solche Entscheidung zu treffen, hielt ihn irgend etwas davon zurück — einige Worte, die er gerade dann hörte, oder ein Erlebnis, das er machte, schienen ihm zu sagen, daß die Prophezeiung seines Großvaters Isaak und auch seine eigenen Träume noch in Erfüllung gehen mußten und daß der Zweck, weshalb Jahwe ihn nach Ägypten gebracht hatte, noch in der Zukunft lag.

Und wegen dieser Haltung wurde Joseph von seinen semitischen Brüdern manchmal gehaßt, so wie ihn die Ägypter gehaßt hatten und vor noch längerer Zeit auch seine eigenen Brüder. Und manchmal war ihm, als müsse er sich selbst hassen.

Mit schweren Schritten ging er den Gang zu den Zellen hinunter, um seine morgendliche Aufgabe zu erfüllen und nachzuzählen, ob alle seiner Obhut anvertrauten Gefangenen noch vorhanden waren. Als er vor Tophets und Phineas' Zellentür stand, hörte er, wie die beiden sich eifrig unterhielten.

Er schloß die Tür auf und trat in die Zelle. Die beiden Männer machten einen bedrückteren Eindruck als üblich und saßen eng nebeneinander.

„Was habt ihr, Freunde?" fragte er. „Warum macht ihr heute so betrübte Gesichter?"

Phineas erzählte kopfschüttelnd: „Wir haben beide heute nacht einen sehr seltsamen und geheimnisvollen Traum gehabt. Die Träume waren ganz deutlich, als hätten wir sie wirklich erlebt, und doch sind sie so unerklärlich. Wir haben ja auch niemand, der uns sagen kann, was sie bedeuten könnten."

Tophet nickte zustimmend und mit gerunzelter Stirn.

„Das Auslegen von Träumen ist Gottes Sache", sagte Joseph und fügte voll Interesse hinzu: „Erzählt mir doch, was ihr geträumt habt."

Tophet blickte den Hebräer mißtrauisch an und fragte sich, warum er einem Feind den Traum erzählen sollte, der ihn so beunruhigte. Doch dann schien er sich entschlossen zu haben. Achselzuckend begann er:

„In meinem Traum sah ich vor mir einen Weinstock. An dem Weinstock waren drei Reben, und es war mir, als triebe er Knospen. Seine Blüten wuchsen, und schon reiften die Beeren an seinen Trauben.

Ich hatte den Becher des Pharao in der Hand. Ich nahm die Beeren, drückte sie in den Becher des Pharao aus und gab ihm den Becher in die Hand."

Joseph schwieg eine ganze Weile, bis Tophet spöttisch zu lachen begann und sagte: „Da siehst du es, Phineas, dieser Mann weiß auch nichts."

Da beugte Joseph sich vor. „Hier ist die Auslegung deines Traumes:", begann er. „Die drei Reben sind drei Tage. Noch drei Tage, dann wird der Pharao dich vorladen und dich wieder in dein Amt einsetzen. Du wirst dem Pharao den Becher reichen, wie es früher deine Aufgabe war, als du noch sein Mundschenk warst."

Ein Lächeln huschte über das Gesicht des Hebräers, als er das sagte. Die beiden Gefangenen blickten ihn erstaunt an. Sie waren von der überzeugten Art und Weise, wie er die Worte sprach, sehr beeindruckt.

Joseph fuhr fort: „Doch denke an mich, wenn es dir gutgeht. Tue mir dann einen Gefallen: Erzähle dem Pharao von mir, und hole mich aus diesem Haus heraus."

Tophet starrte ihn immer noch sprachlos an. Nun legte Joseph ihm die Hand auf die Schulter und drängte: „Sieh, ich wurde aus dem Land der Hebräer, aus meiner Heimat, entführt und in die Sklaverei verkauft. Und auch hier in Ägypten habe ich nichts getan, wofür man mich hätte in das Gefängnis werfen müssen. Bitte, denke an mich."

Tophet lehnte sich an die Wand. „Nur langsam", murmelte er. „Zuerst müssen wir ja sehen, was aus deinen Prophezeiungen wird."

Doch Phineas war tief bewegt von Josephs Worten. „Herr", bat er, „höre dir nun bitte auch meinen Traum an. Vielleicht will er mir auch so Gutes sagen. Du weißt doch, Herr, sollte ich frei sein, dann werde ich dich sicherlich nicht vergessen."

„Natürlich, Phineas", nickte Joseph. „Beginne, ich werde dir aufmerksam zuhören."

Phineas holte tief Luft und begann eifrig: „In meinem Traum hatte ich drei Körbe Feingebäck auf meinem Kopf. Im obersten Korb war allerlei Backwerk für die Tafel des Pharao. Aber die Vögel kamen und fraßen aus dem Korb auf meinem Kopf."

Erwartungsvoll blickte der Bäcker nun Joseph mit großen Augen an.

Diesmal schwieg Joseph noch länger als nach Tophets Bericht, so daß des Bäckers Hoffnung sich in Besorgnis verwandelte. „Herr", flüsterte er, „bitte, spiele nicht mit mir. Sage mir, daß auch mir die Freiheit winkt."

Der junge Hebräer hatte große Mühe, die Tränen zurückzuhalten, und nicht zu zeigen, wie erschüttert er jetzt war.

Phineas trat ganz nahe an ihn heran und drängte: „Herr, im Ungewissen zu bleiben ist am schlimmsten von allem. Bitte, schone mich nicht und sage mir die Wahrheit."

Joseph blickte in die Augen seines ihm so lieben Freundes und studierte dessen Gesichtszüge, die ihn so oft ermutigt oder manchmal auch gewarnt hatten.

Er schluckte den Kloß hinunter, der ihm im Hals zu stecken schien, und begann: „Gott sei mit dir, Phineas, denn ich kann dir nichts Gutes verkündigen."

Ihm war klar, daß Phineas ihn drängen würde, alles zu sagen, deshalb fuhr er fort: „Das ist die Auslegung deines Traumes: Die drei Körbe sind drei Tage. Innerhalb von drei Tagen wird der Pharao dich vorladen und dich an einem Baum aufhängen lassen."

Nun konnte Joseph die Tränen doch nicht mehr zurückhalten, die über sein Gesicht liefen.

Der Bäcker stand mit ungläubigem Gesicht vor ihm, als habe er die Worte nicht verstanden. Als ihm aber der Sinn derselben langsam klar wurde, gab es bei ihm keine Zweifel, wie Tophet sie vorher gezeigt hatte. In seinem Herzen spürte er, daß Joseph von Jahwe erleuchtet worden war und ihm die Wahrheit gesagt hatte.

„Aber Herr", fragte er mit gebrochener Stimme, „die Vögel, was ist mit ihnen? Was tun sie dabei?"

„Phineas", stöhnte Joseph, „muß ich das auch noch sagen?"

„Sprich, Herr", drängte er wieder. „Ungewißheit ist noch schlimmer."

Phineas zitterte vor Erregung, da er merkte, wie schwer es Joseph fiel.

„Mein Freund, du weißt doch die Bedeutung der Vögel selbst", begann der junge Hebräer traurig. „Das Brot, von dem die Vögel fraßen, bedeutet doch dein Fleisch, und die Vögel . . ."

Joseph brachte es nicht fertig, noch weiterzusprechen, sondern umarmte Phineas und wollte ihn an sich ziehen.

Doch der Bäcker fuhr zurück und rief weinend: „Berühre mich nicht, Herr, denn ich bin ein toter Mann. In drei Tagen werden die Vögel beginnen, die Haut und das Fleisch von meinen Knochen herunterzufressen."

Nun fielen sich die beiden doch in die Arme und weinten miteinander. „So wie du gesagt hast, ist es doch, Herr? Du hast mir nichts verschwiegen?" schluchzte der Bäcker.

„Es ist so, Phineas", bestätigte Joseph. „In drei Tagen . . ."

36. KAPITEL

Am dritten Tag nach diesen Ereignissen saß Pharao Timaeus in seinem breiten Sessel, stützte den Kopf in seine Hand und schaute nachdenklich und verzagt vor sich hin. Noch nie hatte sein Freund und Berater Potiphar ihn so ratlos und entmutigt gesehen.

Der Priester wußte auch nicht mehr, was er noch sagen sollte, weil es im Kampf mit den Hyksos immer nur Rückschläge gab und der Aufruhr im Inneren weiter zunahm. Er hatte in letzter Zeit nur noch hilflose Gebete zu den Göttern vorgetragen, in denen er um Kraft und Gesundheit für den König und um das Wohlergehen des Staates gefleht hatte. Doch aus den Nachrichten, die täglich mehrere Male im Palast eintrafen, war unschwer zu ersehen, daß sich die Waagschale des endgültigen Sieges immer mehr den Hyksos zuneigte.

Es war Pharaos Geburtstag, und eigentlich hätte man in dem Palast ein fröhliches Fest feiern müssen. Doch niemand war nach feiern zumute. Und wenn doch der eine oder andere von denen, die Pharaos Vertraute waren, einmal versuchte, einige Worte zu sagen, die ihn aufmuntern und ermutigen sollten, bekam er nur böse Worte zu hören, so daß er sich schleunigst zurückzog.

Der Mann, der an Tophets Stelle die Aufgabe des Mundschenks übernommen hatte, stand auch ein Stück von Timaeus entfernt. Doch sehr oft rief ihn der König heran, um seinen Becher wieder zu füllen. Er trank viel mehr als gewöhnlich und als gut war. Doch der neue Mundschenk stellte sich recht tölpelhaft an, und der Pharao war nicht zufrieden mit ihm. An diesem Tag war er außerdem noch eingeschüchtert durch des Königs schlechte Laune.

Als der König jetzt befahl, seinen Becher wieder mit Wein zu füllen, zitterten die Hände des Mundschenks so sehr, daß er etwas von dem Wein danebengoß und auf Pharaos Ärmel und Hand schüttete.

Wütend fuhr dieser auf und schrie: ,,Du Narr, kannst du nicht aufpassen? Habe ich denn nur noch unfähige Menschen um mich? Am liebsten würde ich dich auch mit aufhängen lassen!"

,,Potiphar", rief er, ,,wo hast du nur diesen dummen Burschen her?"

,,Er gehört zu deinem eigenen Gefolge, Herr", erwiderte der Oberpriester. ,,Du hast ihn von Memphis mitgebracht und selbst zum Mundschenk bestimmt."

Pharao mochte es gar nicht, wenn er korrigiert wurde. Doch Potiphar war sein engster Freund und Vertrauter, auf den er gerade jetzt angewiesen war, deshalb nahm er es hin. Er beruhigte sich wieder und überlegte: ,,Wer war doch der Bursche, der mir hier früher immer als Mundschenk diente? Der war wirklich sehr geschickt und aufmerksam. Was ist denn aus ihm geworden?"

Potiphar machte sich Sorgen um den König. Er trat jetzt hinter dessen Sessel und begann seine Schläfen zu massieren. Timaeus legte sich zurück und entspannte sich langsam.

,,Erinnere dich, Majestät", sagte der Priester nach einer Weile. ,,Du hast dich über den Bäcker und über ihn geärgert, deshalb hast du sie ins Gefängnis werfen lassen."

Als Timaeus nachdachte, erinnerte er sich wieder an jenen Vorfall. ,,Ach ja", sagte er jetzt, ,,ich erinnere mich wieder, daß ich die beiden Kerle damals einsperren ließ."

,,Ja, so war es", bestätigte der Priester und erinnerte sich dabei bekümmert an seine eigene übereilte und zu strenge Behandlung von Joseph.

,,Also gut", sagte Pharao, der nun ruhiger wirkte, ,,laß

ihn holen. Ich glaube, er hat lange genug Zeit gehabt nachzudenken und wird jetzt vernünftiger sein. Ich möchte, daß er mir wieder als Mundschenk dient."

„Dann sollten wir vielleicht doch noch ein Fest feiern, weil ja dein Geburtstag ist", schlug Potiphar vor, um Timaeus aufzumuntern.

„Gut — einverstanden!" nickte dieser.

„Soll ich den Bäcker auch gleich mit holen lassen?" fragte Potiphar hoffnungsvoll.

„Richtig, bringe auch den Bäcker her", stimmte der Pharao zu. „Er war es doch, meine ich, der damals diese schlimmen Beleidigungen schrie. Ich will ihn dafür belohnen. Er soll glauben, er erhielte seine Freiheit auch wieder, und wenn er sich dann richtig freut, lasse ich ihn aufhängen."

✷ ✷ ✷

Joseph stand schweigend im Gang des Gefängnishauses. Er fühlte, wie sich ihm das Herz in der Brust vor Kummer zusammenziehen wollte. Er blickte Tophet und Phineas nach, die von Soldaten über den Hof in den Palast geführt wurden.

„Denke an unseren Herrn, den einzig wahren Gott", hatte er gesagt, als Phineas von ihm ging.

Der Mundschenk war voller Freude den Boten gefolgt, die ihn zu Pharao riefen. Doch der Bäcker, der wußte, was ihn erwartete, auch wenn die Boten sagten, er solle ebenfalls frei sein, hatte sich voller Angst an Joseph geklammert.

Nun war Joseph wieder allein und verlassen wie damals in der Zisterne. Er fragte sich, wie Jahwe das zulassen konnte und warum Phineas, der freundlichste Mann in ganz Ägypten, sterben mußte.

Er spürte, wie Kummer und Sorge ihn wie eine dunkle Mauer einhüllen wollten und ihm die Kehle zuschnürten. Verzweifelt schnappte er nach Luft und blickte zurück zu der jetzt leeren Zelle, in der er gemeinsam mit Tophet und Phineas einige Zeit verbracht hatte.

Ihm war nach Weinen zumute. Doch da er das vor den Wachsoldaten nicht zeigen wollte, ging er eiligst über den Hof zum Wachhaus und in sein Zimmer. Hier konnte er die Tränen nicht mehr zurückhalten. Sie strömten nur so über sein Gesicht, als er sich an all jene erinnerte, die er geliebt hatte und von denen nun niemand mehr bei ihm war. Ein hoffnungsloses Gefühl der Einsamkeit packte ihn und schlug über ihm zusammen.

In diesem Zustand fand ihn mehr als eine Stunde später Asenath. Sie wußte, daß er um seinen Freund, den Bäcker, trauern würde und war deshalb gekommen, um ihn zu trösten. Sie setzte sich neben ihn und zog Josephs Kopf in ihren Schoß. Schweigend saß sie so bei ihm, bis er sich langsam wieder beruhigte.

Es war eine ganz andere Höhle, in der Joseph sich diesmal befand, als jene in der Nacht nach dem Tod seiner Mutter. Und diesmal war Asenath Josephs Engel.

TEIL V
DER RETTER

37. KAPITEL

Ein weiteres Jahr zog sich der Kampf der Ägypter mit den immer weiter vordringenden Hyksos hin. Auch in den Städten wurde nun immer heftiger und mit wechselndem Erfolg gekämpft. Vor allem in Unterägypten gab es kaum noch sichere Straßen und Plätze. Überall mußte man zu jeder Zeit auf der Hut sein, daß nicht eingedrungene Streifscharen der wilden Stämme aus der Steppe mit einem Überfall begannen.

Pharao Timaeus erwies sich zum Schluß als tapferer Mann, der seinen Thron zäh verteidigte. Doch am Ende siegten doch die durch ein entbehrungsreiches Leben in Steppe und Wüste hart gewordenen wilden Krieger der Semiten über die Ägypter. Die Herrschaft der thebanischen Dynastie ging zu Ende, und der erste Hyksos-König bestieg den Thron.

Der neue Pharao, Salatis war sein Name, hatte natürlich ganz andere Vorstellungen von der Regierung eines Reiches als die früheren thebanischen Könige. Außerdem war er noch recht jung und deshalb voller Eifer und viele Ideale.

Da er auch die religiösen Vorstellungen der von ihm besiegten Ägypter anerkannte, blieben die verschiedenen Götterverehrungen mit ihren Tempeln bestehen, so auch der große Tempel des Sonnengottes Ra in On, und Potiphar war dort weiterhin der oberste Priester. Doch durch den Einfluß der semitischen Hyksos verbreitete sich unter dem Volk auch mehr als bisher die Vorstellung des Monotheismus, und der schlichtere Glaube der Steppenbewohner gewann an Popularität.

Salatis war auch klug genug, die fähigsten Minister und Beamten des alten Pharao in seiner Verwaltung zu behalten, da diese über die Kenntnisse verfügten, die nun einmal nötig waren, ein solches Reich zu regieren. Auch den Mundschenk Tophet behielt Salatis bei sich und nahm ihn mit nach Memphis, der alten Hauptstadt Unterägyptens, von der aus er nun regierte.

Der neue Pharao war viel liberaler und humaner als die vorherigen Könige der thebanischen Dynastie. Obwohl die Konservativen sich noch einige Zeit wehrten, den neuen Kurs in der Politik mitzumachen, erkannte das Volk vor allem, daß es sich unter den neuen Gesetzen leichter leben ließ, und der neue Pharao wurde bald beliebt. Als der Tag herannahte, an dem er den ersten Jahrestag seiner Thronbesteigung feiern konnte, schien seine Herrschaft schon befestigt zu sein, und das alte Regime wurde nach und nach vergessen.

Und auch Joseph war vergessen worden. Tophet hatte bei dem alten Pharao Timaeus nie die Gelegenheit günstig gefunden, so jedenfalls meinte er, Joseph einmal zu erwähnen; vor allem, da dieser ein Hebräer war, und die Hebräer, je mehr es mit der alten Dynastie zu Ende ging, immer verhaßter wurden.

Obwohl Tophet nun wußte, daß Joseph ein Prophet war und daß Gott ihm ungewöhnliche Fähigkeiten gegeben hatte, schien es ihm doch auch für ihn selbst das Beste zu sein, Joseph nicht zu erwähnen.

Unter der neuen Regierung gab es sogar noch weniger Grund, von dem Gefangenen des Oberpriesters von On zu reden, meinte Tophet. Da er als Mundschenk des alten Pharao vor dem neuen soviel Gnade gefunden hatte, seine Position zu behalten, mußte er sich zunächst viel Mühe geben, sich dieses Vertrauens auch würdig zu erweisen und seine Position zu festigen.

Außerdem saß in Tophets Herzen auch die leise Furcht, Joseph könnte, einmal in Freiheit, durch seine großen Fähigkeiten ihn selbst wieder von dem Platz verdrängen, den er jetzt einnahm, wie das im Hause Potiphars schon einmal geschehen war. So verdrängte der Mundschenk Joseph aus seinen Gedanken, so daß er ihn oft für längere Zeit ganz vergaß.

Der erste Gedenktag der Thronbesteigung von Pharao Salatis war mit Feierlichkeiten und Festmählern vorübergegangen. Tophets Aufgaben als oberster Mundschenk und Verwalter des Haushalts hatten ihn durch die Vorbereitungen zu den Festlichkeiten noch mehr als gewöhnlich in Anspruch genommen und mit Arbeit überhäuft. Mehrere Wochen hatte er kaum mehr eine ruhige Minute gefunden.

Doch nun trat wieder der Alltag ein, und an diesem Morgen fühlte Tophet die Last der Verantwortung, die auf seinen Schultern lag, etwas leichter, als er auf dem Weg zum Pharao war. Er summte erleichtert vor sich hin und war sehr mit seinem Schicksal zufrieden. Hatte er doch eine gute Stellung, eine feine Wohnung und war bei seinem Herrn angesehen und bei allen anderen geachtet. Er trug vornehme Kleidung von feinsten Stoffen, und an den Gewändern waren die Zeichen seiner hohen Stellung zu sehen, die er bei Hof einnahm.

Als er sich den königlichen Gemächern näherte, überraschte es ihn durchaus nicht, dort schon regen Betrieb vorzufinden. Tophet war es gewöhnt, daß schon am frühen Morgen im Schlafzimmer von Salatis Beratungen stattfanden und die verschiedensten Beamten und Minister mit dem König Staatsgeschäfte besprachen, während seine Diener sein Haar frisierten und ihn ankleideten. Salatis begann oft schon zu einer Tageszeit zu arbeiten, da die Herrscher anderer Völker es noch vorzogen zu schlafen.

Doch die Leute, die an diesem Morgen Salatis' Schlafgemach füllten, waren Tophet fremd. Seltsam waren auch ihre äußeren Erscheinungen — lange Bärte und bis zum Boden reichende Gewänder, die mit magischen Symbolen bestickt oder bemalt waren. An ihren Gürteln hatten sie allerlei Amulette und andere Zauberutensilien hängen.

Obwohl diese Männer Tophet fremd waren, erkannte er sofort, daß sie zur Kaste der Wahrsager und Sterndeuter der verschiedenen Tempel Ägyptens gehören mußten.

Als er den Raum betrat, standen sie in Gruppen beieinander, steckten ihre Köpfe zusammen und unterhielten sich lebhaft. Überall wurden Köpfe geschüttelt, und auch an den Gesten der Hände konnte Tophet erkennen, daß die Versammelten ziemlich ratlos zu sein schienen.

Auch der Pharao selbst machte einen ziemlich frustrierten Eindruck, während er die beratenden und gestikulierenden Männer betrachtete.

Als Tophet jetzt zu ihm trat, um sich nach den Wünschen seines Herrn für das Frühstück zu erkundigen, wurden die Wahrsager aufmerksam. Der Pharao sagte: „Es ist schon in Ordnung, Freunde, das ist mein Mundschenk, der jeden Morgen zu mir kommt."

Zu Tophet gewandt, fuhr er fort: „Tritt nur näher und sieh dir diese ratlose Versammlung an. Vielleicht kannst du mir ein wenig helfen. Weniger als diese ‚weisen' Männer hier kannst du jedenfalls auch nicht wissen."

Überrascht über dieses Kompliment trat Tophet ganz nahe an das Bett des Pharaos und hörte aufmerksam zu, was dieser weiter sagte.

„Ich hatte heute nacht einen Traum", erklärte Salatis. „Es war ein Traum, der mich sehr gequält hat und es noch tut. Doch es scheint so, daß keiner dieser studierten und gelehrten Männer hier auch nur die geringste Ahnung hat, was er bedeuten könnte. Sag mir, Tophet, glaubst du, daß Träume eine Bedeutung haben können?"

Der Mundschenk spürte, wie sich in seinem Hals ein Kloß bilden wollte. Unbehaglich erinnerte er sich an sein eigenes Erlebnis im Gefängnis und an die erstaunliche Auslegung durch den jungen Hebräer. „Herr, ja, das glaube ich", bekannte er.

„Sehr schön", nickte Salatis. Dann wies er auf die verlegenen Wahrsager und meinte spöttisch: „Die da glauben das auch. Aber mit meinem Traum scheinen sie überhaupt nichts anfangen zu können. Hilf du mir, Tophet!"

„Wie könnte ich, Majestät", antwortete der Mundschenk. „Wer bin ich denn, daß ich mehr wissen sollte als diese mächtigen Magiere. Ich bin ganz sicherlich kein Wahrsager."

Diese Entschuldigung schien den Pharao zu erheitern, denn er begann laut zu lachen. „Sicher nicht, Tophet, sicher nicht, das habe ich auch gar nicht von dir erwartet!" rief er immer noch lachend. „Aber ich weiß ja, daß du lange Zeit im Haus des Oberpriesters von On gedient hast. Vielleicht kennst du aus dieser Zeit einen Wahrsager oder Traumdeuter, den man noch befragen könnte?"

Tophet wurde verlegen, da nun Josephs Gesicht mit aller Deutlichkeit vor ihm stand. Er räusperte sich und wußte nicht, was er antworten sollte. Er spürte, wie sein Gewissen ihn mahnte und gleichzeitig auch der Undankbarkeit beschuldigte.

Stotternd begann er: „Majestät, ich wüßte im Augenblick darauf zwar keine Antwort, aber ich werde sehr ernstlich darüber nachdenken."

„Tu das, Tophet, tu das", antwortete Salatis, immer noch erheitert. „In der Zwischenzeit bring mir mein Frühstück, denn wenn ich mir die Gesichter dieser Männer beschaue, kann es wohl noch lange dauern, bis ich eine befriedigende Antwort erhalte, wenn überhaupt eine solche dabei herauskommt."

Tophet entfernte sich, um in der Küche das Gewünschte zubereiten zu lassen. Er versuchte dabei, die Gedanken an Joseph zu vertreiben, doch das wollte ihm nicht gelingen. Sollte er den Hebräer erwähnen? Was würde geschehen, wenn er es tat? War dann vielleicht seine eigene Stellung in Gefahr?

Außerdem, so überlegte er, wenn er dem Pharao gegenüber von Joseph sprach, mußte er auch zugeben, daß er selbst im Gefängnis gesessen hatte; das konnte einen schlechten Eindruck machen.

Andererseits war aber auch zu bedenken, daß er durchaus in des Königs Ansehen weiter steigen konnte, wenn er von Joseph sprach und dieser dann tatsächlich den Traum deuten konnte. Hin und her gingen ihm diese Gedanken durch den Kopf. Endlich beschloß er, die Entscheidung zu treffen, wenn er in das Schlafzimmer des Königs zurückkehren würde. Vielleicht hatten die Wahrsager in der Zwischenzeit doch eine Deutung gefunden, dann konnte er schweigen.

Als er mit dem Frühstück zu Salatis trat, sah er an den Gesichtern der Versammelten und an dem Unmut in der Miene Pharaos, daß all die sogenannten weisen Männer keine Antwort wußten.

Tophet setzte das große Tablett mit dem Frühstück auf einem kleinen Tischchen ab, begann zu servieren und gab sich innerlich einen Ruck. „Majestät", begann er zögernd, „mir ist da etwas eingefallen, was dir vielleicht helfen könnte."

Interessiert blickte Salatis auf. „Sprich, Tophet", ermutigte er ihn.

„Wenn ich es sage, muß ich auch von meiner eigenen Gefangenschaft reden, die für mich eine sehr schwere Zeit war."

Überraschung war in dem Gesicht des Königs zu lesen, doch mit einer Handbewegung forderte er den Mundschenk auf, weiterzureden.

„Du weißt, Majestät, daß dein Vorgänger ein gewalttätiger und ungerechter Herrscher war", begann er klug.

Was hätte der König anderes tun können, als dieser Bemerkung kopfnickend zuzustimmen?

Tophet fuhr fort: „Pharao Timaeus war zornig mit mir und dem Küchenchef, der gleichzeitig auch der oberste Bäcker war. Deshalb ließ er uns von Potiphar in das Gefängnis von On bringen. Als wir schon längere Zeit dort saßen, hatten wir beide in der gleichen Nacht jeder einen Traum, der uns auch sehr beunruhigte."

„Nun komm schon, Tophet, mach es nicht so spannend", drängte der Pharao, dem man anmerkte, wie sein Interesse immer mehr stieg.

„Dort im Gefängnis war auch ein junger Hebräer, ein Diener des Oberpriesters von On. Ihm haben wir unsere Träume erzählt, und er hat sie uns gedeutet."

Wieder legte Tophet einen Augenblick Pause ein, um die Spannung steigen zu lassen, während er seinem Herrn den Becher neu füllte.

„Erstaunlicherweise geschah danach alles genau so, wie er es uns vorausgesagt hatte. Der Pharao setzte mich wieder in mein Amt ein, und den Bäcker ließ er hängen."

Mit einer Handbewegung deutete er an, daß er alles gesagt hatte, was er wußte. Im Raum, in dem während seines Berichts Schweigen geherrscht hatte, schwollen die Stimmen wieder an, denn die Wahrsager fragten sich gegenseitig, ob jemand schon einmal etwas über diesen unbekannten Traumdeuter gehört hätte.

Salatis strich sich über den Bart und blickte seinen Mundschenk nachdenklich an. Dann erklärte er: „Wenn mein Mundschenk ein Feind von Timaeus war, ist er ein aufrichtiger Mann. Und wenn der Gefangene, von dem er uns berichtet hat, ein Hebräer ist, wie er sagt, dann ist er ein echter Prophet. Schickt schnellstens Boten, und laßt ihn holen!"

38. KAPITEL

Heftig rumpelte die von galoppierenden Pferden gezogene Kutsche durch die Straßen von Memphis zum königlichen Palast hin. Zwischen den Vorhängen hindurch blickte das strahlende Gesicht Josephs, der nun der langen Gefangenschaft entronnen war, auf die geschäftigen Straßen.

Zwei Jahre lang hatte seine größte Freiheit darin bestanden, den kurzen Weg vom Wachhaus zum Gefängnis zu gehen, dessen Verwalter er ja war. Dabei war er aber selbst immer noch ein Gefangener gewesen und durfte das Gelände des Gefängnisses nicht verlassen.

Nun war er auf dem Weg zum Palast von Pharao Salatis, dem stolzen und großartigen Herrschaftssitz der Könige in Unterägypten, mit dessen Schönheit und Größe sich nur noch der Pharaonenpalast in Theben messen konnte. Heute noch würde er dem neuen semitischen Pharao gegenüberstehen und hören, was man von ihm wollte.

Irgend etwas in seinem Inneren sagte ihm, daß dies die Stunde Gottes war, auf die er in all den Jahren seiner Sklaverei und Not gewartet hatte.

Dies war der Tag, an dem die Erfüllung der Prophezeiungen und Träume seiner Jugend beginnen würde, davon war er überzeugt.

Er war nun dreißig Jahre alt und so stattlich, wie ein Prinz der Steppe nur sein konnte; denn das war er ja: ein Prinz aus der Nachkommenschaft Abrahams. Es fehlte ihm nur etwas von der tiefen Bräune, die vom langen Aufenthalt in der freien Natur kommt. Doch vielleicht war es ihm in

Kürze auch möglich, von seiner Familie und seinem Stamm zu sprechen; etwas, das er bisher geheim gehalten hatte.

Immer noch hatte er einen Hauch von Asenaths Parfüm in seiner Nase, die an diesem Morgen nicht von seiner Seite gewichen war, bis die Kutsche, so schnell sie konnte, ihre Fahrt begann.

Asenath selbst war es gewesen, die ihm ganz frühmorgens die Botschaft gebracht hatte, daß der Pharao nach ihm rief. Sie hatte gleich einige ihrer eigenen Sklavinnen mitgebracht und alle möglichen Toilettenartikel sowie viele prachtvolle Gewänder. Und während die Sklavinnen sich damit beschäftigt hatten, Josephs Haar und Bart in bester Weise herzurichten, hatte Asenath in einem fort mit ihm geredet.

Anschließend wurden die Gewänder anprobiert, bis Asenath endlich meinte, das schöne gestreifte Gewand stünde ihm am besten.

Lächelnd hatte Joseph zugestimmt, da ihm dies schon längst klar war. Wußte er doch, wie stolz er damals auf sein buntgestreiftes Gewand gewesen war, das seine Mutter für ihn gemacht hatte, wenn es auch nicht aus so prachtvollen Stoffen bestanden hatte wie dieses, das er jetzt trug.

Asenath hätte gern noch längere Zeit mit ihm verbracht, doch Pharaos Boten trieben zur Eile. Wenn man dem neuen Herrn Ägyptens auch viele gute Eigenschaften nachsagen konnte, geduldig war er sicher nicht.

Deshalb verabschiedeten die beiden Liebenden sich schnell voneinander. Joseph bestieg die wartende Kutsche, und im Galopp ging es zum Tor hinaus. Und dieses Tempo wurde bis nach Memphis beibehalten, nur mit den kurzen Unterbrechungen zum Wechseln der Pferde.

Als sie Memphis erreichten, war es später Nachmittag. Es konnte nicht mehr lange dauern, dann würde es beginnen dunkel zu werden.

„Also ein Traum ist es", dachte Joseph, „um deswillen der König mich rufen läßt. Sicherlich hat Jahwe dem Pharao etwas zu sagen."

Als Pharaos Boten in On eintrafen und Joseph suchten, hatten sie zwar vom Traum des Königs gesprochen, aber nichts von Tophet erwähnt. Doch Joseph war klar, daß es kaum eine andere Erklärung für den Befehl des Pharaos gab, Joseph nach Memphis zu bringen. Ein leichtes spöttisches Lächeln zuckte über Josephs Lippen, als er an den egoistischen Mundschenk dachte. Er hatte also auch unter der neuen Regierung wieder einen Platz gefunden und mußte irgendeinen Vorteil für sich darin gesehen haben, sich jetzt an den Hebräer zu erinnern.

Als der Wagen durch die riesigen Tore auf das Palastgelände rollte, atmete Joseph tief durch. Irgendwie war ihm, als spüre er die Vergangenheit von seinen Schultern rutschen wie ein altes, total abgetragenes Gewand.

Eine helle Zukunft lag wohl jetzt vor ihm — und er wollte sie mit offenen Armen empfangen.

✳ ✳ ✳

Die Schritte Josephs und seiner Begleiter hallten wider von den Wänden und Säulen des gewaltigen Pharaonenpalastes von Memphis, als er mit ihnen zu dem Empfangssalon des Königs schritt. Er hatte stets geglaubt, der Palast von On sei das prächtigste Gebäude der Erde. Doch nun mußte er erkennen, daß er sich mit diesem hier nicht entfernt messen konnte.

Als sie das enge Sicherheitssystem der äußeren Höfe passiert hatten, betraten sie erst den eigentlichen inneren Palast, wo sie von exotischen Vögeln, rieselnden Brunnen, zauberhaften Bäumen, Büschen und Blumen und schönen Frauen umgeben waren, die sich überall im Garten aufhielten. Von irgendwo erklang Musik und füllte Höfe und Hallen.

Prächtige Gobelins hingen an den Wänden, und dicke Teppiche bedeckten die Fußböden. Joseph zupfte sich an seinem Bart, um sich klarzumachen, daß es kein Traum war, in dem er sich befand, sondern die Wirklichkeit.

Doch in seinem Inneren betete er unaufhörlich. Es war immer die gleiche Bitte, mit der er sich an Gott wandte, seit sie On verlassen hatten. Er bat darum, Jahwe möge sich zu ihm bekennen und ihm helfen, die Bedeutung des Traumes zu wissen, der den Pharao so beunruhigte.

Sein Vertrauen zu Gott hatte ihm Mut gegeben auf der Reise vom Gefängnis bis nach Memphis und hielt ihn auch aufrecht, als sie jetzt durch die beeindruckenden Hallen schritten, vor deren majestätischer Größe man unsicher werden konnte. Nun stand er vor dem Empfangsraum des Königs. Er ballte seine Hände zu Fäusten und stellte sich dabei vor, damit fest die unfehlbare Hand des ewigen Gottes umklammert zu haben.

Es war ein großer hagerer Mann mit einem durchdringenden Blick, der ihnen das Portal von Innen öffnete und der Joseph mit Zurückhaltung anschaute. Das Gesicht des Besuchers rötete sich, als der den Mundschenk erkannte. Er wußte nicht, ob er ihn umarmen oder so tun sollte, als würde er ihn nicht kennen.

„Tritt ein, Herr", begrüßte Tophet ihn, wobei er nicht in der Lage war, dem Mann in die Augen zu schauen, dem er schon lange zu seiner Freiheit hätte verhelfen sollen.

„Es ist lange her, daß wir uns gesehen haben, Tophet", antwortete Joseph. Ohne ein weiteres Wort ging er hoch aufgerichtet weiter.

Vor ihm, auf einem Podest aus Marmor, saß der König. Als Joseph ihm vorgestellt wurde, war dieser nicht erstaunt, in Pharao einen jungen Mann vor sich zu sehen, der wohl noch jünger war als er selbst. Von dem, was ihm über den neuen Herrscher bekannt war, hatte er so etwas Ähnliches erwartet. Er wunderte sich auch nicht über die dunkle und gesunde Gesichtsfarbe, die zeigte, daß der König einer Steppenrasse entstammte. Der neue Pharao hätte durchaus auch der Fürst eines Nomadenstammes sein können, was er vielleicht auch gewesen war, ehe er den mächtigsten Thron eingenommen hatte, den es derzeit auf Erden gab.

Groß und breitschultrig, machte er den Eindruck, in Bergluft und mit Quellwasser aufgewachsen zu sein. Und als der Sohn Jakobs jetzt vor ihm stand, erkannten die beiden Männer sofort, daß sie einander ähnlich waren.

Es war kein Erkennen, das aus Wissen kam, sondern aus der inneren Seelenverwandtschaft. Sie kamen aus derselben Wurzel, waren Semiten, Hebräer, Menschen der weiten Steppe. Und sicher war ihre Jugend voll von ähnlichen Erfahrungen und Erlebnissen.

„Joseph", begann Salatis jetzt, „ist das nicht ein aramäischer Name?"

„Das stimmt, Majestät", antwortete der Hebräer. „Ich wurde in Padan-Aram geboren."

In diesem Augenblick hatte er schon mehr über sein Herkommen verraten als während der ganzen Zeit seines Aufenthalts in Ägypten. Und in den nächsten Minuten stellte er zu seinem eigenen Erstaunen fest, daß er hier keine Vorbehalte mehr hatte, alles zu offenbaren.

„Die Geschichte meines Volkes geht zurück bis nach Mesopotamien", erklärte der Pharao.

„Die des meinen auch", bestätigte Joseph kopfnickend. „Mein Urgroßvater war ein Fürst von Ur."

Bewegt lehnte der Pharao sich vor und studierte das hübsche Gesicht seines Gastes mit Staunen.

„Ich mag dir fast glauben", wunderte er sich. „Denn du siehst genauso aus."

Joseph hätte sich geschmeichelt fühlen können, doch er erkannte, daß der König ihm kein Kompliment machen wollte, sondern daß seine Worte nur eine Feststellung dessen waren, was er vor sich sah.

„Erzähle mir von deinem Stamm und deinem Gott!" forderte der Pharao.

Nun begann Joseph zu berichten. Er erzählte von seiner Abstammung, von seiner Familie und davon, wie er als Gefangener nach Ägypten geschleppt wurde und als Sklave in Potiphars Haus kam. Und ehe er richtig bemerkte, was er tat, hatte er auch von Natira und dem Unheil berichtet, welches sie über ihn gebracht hatte. Salatis hörte sich alles schweigend an und schien die Wahrheit des Berichts in keiner Weise in Frage zu stellen.

„Mein Gott ist der Gott meiner Väter Abraham, Isaak und Jakob", schloß Joseph ehrfürchtig. „Und es ist mein Gott, der mich in all diesen Jahren bewahrt hat und der sicherlich auch heute bestätigen wird, daß Er mit mir ist."

Der König, der mit wachsender Spannung zugehört hatte, holte jetzt tief Atem, und ein Lächeln zog über sein Gesicht. „Ich habe von anderen Angehörigen der Steppenstämme schon ähnliches gehört", sagte er, „und es erfreut mein Herz, solches nun wieder zu hören."

Joseph spürte, wie sein Herz vor Freude schneller schlug bei diesen Worten. Und er empfand plötzlich eine tiefe innere Verbindung zu diesem Mann und nahm sich vor, ihm, wenn sich die Gelegenheit dazu ergab, zu dienen so gut er nur konnte.

Für einige Augenblicke erfüllte Schweigen den Raum. Dann begann Salatis: „Nun wollen wir einmal von dem eigentlichen Anlaß reden, der mich bewogen hat, dich zu mir zu rufen: Ich hatte einen Traum; und ich bin sicher, es war einer von den Träumen, die eine Bedeutung haben und die uns etwas sagen wollen. Aus diesem Grund gelingt es mir auch nicht, ihn aus meinen Gedanken zu vertreiben. Ich habe nun schon viele Wahrsager und andere weise Männer und Astrologen befragt, aber keiner von ihnen kann mir die Deutung sagen. Nun habe ich gehört, daß du die Weisheit hast, die Bedeutung eines Traumes in der rechten Weise zu erkennen."

Joseph verbeugte sich und fühlte dabei Tophets Blick in seinem Rücken.

„Die Weisheit, von der du redest, Majestät, liegt nicht in mir", begann Joseph, „sondern es ist Gott, der mir das Verständnis gibt. Und Gott wird den Pharao heute sicherlich auch die Deutung seines Traumes wissen lassen."

Salatis schwieg einige Augenblicke und schaute nachdenklich vor sich hin, als müsse er sich genau besinnen, dann begann er:

„In meinem Traum stand ich am Nilufer. Aus dem Nil stiegen sieben wohlgenährte, stattliche Kühe und weideten im Riedgras. Nach ihnen stiegen sieben andere Kühe herauf, elend, sehr häßlich und mager. Nie habe ich in ganz Ägypten so häßliche Kühe gesehen.

Die mageren und häßlichen Kühe fraßen die sieben ersten, fetten Kühe auf. Sie verschwanden in ihrem Bauch, aber man merkte nicht, daß sie darin waren; sie sahen noch genauso elend aus wie vorher. Dann wachte ich auf."

Man sah es dem Pharao an, wie sehr ihn die Erinnerung an diesen Traum quälte, denn er zitterte.

Joseph fragte sich, ob dies schon alles war, und begann über die Antwort nachzudenken.

Doch Salatis war offensichtlich noch nicht fertig. Er hob die Hand ein wenig und sagte: „Höre weiter: Ich lag eine Weile wach und schlief dann wieder ein. Doch danach hatte ich noch einen zweiten, ähnlichen Traum:

Ich sah einen einzigen Getreidehalm stehen. Auf dem gingen sieben volle und schöne Ähren auf. Nach ihnen wuchsen sieben taube, kümmerliche, vom Ostwind ausgedörrte Ähren. Und die kümmerlichen Ähren verschlangen die sieben schönen und vollen Ähren."

Pharaos Stimme war immer leiser geworden. Als er jetzt schwieg, war es, als würde er wieder aus dem Traum erwachen. Er rieb sich mit der Hand über die Stirn, als müsse er etwas vertreiben, das ihn bedrückte.

„Joseph", sagte er betrübt, „ich habe allen Wahrsagern und weisen Männern den Traum erzählt, doch keiner konnte mir die Deutung sagen. Wenn du mir helfen kannst, werde ich dich großartig belohnen."

Joseph erkannte, daß Salatis überzeugt war, der Traum sei für seine und die Zukunft des Landes wichtig. Und als Herrscher machte er sich deshalb Sorgen.

Doch obwohl in dem Traum wirklich sehr schwer eine Bedeutung zu erkennen war, kam der eigentliche Sinn desselben in Josephs Gedanken wie ein Windhauch. Es war, als schriebe jemand vor seine geistigen Augen die Bedeutung dessen, was der Pharao geträumt hatte.

Joseph begann: „Die beiden Teile des Traumes haben dieselbe Bedeutung. Gott will dir damit sagen, was Er in kurzer Zeit zu tun gedenkt."

„Siehst du", fuhr der König auf, „ich habe es geahnt und deshalb keine Ruhe mehr gehabt. Nun sage mir die Deutung!"

„Die sieben fetten Kühe sind sieben Jahre", fuhr Joseph fort. „Ebenso die sieben gesunden und vollen Kornähren. Kannst du das sehen?"

„Ja, ja", rief der König, „jetzt wird mir das auch klar!"

„Die sieben mageren Kühe und die sieben tauben Ähren, die durch den Ostwind vertrockneten, sind auch sieben Jahre — aber sieben Jahre der Dürre und Hungersnot."

Der König beugte sich vor und bebte erschrocken. „Oh, oh", stöhnte er, „das ist schrecklich. Hungersnot in Ägypten, und das für sieben Jahre?"

„Es wird so kommen, wie ich es gesagt habe", erklärte Joseph fest. „Gott hat dir gezeigt, was er tun wird. Aber du mußt den ganzen Traum richtig verstehen:

Zuerst werden sieben Jahre der Fülle und der überreichlichen Ernten kommen. Doch ihnen folgen dann sieben Jahre der Dürre und Hungersnot, in der aller Überfluß verschwindet und vergessen sein wird, denn der Mangel wird das Land schwer plagen. Es wird tatsächlich so sein, daß der Überfluß der ersten sieben Jahre von dem Mangel der folgenden sieben Jahre aufgezehrt wird."

Joseph schwieg nun, um seinen Zuhörern Zeit zu lassen, die Worte in ihren Herzen zu verarbeiten. Als er bemerkte, daß Salatis sich gegen die Botschaft auflehnte, fügte er warnend hinzu: „Aber daß du, Majestät, dieselbe Sache gleich zweimal träumtest, damit will Gott dir sagen, daß er das, was er beschlossen hat, ganz gewiß und sehr bald kommen lassen wird."

Der König schüttelte den Kopf: „Aber Joseph", protestierte er, „du sagtest am Anfang, Gott meine es gut mit mir und wolle mir deshalb eine gute Botschaft zukommen lassen. Ich sehe in deinen Worten aber nichts Gutes, sondern eine Drohung."

„Aber das siehst du falsch, Majestät", widersprach Joseph. „Es wäre schlecht für dich, wenn du keine Warnung erhalten würdest. Aber nun, da du gewarnt bist und weißt, was kommen wird, hast du die Gelegenheit, dich darauf vorzubereiten. Wenn ich du wäre, o großer König, dann würde ich mir einen klugen und weisen Mann suchen und ihn als Bevollmächtigten über diese ganze Angelegenheit setzen.

Dann würde ich über das ganze Land Bevollmächtigte setzen, die in den kommenden überreichen sieben Jahren jeweils ein Fünftel der Ernte von allen Äckern einsammeln und in großen Getreidespeichern lagern müssen. Sorge aber auch dafür, daß diese Speicher gut bewacht werden und daß niemand etwas davon nimmt. Denn dieses gelagerte Getreide muß dann für die kommenden sieben Jahre der Hungersnot ausreichen, damit niemand verhungern muß."

Während der König Joseph zuhörte, wurde er vor Staunen sprachlos. Verwundert blickte er Joseph an und schwieg. Offensichtlich mußte er erst seine Gedanken ordnen. Endlich wandte er sich an seine Berater und winkte sie zu sich.

Die Männer umstanden nun den Thron des Königs und berieten eine Zeitlang eifrig miteinander.

Endlich erhob sich der König, wies auf Joseph und sagte: „Können wir in ganz Ägypten noch einen anderen Mann finden wie ihn, diesen Joseph, den Sohn Jakobs, in dem der Geist Gottes wohnt?"

Nun rief der Pharao Joseph zu sich und erklärte: „Nachdem dich Gott all das hat wissen lassen, gibt es niemand, der so klug und weise wäre wie du. Du sollst über meinem Haus stehen, und deinem Wort soll sich mein ganzes Volk beugen. In ganz Ägypten soll nur ich noch höher stehen als du."

Der Hebräer stand wie versteinert, als der Pharao jetzt seinen Siegelring vom Finger zog und ihn an Josephs Hand steckte und ihm damit die königliche Befehlsgewalt übertrug. Er ließ einen prächtigen, königlichen Umhang bringen, den er Joseph umlegte, und nahm die goldene Kette, die er um seinen Hals trug, ab und hängte sie Joseph um.

Salatis gab Joseph auch einen neuen Namen. Er sagte: „Von nun an sollst du *Zafenath-Paneach* heißen, denn durch dich redet Gott und durch dich zeigt Er wahrhaftig allen Menschen, daß Er lebt!"

39. KAPITEL

Joseph, der oberste Wesir (Kanzler) Ägyptens, stand neben seinem Wagenlenker auf dem Wagen, der von vier prächtigen weißen Pferden gezogen wurde. Hinter ihm, auf einem zweiten Wagen, standen seine beiden Söhne und ein weiterer Wagenlenker.

Manasse war der Name seines ersten Sohnes, und Ephraim der des jüngeren; denn der erste hatte ihm geholfen, die Vergangenheit zu vergessen, und der zweite war der Beweis für seine gute und fruchtbare Arbeit in dem Land seiner Sklaverei und Not.

Bei beiden Söhnen konnte man Züge von Josephs einprägsamem Gesicht erkennen, doch sie hatten Asenaths Augen, und das Erbe ihrer Mutter gab ihren Gesichtern etwas Milderes und auch ein Stück der ägyptischen Würde.

Die beiden Söhne Asenaths und Josephs, nun sechs und fünf Jahre alt, waren ihnen nacheinander geboren worden. Der erste etwa zwei Jahre nachdem der Pharao die Tochter des Oberpriesters von On seinem hebräischen obersten Wesir zur Frau gegeben hatte.

Die Hochzeit Asenaths mit Joseph erforderte es, daß sie ihre Position als Priesterin der Göttin Nath aufgab, denn diese Position durfte nur von einer Jungfrau eingenommen werden. Doch obwohl Potiphar sich nun nach einer anderen Priesterin umschauen und sie ausbilden mußte, hatte er seinen Segen zu der Ehe sehr gern gegeben. Immer noch liebte er Joseph wie einen Sohn, und er fühlte sich in seiner Schuld, weil er ihn, obwohl Joseph unschuldig war, ins

Gefängnis geworfen hatte. Die Hochzeit, die er und der Pharao gemeinsam für die beiden ausrichteten, war eine der großartigsten, die je in Ägypten stattgefunden hatte.

Asenath wandte sich immer mehr von den Göttern Ägyptens ab und begann mehr und mehr an den einzig wahren Gott zu glauben und Ihn zu verehren, den Gott Abrahams, Isaaks und Jakobs. Diese Tatsache war wohl neben dem prächtigen Heranwachsen seiner beiden Söhne die größte Ursache von Josephs Freude und Glück. Er sah sich von Jahwe reicher beschenkt und gesegnet, als er sich je erträumt hatte.

Das zweite Jahr der Hungersnot lag über dem Land, denn es war genauso gekommen, wie der Hebräer es vorausgesagt hatte. Sieben Jahre des Überflusses hatte es gegeben, und nun waren Dürre und Mißernten hereingebrochen.

Während der Zeit der Fülle war Joseph rastlos durch ganz Ägypten gereist. Überall hatte er streng darauf geachtet, daß seine Anweisungen eingehalten wurden und nach seinen Plänen gearbeitet wurde. Neue und größere Vorratshäuser waren neben den schon vorhandenen gebaut worden. In diese hatte man den fünften Teil der Ernten, der von allen abgegeben werden mußte, eingesammelt.

Bei Nahrungsmitteln, die getrocknet und konserviert werden konnten, hatte man das getan und sie eingelagert. Das Getreide schüttete man in den Lagern zu riesigen Bergen zusammen.

Da der neue Pharao immer beliebter wurde, hatte man auch seinen Befehl willig aufgenommen, in allen Dingen Joseph zu gehorchen. Deshalb hatte er mit seinen Maßnahmen im Land nur wenig Widerstand gefunden, den er mit Hilfe der ihm vom Pharao übertragenen Autorität auch bald überwinden konnte.

Als mehr und mehr Zeit verging, wurde auch immer deutlicher, daß er wirklich ein Prophet war, denn ein Jahr nach dem anderen hatte das Land in Überfülle Ernten hervorgebracht, so reichlich, daß sich niemand daran erinnern konnte, je eine solche Fülle gesehen zu haben.

Und nun waren schon zwei Jahre lang, genau wie Joseph es vorhergesagt hatte, die dürren Jahre der Mißernte hereingebrochen.

An diesem Tag fuhr Joseph zu der Stadt Sukkoth, die an der nordöstlichen Grenze Ägyptens lag. Er wurde mit Jubelrufen empfangen, als er in die Stadt einfuhr, denn die Ägypter hatten inzwischen begriffen, daß er durch seine klugen Maßnahmen ihr Retter in einer Zeit der Hungersnot geworden war, die sonst vielleicht das ganze Land zerstört hätte.

Überall, wo sein Wagen auftauchte, machte man bereitwillig Platz. Es hätte dazu der fortwährenden Rufe der begleitenden und voranreitenden Soldaten, die immerzu schrien *Abreck! Abreck!*, was etwa soviel bedeutete wie: *Achtung, verneigt euch!*, nicht bedurft.

Neben den Ägyptern selbst konnte man in dieser östlichen Grenzstadt Menschen aus vielen verschiedenen Völkern und Stämmen sehen, die nach Ägypten gekommen waren, um Getreide einzukaufen, weil auch ihre Länder von der Dürre und Hungersnot betroffen wurden.

So kam es, daß in allen umliegenden Ländern Mangel an Nahrung herrschte und nur Ägypten durch die kluge Vorsorge Josephs davon ausgenommen war. Selbst der Haushalt des Pharaos hätte nun bald den Hunger zu spüren bekommen, hätte man nicht auf den weisen Hebräer und seine von Gott gegebenen Prophezeiungen gehört.

Überall im Land, vor allem aber in den Grenzstädten, spielten sich ähnliche Szenen ab wie jene, die Joseph nun erblickte, als er auf dem Marktplatz ankam, an dessen Rand die großen Lagerhallen standen. Ägypter und viele Menschen aus anderen Völkern, Arme und Reiche gleichermaßen, versammelten sich vor den Lagerhäusern und warteten darauf, daß Getreide verkauft oder an die ganz armen Ägypter ausgegeben wurde.

Zur Bezahlung des Getreides wurden alle möglichen Kostbarkeiten aus den verschiedenen Ländern gebracht. Gold, Silber, Kupfer, fein gearbeitetes Geschirr und andere kostbare Arbeiten, Edelsteine, feine Stoffe, Häute, Gewürze und Parfüme und vieles andere wurde vor den ägyptischen Beamten, die das Getreide verkauften, ausgebreitet.

Schon mehr als einmal hatte Joseph über die Ironie des Schicksals nachgedacht. Er, den man wie ein Stück Handelsware auf dem Sklavenmarkt verkauft hatte, war nun der Herr über Leben und Tod so vieler Menschen, denn er hätte, wenn er wollte, manchen der gekommenen Käufer das ägyptische Getreide verweigern können.

Doch er hatte keine Freude an der Not derer, die kamen, weil sie Hunger hatten, sondern sein Herz war voller Mitleid mit den Armen und Notleidenden. Joseph wußte aus eigener Erfahrung, was es bedeutete, von der Gnade anderer abhängig zu sein.

An diesem Tag, als er mit seinen beiden Söhnen beobachtete, wie Silber, Gold und andere Kostbarkeiten für Getreide und getrocknete Früchte hingegeben wurden, erinnerte er sich lebhaft an die Zeit, da er sich gewünscht hätte, auch einige von solchen Reichtümern zu besitzen, um sich damit die Freiheit erkaufen zu können.

Vor wenigen Minuten war der oberste Beamte des Marktes von Sukkoth zu Joseph getreten und hatte begonnen, ihm anhand einiger Papyrusrollen die Verkäufe der letzten Tage zu erläutern. Während er eine Rolle wieder sorgfältig beiseite legte und nach einer anderen griff, schweifte Josephs Blick über die vielen Käufer, die in langen Reihen vor den Tischen der Beamten standen, die ihnen Nahrungsmittel verkauften.

Da wurde Joseph plötzlich auf eine Gruppe von Männern aufmerksam, die inmitten der großen Schar darauf warteten, an die Reihe zu kommen. Zuerst meinte er, er würde von seinen Augen betrogen, die ihm etwas vorgaukelten, woran er vor wenigen Augenblicken noch gedacht hatte. Doch je aufmerksamer er diese Männer betrachtete, um so mehr begann sein Herz zu klopfen.

Mit einer Handbewegung entließ er den Beamten und bemerkte kurz, daß er später weiter mit ihm die Abrechnungen überprüfen würde und daß er mit ihm zufrieden sei.

Dann rief er mit drängendem Ton in der Stimme seine Söhne zu sich. Diese bemerkten die Aufregung ihres Vaters und konnten sich nicht vorstellen, was geschehen war.

„Vater?" fragte Manasse erstaunt.

Joseph unterbrach ihn und fragte: „Schaut mich genau an, ihr beiden, und sagt mir, ob ich auch wirklich wie ein echter Ägypter aussehe?"

Die beiden Jungen kicherten, weil sie meinten, ihr Vater mache einen Scherz. „Da kannst du sicher sein", bemerkte Manasse auf seine Frage.

„Schnell", befahl der Wesir, „lauf zum Wagen und hole mir meine Kopfbedeckung."

„Aber Vater", protestierte Manasse, „es ist doch heute viel zu heiß."

„Lauf schnell und widersprich nicht", forderte Joseph ernst.

Als der Junge mit der breiten gestreiften Kopfbedeckung zurückkehrte, setzte Joseph sie auf und fragte: „Sehe ich jetzt wie ein Ägypter aus?"

„Ja, Vater, nickten die beiden. Noch viel mehr als vorher schon." Und Ephraim fügte hinzu: „Aber ..."

Aber Joseph ließ sich auf keine Frage ein, sondern befahl: „Nun lauft, ihr beiden, und sucht eure Mutter! Sie wollte nachkommen und muß jeden Augenblick hier eintreffen."

Asenath begleitete ihn oft auf seinen Reisen, und er erwartete sie tatsächlich bald. Doch er wollte gerade jetzt weder seine Frau noch seine Kinder bei sich haben.

Als die beiden Jungen ein wenig verwundert davonliefen, wandte Joseph sich wieder den Verkaufstischen zu. Er hoffte, die Männer, die jetzt fast an der Reihe waren, würden ihn nicht erkennen. Es waren genau zehn; und in den zwanzig Jahren, die vergangen waren, seit er sie das letzte Mal gesehen hatte, hatten sie sich nur wenig verändert.

Der Anführer der Gruppe war noch ein wenig reifer geworden, und in seinem ehrwürdigen Bart zeigten sich die ersten Silberhaare. Joseph erkannte sofort, das es Ruben war.

Hinter ihm stand Juda. Die Züge seines intelligenten Gesichts waren mit zunehmendem Alter etwas weicher geworden. Dann kamen die beiden *Löwen,* Simeon und Levi, und Joseph stellte überrascht fest, daß er mittlerweile genauso groß war wie sie. Doch Benjamin, der jüngste und Josephs einziger Vollbruder, war nicht unter ihnen.

Als sie nun an den Tisch traten und sich vor dem ägyptischen Beamten verbeugten, drängten sich Tränen in Josephs Augen. Die Visionen der sich verneigenden Garben und Sterne standen wieder vor seinen Augen, als wäre es erst gestern gewesen.

Er wartete noch einige Augenblicke, um seine Fassung wiederzugewinnen, und wischte sich dann verstohlen die Tränen ab. Nun tat er so, als wolle er die Arbeit des Beamten kontrollieren, und trat an den Tisch, an dem seine Brüder standen.

„Woher kommt ihr?" fragte er sie mit rauher Stimme und im Befehlston.

Die Kinder Israels verstanden zwar genug Ägyptisch, warteten aber höflich, bis Josephs Übersetzer die Frage in Hebräisch wiederholt hatte.

„Wir kommen aus Kanaan, Herr", antworteten sie, „und wollen Brotgetreide kaufen."

„Ist denn die Dürre auch in diesem fruchtbaren Land so groß?" fragte er. „Das kann ich fast nicht glauben."

Er hatte sich einen Plan zurechtgelegt, um sie einzuschüchtern, deshalb musterte er sie scharf und grollte plötzlich: „Ihr sagt nicht die Wahrheit. Ich vermute vielmehr, ihr seid Anführer von Nomadenstämmen und benutzt diese günstige Gelegenheit, um in unser Land zu kommen und auszukundschaften, wo hier die schwächsten Stellen für einen Angriff zu finden sind."

Ruben war verwirrt und blickte sich hilflos zu Juda um. Doch auch der zuckte nur ratlos mit den Achseln.

Endlich begann Ruben: „Guter Herr", und dabei verbeugte er sich noch tiefer als vorher, „erlaube mir, daß ich dir widerspreche. Sicher sind vor uns schon viele andere aus Kanaan gekommen und haben hier Brotgetreide gekauft. Genau das ist auch unsere Absicht, denn die Dürre hat auch unser Land sehr hart getroffen. Wir wollen nichts anderes als Speise kaufen."

„So ist es, Herr", fügte Juda hinzu und fuhr bittend fort: „Sieh, wir sind alle Söhne eines einzigen Mannes. Wir sind ehrliche Leute und keine Spione."

Joseph tat so, als zweifle er an diesen Worten. Er wollte sich seinen Brüdern nicht zu erkennen geben, aber soviel wie möglich von ihnen erfahren. Deshalb sagte er nun: „Söhne eines Mannes? Daß ich nicht lache! Schaut euch einmal um. Seht ihr etwa noch eine andere so zahlreiche Gruppe, die gemeinsam reist? Ihr seid alle gut gekleidet, seid stark und jung. Nein, nein — man kann leicht erkennen, daß ihr Spione seid."

Nun drängte sich Simeon vor. Sein Gesicht war so rot angelaufen wie sein Bart war. Man sah ihm an, daß er bereit war, mit den Fäusten dreinzuschlagen. „Herr", argumentierte er und fügte noch mehr Einzelheiten hinzu, „deine Diener sind nicht nur zehn Brüder, sondern zusammen sind wir zwölf. Und alle sind wir die Söhne eines Mannes aus Kanaan."

Die anderen Brüder versuchten ihn zu beruhigen, doch Simeon machte die Sache nur noch schlimmer. „Der Jüngste ist daheim bei unserem Vater. Und der andere ...", nun wußte er nicht weiter und stammelte verlegen: „Und der andere ist nicht mehr."

Die letzten Worte blieben Simeon faßt im Hals stecken; und Joseph erkannte, wie die anderen sich bei dieser Bemerkung sehr unwohl fühlten.

Wieder hatte der Wesir mit den Tränen zu kämpfen, konnte diese aber unterdrücken und seine Würde bewahren.

„So, so", erwiderte er, „ihr wollt also alle einen gemeinsamen Vater haben und noch einen weiteren Bruder."

Juda, der den Wesir mit seltsamem Blick betrachtete, antwortete nun: „Ja, Herr, es ist so, wie mein Bruder sagt. Unser Vater ist schon ein sehr alter Mann. Unser jüngster Bruder wurde ihm noch in seinem hohen Alter geboren. Er ist fast noch ein Kind und deshalb daheim geblieben. Sein Vater liebt ihn auch ganz besonders. Und der Bruder des Kleinen ist tot."

Der *Kleine*, das Wort traf Josephs Herz, denn so hatten ihn seine Brüder in all den Jahren daheim genannt. Doch wieder unterdrückte er seine Gefühle und erwiderte hart: „Ha, das ist eine nette kleine Geschichte! Aber ihr mißbraucht nur meine Geduld. Es ist doch so, wie ich gleich vermutete: Ihr seid alle Spione!"

Erregt ging er an der Reihe der Brüder entlang und musterte jeden einzelnen. Seine Beamten begannen nervös zu werden und riefen die Soldaten herbei. Die anderen Leute auf dem Markt blickten erstaunt zu diesem Tisch herüber und wunderten sich, was dort geschah.

Als jetzt die Soldaten anrückten und einen waffenstarrenden Ring um die kleine Gruppe der Israeliten bildeten, erschienen doch Anzeichen der Furcht auf deren Gesichtern.

Joseph erklärte nun: „Doch ich will euch zeigen, daß ich ein gerechter Mann bin. Ich gebe euch eine Chance, mir das zu beweisen, was ihr mir da eben erzählt habt."

Ruben verbeugte sich wieder und sagte: „Du kannst dafür jeden Beweis von uns fordern, Herr, denn wir sind ehrliche Männer."

„Also gut", erklärte Joseph nun, richtete sich hoch auf und sagte mit Befehlsstimme: „Beim Leben des Pharao — ihr werdet diesen Ort nicht verlassen, es sei denn, euer jüngster Bruder kommt hierher nach Ägypten!"

Die zehn Israeliten zuckten zusammen, sahen sich bestürzt an und begannen leise miteinander zu beraten. An ihrem Kopfschütteln und ihren Gesichtern konnte man erkennen, daß sie keine Hoffnung hatten, ihr alter Vater würde einwilligen, daß auch ihr jüngster Bruder noch nach Ägypten kam.

Doch Joseph blieb hart. ,,Wählt einen von euch aus, der heimkehren und den jüngsten Bruder holen soll. Die anderen bleiben hier, bis ich den Beweis vor mir sehe, daß ihr die Wahrheit gesagt habt! Kann dies nicht geschehen, dann seid ihr sicherlich alle Spione."

Zitternd baten die Zehn um Gnade, als die Soldaten ihnen die Hände zusammenbanden und sie wegführten.

Joseph wandte sich ab und ging schnell davon, weil er seine innere Bewegung und seine Tränen nun kaum mehr unterdrücken konnte.

40. KAPITEL

Asenath blickte in das bunte Zelt ihres Gatten hinein. Trotz des grellen Tageslichts draußen war es, bedingt durch die schweren Planen, im Zelt selbst halbdunkel. Da sie ihn nicht sah, rief sie leise seinen Namen, und als er nicht antwortete, trat sie ein und ging auf Zehenspitzen zu seiner Lagerstatt.

Draußen warteten eine ganze Anzahl von Beamten aus Sukkoth und von den Lagerhäusern, um mit dem Wesir zu sprechen und verschiedene Abrechnungen vorzuweisen. Doch er war nicht wieder erschienen, seit er befohlen hatte, die zehn Israeliten ins Gefängnis zu bringen.

Joseph hatte eigentlich geplant, gegen Abend Sukkoth wieder zu verlassen und mindestens noch bis On zurückzufahren, um dort im Hause Potiphars zu übernachten. Asenath freute sich darauf, ihren Vater wiederzusehen. Doch sie wußte auch, daß daraus nichts werden würde, wenn die Aufgaben ihres Gatten hier noch nicht beendet waren. Dann würde die Familie heute nacht in Josephs Reisezelt verbringen. Deshalb fragte sie sich nun, warum Joseph sich nicht den Besprechungen mit den wartenden Beamten widmete.

Sie stand nun vor dem Diwan, auf dem Joseph lag, und flüsterte: „Mein Lieber, was tust du hier? Manasse und Ephraim fragen nach dir, und die Beamten draußen ..."

Joseph setzte sich aufrecht, streckte seine Hand nach ihr aus und zog sie zu sich. Er sagte noch immer nichts. Doch als Asenath ihn nun ganz aus der Nähe betrachtete, bemerkte sie, daß er weinte.

„Mein Herr, was ist geschehen?" fragte sie erregt. „Sind nicht mehr genug Vorräte vorhanden? Müssen die armen Menschen nun verhungern?"

„Nein, nein", beruhigte er sie. „Ich komme ja schon. Sage den Beamten draußen Bescheid, daß ich sofort erscheinen werde."

Asenath erhob sich, um Josephs Bitte zu erfüllen. Doch er hielt sie an der Hand fest und sagte: „Mein Herz will mir fast brechen, Asenath, denn ich habe meine Brüder gesehen. Du weißt, die zehn, die mich als scheinbar Toten zurückgelassen haben. Ich habe dir davon erzählt."

„Hier? In Sukkoth?" wunderte sie sich.

„Ja, sie sind von Kanaan gekommen, um wie die anderen auch Nahrung zu kaufen."

„Aber wie kannst du sicher sein, nachdem so viele Jahre vergangen sind?"

„Ich habe sie alle wiedererkannt", erklärte er. „Sie haben sich kaum verändert."

Asenath stand ganz ruhig vor ihm und strich ihm leise mit der Hand über das Haar. Sie konnte nachfühlen, wie ihm jetzt zumute war.

Da sie Joseph gut genug kannte, wußte sie, daß sein Mitleid stärker war als seine Rachegefühle. Für diesen Mann hatte sie ihre frühere Religion und die Götter Ägyptens aufgegeben und sich dem Gott Israels zugewandt. Doch bis heute hatte sie noch nicht ein einziges Mal ihre Entscheidung bereut, und nie hatte sie an der Weisheit ihres Gatten gezweifelt.

„Was wirst du tun?" fragte sie mitfühlend. „Du hast ja nun Macht genug, und ihr Leben ist in deiner Hand."

„Ja", murmelte er „genauso wie es sein sollte."

„So wie es sein sollte?" wiederholte sie fragend und mußte dabei ein wenig lächeln. „Was meinst du damit?"

„Ich habe sie in das Gefängnis werfen lassen", erklärte er ein wenig zu energisch, als müsse er sich selbst von der Richtigkeit seines Tuns überzeugen.

„Aha, ich verstehe", nickte sie. „Und dort sollen sie wohl nun bleiben, bis sie verrottet sind?"

Da Joseph nicht gleich antwortete, breitete sich Schweigen aus. „Was hättest du denn getan?" fragte er endlich herausfordernd. „Sicherlich auch nichts anderes!"

„Ich würde nichts anderes tun wollen als du tust!" stellte sie fest. Doch Joseph hörte ihrer Stimme an, daß sie ihn ein wenig aufziehen wollte, und er bemerkte trotz des Halbdunkels auch das neckische Blinzeln in ihren Augenwinkeln, das ihm bis ins Herz hineinreichte und in dieser Lage gar nicht gefiel.

Joseph ärgerte sich nun über Asenath, und auf der anderen Seite liebte er sie gerade deshalb um so mehr.

* * *

Es war nichts geworden aus der Rückkehr nach On noch am gleichen Tag, und auch am nächsten Tag noch nicht. Aber es war nun auch schon die zweite Nacht, in der Joseph kaum Ruhe gefunden hatte.

Er gab vor, den Verkauf der Lebensmittel gerade hier an der Grenze noch ein wenig überwachen zu müssen, eben weil sich dabei auch zu viele Leute mit schlechten Absichten einschleichen könnten. Doch er wußte, daß dies nicht der wahre Grund war, denn sein Gewissen sagte ihm das und quälte ihn fortwährend.

Draußen erhellte der Vollmond den wolkenlosen Nachthimmel, und aus der Ferne hörte er das Heulen von Steppenwölfen oder Hyänen. Asenath atmete ruhig und gleichmäßig im Schlaf neben ihm. Sie war sicher, ihr Gatte würde die richtige Entscheidung treffen. Auch zu ihm hätte der Friede des Herzens wieder kommen können, aber bis jetzt war das nicht der Fall, denn in einer anderen Ecke der Grenzstadt lagen seine zehn Brüder im Gefängnis. Vielleicht konnten sie auch nicht schlafen, sondern machten sich Sorgen, was mit ihnen geschehen würde und ob sie Kanaan und ihren Vater Jakob je wiedersehen würden.

Widerstreitende Gefühle zogen durch Josephs Herz. Da war einmal die Freude, seine Brüder alle heil und gesund zu sehen und zu wissen, daß sein Vater noch lebte und daß es auch Benjamin gut ging, und zum anderen war der noch immer nicht verwundene Groll über die Untat, die seine Brüder an ihm begangen hatten.

Seit seine Brüder erschienen waren, hatte er schon einige Male versucht zu beten. Doch es war ihm bisher nicht gelungen, weil er dabei immer noch seine Rachegedanken festhielt.

Als nun im Osten der erste Streifen des kommenden Tages zu sehen war, wußte er, daß er nicht noch einen weiteren Tag in dieser Ungewißheit verbringen konnte. Er wußte auch, was er zu tun hatte — um seiner Brüder willen, aber auch um des Friedens seiner Seele willen.

Noch ehe die Sonne erschien, erhob er sich und schlich leise aus dem Zelt, um seine noch schlafende Familie nicht zu wecken. Er ließ seinen Übersetzer rufen und den Wagen anspannen, und kurz darauf fuhr er zum Gefängnis, wo er von den Wachen, die so früh niemand erwarteten, staunend empfangen wurde.

Die Israeliten wurden in ziemlich zerzaustem Zustand vor ihn gebracht. Sie waren aus einem unruhigen Schlaf gerissen worden, rieben sich noch die Müdigkeit aus den Augen und redeten leise miteinander.

„Sage ihnen, ich fürchte denselben Gott wie sie", befahl er seinem Übersetzer. „Sage ihnen weiter, wenn sie ihr Leben retten wollen und wenn sie ehrliche Männer sind, dann müssen sie einen ihrer Brüder als Gefangenen hierlassen. Die anderen mögen heimkehren und Nahrung für ihre Familie mitnehmen. Aber sie sollen so schnell wie möglich zurückkehren und ihren jüngsten Bruder mitbringen. Wenn sie das tun, wird auch ihr gefangener Bruder am Leben bleiben und die Freiheit wieder erhalten."

Joseph beobachtete seine Brüder aufmerksam, während sie die Worte aufnahmen. Erleichterung und Furcht zeigten sich gleichzeitig auf ihren Gesichtern.

„Also einer von uns muß hierbleiben", hörte er sie sagen. „Und wir müssen wieder nach Ägypten zurückkommen."

Der Übersetzer nickte. Und Joseph wußte, in welcher Klemme sie steckten.

Wen sollten sie dazu bestimmen, hierzubleiben? Und wie konnten sie erwarten, Jakob dazu zu bringen, daß er zustimmen würde, Benjamin in solch ungewisses Schicksal ziehen zu lassen? Was, so fragten sie sich, konnte dieser Zafenath-Paneach überhaupt von ihrem jüngsten Bruder wollen? Und wie würde Jakob in seinem Alter die Trennung von ihm überleben?

Das alles diskutierten sie eiligst untereinander, nicht wissend, daß Joseph jedes ihrer Worte verstand.

Sie schienen sich nicht einigen zu können, sondern begannen wieder Vermutungen anzustellen, warum ihnen diese Schwierigkeiten begegneten und warum dieser seltsame Ägypter sie so verdächtigte. Sicher hatten sie über diese Frage in den vergangenen beiden Tagen und Nächten schon oft gesprochen und keine andere Antwort gefunden, als daß es sich hier um eine göttliche Strafe handelte.

„Ach", stöhnte Levi, „es ist nun gekommen, wie ich immer befürchtete. Wir erhalten nun das zurück, was wir an unserem Bruder Joseph verschuldet haben."

„Gut, daß du es endlich begreifst", knurrte Juda. „Ich habe von Anfang an gesagt, wir sollten den Jungen freundlicher behandeln."

„Ha!" fuhr Gad dazwischen, „du warst ja bereit, ihn zu verkaufen. Was könnte noch schlimmer sein?"

„Und du?" verteidigte sich Juda, „Du wolltest ihn töten!"

Gad deutete ärgerlich auf Asser und erinnerte daran, wie dieser Joseph in die leere Zisterne geworfen hatte.

Doch Asser gab den Vorwurf an alle zurück: „Wir alle haben Josephs Not gesehen, als er uns anflehte, ihn zu verschonen. Doch keiner von uns wollte ihn hören. Mich trifft nicht mehr Schuld als uns alle."

Weiter ging der Streit, bis Ruben endlich sagte: „Ich stimme euch zu, daß dieses Unheil über uns gekommen ist wegen der großen Sünde, die wir an unserem Bruder begangen haben. Aber ich habe euch gewarnt, nicht gegen den Jungen zu sündigen. Doch ihr wolltet nicht auf mich hören. Nun müssen wir für sein Blut bezahlen."

Joseph spürte, wie die Gefühle ihn wieder überwältigen wollten. Er drehte sich um und ging einige Schritte davon in eine Ecke, wo er nicht gesehen werden konnte. Jahre von unterdrücktem Kummer brachen auf, und er begann zu weinen wie ein kleines Kind, bis sein Übersetzer vor ihm stand, der sich Sorgen um ihn machte und ihn suchte.

„Herr!" rief er überrascht. „Was ist geschehen?"

Joseph schob den Mann beiseite, wandte sich ab, bis er die Kontrolle über sich selbst wiedergefunden hatte, und kehrte dann zum Gefängnis zurück.

Die Israeliten standen immer noch beieinander und stritten sich, während die Wachen sie scharf beobachteten.

Zum Erstaunen aller fuhr Joseph die zehn Männer nun in hartem Befehlston an: „Da ihr euch scheinbar nicht einigen könnt, werde ich selbst die Wahl treffen!"

Joseph trat auf sie zu, packte Simeon am Ärmel, zog ihn aus der Schar seiner Brüder heraus und befahl den Soldaten: „Fesselt ihn!"

Mit diesem Befehl ging so etwas wie ein Rachegefühl durch Josephs Seele. Er erinnerte sich an Simeons sündige Untat in Sichem, wie er gemeinsam mit seinem Bruder Levi grausam und rücksichtslos die Stadt zerstört und die Einwohner umgebracht hatte. Auch die Demütigung Dinas fiel ihm ein, die quer über dem Rücken des Pferdes liegend wieder in das Lager des Stammes zurückgebracht wurde.

„Der hier soll bleiben", sagte er barsch, „und ihr anderen könnt gehen! Bringt euren jüngsten Bruder mit, sonst wird der, den ich behalte, nicht mehr lange leben!"

Den Soldaten befahl er: „Bringt diesen Burschen ins Gefängnis zurück, und die anderen laßt frei! Sie sollen soviel Getreide kaufen können wie sie wollen. Genau wie alle anderen, die kommen!"

Er wandte sich um und ging eilig zu seinem Wagen zurück, gefolgt von seinem Übersetzer, der sich über das seltsame Benehmen seines Herrn nicht genug wundern konnte.

Während sie zum Zelt des Wesirs zurückfuhren, wandte sich Joseph an den Übersetzer und sagte mit eindringlicher Stimme: „Höre mir jetzt genau zu und befolge meinen Befehl gut."

Der Mann nickte, immer noch verwundert, und versicherte, daß er alles aufs genaueste ausführen würde.

„Wenn wir jetzt zu den Lagerhäusern zurückkehren, wirst du dort warten, bis diese neun Männer kommen, die ich soeben freigelassen habe, und Getreide kaufen wollen. Wenn du siehst, an welchen Tisch sie treten, gehst du zu dem betreffenden Beamten, nimmst ihn beiseite und sorgst mit ihm gemeinsam dafür, daß nun folgendes geschieht:

Ihr füllt die Säcke dieser Männer so voll wie es nur geht. Und anschließend sorgt ihr dafür, daß ihr jedem von ihnen das Geld, das sie dafür bezahlt haben, wieder in einen ihrer Säcke zurücklegt. Hast du mich genau verstanden?"

Der Übersetzer nickte wieder und sagte: „Ja, Herr, ich habe alles verstanden und werde tun, wie du gesagt hast. Verlasse dich ganz auf mich."

Als sie wieder beim Zelt des Wesirs ankamen, verließen die beiden Männer den Wagen. Der Übersetzer ging kopfschüttelnd und immer noch verwundert über den seltsamen Befehl seines Herrn zu den Lagerhallen, wo gerade damit begonnen wurde, die Tische für die Verkäufe des neuen Tages wieder aufzustellen.

Joseph blieb noch eine Weile im Schatten seines Zeltes stehen und überlegte, ob er richtig gehandelt hatte. Noch immer stritten Liebe und Rachegefühle in ihm miteinander. Doch ihm war, als würde eine innere Stimme ihm versichern, er sei auf dem richtigen Weg. Langsam zog wieder Friede in sein Herz ein.

41. KAPITEL

Die Karawanserei von Beerscheba war ein trostloser Ort. Der heiße Wind ließ die geringe Vegetation, der die Wüste es erlaubte hier zu wachsen, immer wieder vertrocknen, so daß meist nur harte Dornbüsche hier gediehen und wenige kümmerliche Bäume.

Doch es war der südlichste Punkt des Landes Kanaan, der erste Rastplatz, den man erreichte, wenn man die Wüste Schur oder die Wüste Zin auf der Reise von Ägypten oder von noch südlicher gelegenen Gegenden durchquert hatte. Deshalb herrschte auch meist reges Leben hier.

Auch an diesem Abend wollten einige hundert Menschen hier übernachten. Fast alle waren sie auf dem Weg von oder nach Ägypten, um Getreide zu kaufen.

Auch die neun Söhne Israels hatten sich im Schutz eines Dornbusches ein Nachtlager auf ihren Getreidesäcken zurechtgemacht. Ihre Trag- und Reittiere hatten sie an die dicksten Äste des Dornbuschs gebunden und ihnen auch schon zu fressen und zu trinken gegeben.

Doch es war einer von Rubens Eseln, der sich an diesem Abend gar nicht zufriedengeben wollte. Er schrie seinen Hunger immer noch in die Nacht hinaus und störte alle anderen.

Ruben erhob sich ärgerlich, trat zu dem Esel und versuchte ihn zu beruhigen. „Petri, dein Magen ist bodenlos", hielt er ihm vor, während er ihn zwischen den Ohren kraulte. „Du hast doch ebensoviel erhalten wie alle anderen, und ich wollte keinen neuen Sack mehr öffnen. Willst du denn unsere ganzen Vorräte auffressen, noch ehe wir nach Hause kommen?"

Doch das hartnäckige Tier schrie aufs neue. Ruben ging also zu einem neuen Getreidesack und öffnete ihn, um noch eine kleine Portion Körner für den Esel zu entnehmen, um ihn endlich zu beruhigen. Als er jetzt in den Sack griff, erfühlten seine Finger als erstes etwas Hartes.

„Was ist das?" sagte Ruben verwundert, zog den ertasteten Gegenstand heraus und erkannte voller Staunen seinen eigenen ledernen Geldbeutel, der noch mit allem Geld, das er den Ägyptern für das Getreide bezahlt hatte, gefüllt war.

Im ersten Augenblick erfaßte ihn Freude. Wahrscheinlich ist dem ägyptischen Verkäufer in Sukkoth ein Versehen unterlaufen und ich habe nun ein gutes Geschäft gemacht, dachte er.

Doch dann fiel ihm ein, was geschehen könnte, wenn die Ägypter das Versehen entdeckten. Sie würden glauben, er und seine Brüder seien Diebe.

Er wandte sich seinen Brüdern zu und sagte erregt: „Hört einmal her: Ich habe mein Geld für den Getreidekauf hier in diesem Sack wiedergefunden. Wenn der ägyptische Wesir erfährt, daß dieses Geld fehlt, wird er uns für Diebe halten."

„Und natürlich auch für Spione!" rief Asser erschrocken.

Alle äußerten ihre Befürchtungen über dieses neue unerklärliche Ereignis, und Levi seufzte endlich: „Simeon ist so gut wie tot. Ach Ruben, was hat Gott uns nur angetan?"

Doch auch Ruben wußte keine Antwort. Er ahnte nur, daß Gottes Gerechtigkeit dafür sorgte, daß jede Schuld bezahlt werden mußte.

* * *

Ein heißer Nachtwind wehte über die Hügel Hebrons und fuhr auch durch die Zelte im Lager von Mamre.

Die neun Brüder waren wohlbehalten daheim angekommen und hatten, weil Ruben in dem Getreidesack sein Geld wiedergefunden hatte, sofort alle anderen Säcke ebenfalls untersucht. In der Gegenwart ihres Vaters Jakob mußten sie nun feststellen, daß alle ihre Geldbeutel in den Säcken lagen, und alle waren noch mit dem gesamten Geld gefüllt. Keiner von ihnen konnte sich erklären, wie das geschehen war.

Nun saßen sie im Halbkreis auf dem Boden des großen Versammlungszeltes ihres Stammes, und Jakob saß auf einem Stuhl vor ihnen. „Ihr habt also euren Bruder Simeon in Sukkoth zurückgelassen?" fragte er zornig.

„Der ägyptische Wesir war uns vom ersten Augenblick an feindlich gesinnt, und wir wissen nicht warum", verteidigte sich Ruben. Er hatte seinem Vater die ganze Geschichte schon einige Male erzählt, und seine Nerven waren zum Zerreißen gespannt.

„Ja, Vater", pflichtete Juda seinem Bruder bei. „Wir hatten überhaupt keine Wahl. Dieser seltsame Ägypter hörte auf nichts, was immer wir auch sagten. Er erklärte einfach, wir seien Spione, und ließ sich von nichts von dieser Meinung abbringen."

„Spione?" empörte sich Jakob. „Wie konnte er euch für Spione halten?"

Wieder, wie schon viele Male, wurde die Sache besprochen. Doch keiner konnte sich irgendwie denken, was den Ägypter zu dieser Ansicht gebracht hatte.

„Der Mann muß einfach nicht ganz normal sein", stellte Jakob endlich fest. „Aber ich denke, auch ihr seid nicht mehr ganz bei Sinnen, wenn ihr von mir fordert, daß ich euch nun Benjamin mit nach Ägypten gebe."

Ruben machte eine hilflose Geste und murmelte: „Aber wir werden sonst Simeon nie wiedersehen."

„Niemals willige ich ein!" rief Jakob. „Ihr habt mich schon um zwei meiner Söhne gebracht. Ich habe Joseph verloren, als ich ihn zu euch sandte, und nun seid ihr ohne Simeon zurückgekehrt. Nun wollt ihr mir auch noch Benjamin nehmen. Glaubt ihr denn, ich sei ein Narr?"

„Aber Vater, Vater", versuchte jetzt Benjamin ihn zu beruhigen, „vielleicht ist es doch notwendig, daß ich . . ."

Doch ehe er weitersprechen konnte, hatte Jakob das Bündel geöffnet, das er mitgebracht hatte, und vor den Brüdern lag der blutbefleckte bunte Rock ihres Bruders Joseph, den sie damals als „Beweis" zurückgebracht hatten, daß ihr Bruder wohl von wilden Tieren zerrissen worden war.

Jakob hob das Gewand nun wieder auf, preßte es an seine Brust und begann zu weinen.

„Vater", redete Ruben auf den alten Mann ein, „wenn wir nicht auf den Wunsch des Ägypters eingehen, wird Simeon bestimmt sterben müssen; und außerdem wird dieser schlimme Mann wahrscheinlich Soldaten aussenden, die unseren ganzen Stamm ausrotten. Gib uns Benjamin mit und mache dir keine Sorgen. Ich schwöre dir, daß du meine eigenen beiden Söhne töten darfst, wenn ich Benjamin nicht sicher zurückbringe. Ich will mit meinem Leben für ihn einstehen."

„Niemals!" grollte Jakob. „Benjamin wird nicht mit euch gehen. Joseph, sein einziger Bruder, ist tot. Und wenn ihm auf der Reise etwas Übles geschehen sollte, dann werdet ihr meine grauen Haare mit Leid hinunter in die Grube bringen."

42. KAPITEL

Es war nicht die Überredungskunst seiner Söhne, die Jakob veranlaßte, zu erlauben, daß Benjamin mit nach Ägypten zog. Es war der Hunger — und es war die Furcht.

Als die mitgebrachten Nahrungsmittelvorräte bedenklich dem Ende zugingen, mußte jemand in das Land des Pharaos ziehen, ob sie wollten oder nicht.

Die Angelegenheit wurde nun noch dadurch erschwert, daß sie alle in ihren Säcken das Geld wiedergefunden hatten. Man konnte sie nun in Ägypten für Diebe halten, wodurch ihr Leben doppelt gefährdet war. Doch weitere Verzögerung brachte Hungersnot oder gar die Armee des Pharaos gegen Israel.

Jakob erkannte, daß er keine andere Wahl hatte, als auf die Forderung des obersten Wesirs von Ägypten einzugehen und Benjamin ziehen zu lassen.

„Wenn es also sein muß", sagte er eines Tages zu seinen Söhnen, „dann tut folgendes: Nehmt von den besten Erzeugnissen unseres Landes mit euch und bringt diese dem Wesir als Geschenke — Mastix, Honig, Tragakent, Ladanum, Pistazien und Mandeln. Außerdem nehmt doppelt soviel Geld mit euch wie beim ersten Mal, damit ihr die Schulden ebenfalls bezahlen könnt. Vielleicht — wir wollen es hoffen — ist den Ägyptern nur ein Versehen untergekommen."

Er wandte sich an Ruben und Juda, wies auf Benjamin und sagte: „Möge der allmächtige Gott euch helfen, daß ihr Gnade findet vor den Augen des Ägypters, so daß er euch euren Bruder und auch Benjamin freigibt. Ich aber, ich verliere noch alle Kinder."

Es war nur zu verständlich, daß große Angst die Söhne Jakobs ergriff, als sie die Mauern von Sukkoth in der Ferne auftauchen sahen. Das war der Ort ihrer Gefangenschaft; und auch der Wesir befand sich wieder hier, wie sie schon in Erfahrung gebracht hatten. Dabei quälte sie auch noch die Frage, ob ihr Bruder Simeon noch am Leben war.

Es war früher Vormittag, als sie durch das östliche Tor vorsichtig in die Stadt einzogen. Joseph saß mit seiner Familie unter dem Vordach seines großen Wohnzeltes. Sie hatten gerade ihr Frühstück beendet. Von seinem Zelt aus konnte er die Straße vom östlichen Tor zum Marktplatz gut überblicken. Es durchfuhr ihn wie ein Nadelstich, als er jetzt seine Brüder herankommen sah. Er spürte, wie ihm das Blut zum Herzen drängte, und forderte seine Frau und die beiden Söhne auf, sich allein zu beschäftigen, weil er an diesem Tag keine Zeit für sie habe.

,,Nehmt einige Wachen mit und macht eine Ausfahrt'', forderte er in kurzen Worten von Asenath, ,,und kommt nicht vor dem Abend zurück.''

Sie war ein wenig verletzt durch die kurzen Worte ihres Gatten. Als sie aber seinem Blick folgte und die Männergruppe kommen sah, verstand sie, was in ihm vorging, und begann sofort, die Vorbereitungen für den Ausflug zu treffen.

Aufmerksam beobachtete Joseph die näherkommenden Männer. Ja, da war er — Benjamin! Ihn würde er überall wiedererkennen!

Benjamin war ihm ähnlich, das bemerkte er. Auch in seinem Gesicht waren Züge von Rahel zu erkennen. Joseph erinnerte sich, wie er manchmal mit seinem kleinen Bruder gespielt und gelacht hatte, und mußte wieder sehr mit sich kämpfen, um die Tränen zu unterdrücken.

Er ließ seinen Übersetzer rufen, der gleichzeitig der Aufseher seines Haushalts war, und befahl: ,,Bringe diese Männer dort in das Gästehaus der Stadt. Lasse einige feine Tiere schlachten und ein Festmahl zubereiten, denn ich will mit ihnen zu Mittag speisen.''

Der Übersetzer erinnerte sich, welchen Verdacht sein Herr bei ihrem letzten Besuch gegen diese Männer ausgesprochen hatte, und konnte deshalb den Befehl überhaupt nicht verstehen. Doch ohne zu zögern verbeugte er sich und ging der Männergruppe entgegen.

Als er vor den Israeliten stand, sagte er: „Ihr müßt mit mir kommen, denn mein Herr möchte heute mit euch speisen." Er ergriff Rubens Ärmel und zog ihn hinter sich her.

Die Brüder erkannten den Übersetzer ebenfalls wieder und erwarteten nun, das Unglück würde jetzt über sie hereinbrechen. Levi sagte leise zu den anderen: „Es ist bestimmt des Geldes wegen, daß er uns abführen läßt. Er wird uns jetzt sicher zu Sklaven machen."

„Sei still!" fuhr Juda ihn an, und auch die anderen mahnten zur Ruhe. Verzagt folgten sie dem Übersetzer zum Eingang des Gästehauses.

Als Josephs Aufseher das Haus betreten wollte, faßte Ruben Mut und sagte: „Ach, mein Herr, wir sind auch das erste Mal nur gekommen, um Getreide zu kaufen. Wir hatten keinen anderen Grund. Doch dann fanden wir alle unser Geld in unseren Säcken wieder. Wir wissen nicht, wie das geschehen konnte, doch wir haben genug Geld mitgebracht, um für das letzte Mal auch mit zu bezahlen."

Der Übersetzer lächelte: „Fürchtet euch nicht. Sicher hat euer Gott, der Gott eures Vaters, euch das Geld heimlich als Geschenk in eure Säcke gelegt. Wir jedenfalls haben das Geld damals von euch erhalten, und ihr seid uns nichts schuldig."

Er zeigte ihnen, wo sie ihre mitgebrachten Tiere anbinden und sich selbst waschen konnten. „Um eure Tiere braucht ihr euch nicht zu kümmern, es wird für sie gesorgt", erklärte er. „Kommt in das Haus und macht es euch bequem, denn mein Herr, warum, das weiß ich auch nicht, hat Gefallen an euch gefunden."

43. KAPITEL

Für die Israeliten vergingen die nächsten Stunden wie in einem Traum. Im ganzen Haus konnte man den Duft feiner Speisen wahrnehmen, die in der Küche zubereitet wurden. Als sie den Speisesaal betraten, waren hier einige lange Tafeln aufgestellt, auf denen Weinkrüge und Becher standen sowie Schalen mit Früchten.

Josephs Haushalter verschwand für einige Augenblicke durch eine Nebentür. Als er zurückkehrte, schob er einen Mann vor sich her, der in feine saubere Gewänder gekleidet war.

Den Brüdern stockte der Atem für einen Augenblick. Dann schrie Levi: „Simeon!" rannte auf ihn zu und umarmte ihn.

„Mein Herr hat ihn freigelassen", erklärte der Übersetzer, als er ihr Erstaunen sah. „Aber fragt mich nicht, warum." Kopfschüttelnd ging er davon und ließ die Brüder allein in dem Saal.

Der Wesir, so hatte er ihnen gesagt, sei in Geschäften unterwegs und würde gegen Mittag zurückkehren. Nachdem sie sich gewaschen hatten, bekamen sie alle ebenfalls feine saubere Kleidung gebracht und wurden mit Musik unterhalten, während Diener ihnen Wein und Tee servierten.

Als endlich draußen ein Trompetensignal erklang und der Übersetzer das Erscheinen des Wesirs verkündigte, erhoben sich die Israeliten alle und warfen sich zu Boden, mit dem Angesicht zur Erde. Keiner von ihnen wagte es, auch nur verstohlen aufzublicken, um zu sehen, welchen Eindruck dieser seltsame Ägypter heute machte.

Joseph betrat den Raum und betrachtete einige Augenblicke seine im Staub liegenden Brüder. Wieder standen ihm die Bilder seiner Träume deutlich vor Augen, und ihm war, als höre er erneut die Stimme seines Großvaters Isaak die Prophezeiung aussprechen. Mit großer Anstrengung unterdrückte er die in ihm aufsteigenden Gefühle und sagte: „Erhebt euch und nehmt eure Plätze wieder ein."

Die Israeliten befolgten die Aufforderung. Nur Ruben trat einige Schritte auf Joseph zu und ließ sich auf die Knie nieder. „Hoher Herr", begann er demütig, „habe ein wenig Geduld mit deinen Knechten, denn wir haben dir Geschenke aus unserer Heimat mitgebracht."

Als Joseph gnädig nickte, sprang Ruben auf und winkte Juda zu sich. Die beiden holten aus der Ecke des Saales die vorbereiteten Gaben und legten sie Joseph zu Füßen.

Als der Hebräer die Erzeugnisse seines Landes vor sich sah, mußte er sich wieder alle Mühe geben, die Tränen zu unterdrücken. Er bedankte sich durch den Übersetzer bei ihnen und fragte dann: „Geht es eurem alten Vater gut, von dem ihr mir erzählt habt? Ist er noch am Leben?"

„Deinem Diener, unserem Vater, geht es gut", antworteten sie und verneigten sich wiederum tief vor ihm.

„Richtet euch auf und nehmt eure Sitze ein", wiederholte er. Trotz aller Beherrschung traten ihm doch einige verstohlene Tränen in die Augenwinkel, als er seine Brüder jetzt einen nach dem anderen betrachtete, bis sein Blick auf Benjamin fiel. Lange studierte er dessen Gesicht und fragte dann: „Ist das euer jüngster Bruder?" obwohl er es ja sehr gut wußte.

„Ja, Herr", versicherte Ruben. „Du hast befohlen ihn mitzubringen, und hier ist er!"

„Mag Gottes Gnade mit dir sein, mein Sohn", sagte er.

Als Joseph seinen Bruder Benjamin so nahe vor sich sah, war es ihm nicht mehr möglich, seine Gefühle zu unterdrücken. Schnell drehte er sich um, eilte aus dem Saal und zog sich in einen kleinen Raum zurück. Hier weinte er sich aus.

Die anwesenden Ägypter und auch die Israeliten sahen sich erstaunt an, weil sie alle nicht wußten, was sie davon halten sollten. Auch der Hausverwalter wußte nicht, was weiter zu geschehen hatte, und wurde zusehends unruhiger.

Endlich erschien der Wesir wieder, nachdem er sich das Gesicht und die Hände gewaschen hatte. „Tragt die Speisen auf!" befahl er und setzte sich an den für ihn extra aufgestellten Tisch am Kopfende der beiden langen Tafeln.

Joseph hatte auch eine Anzahl der ägyptischen Beamten zu dem Festmahl laden lassen. Diese nahmen an der einen Tafel Platz und die Israeliten an der anderen, denn es galt bei den Ägyptern als unschicklich, sich gemeinsam mit Hebräern an eine Tafel zu setzen.

Als die Diener begannen, die Speisen aufzutragen, hielt der Wesir sie nochmals mit einer Handbewegung zurück und sagte zu dem Übersetzer: „Weise unseren Gästen zunächst noch die Plätze an in der Reihenfolge ihres Alters."

Der arme Mann blickte bestürzt drein, weil er damit überfordert war. Da erhob sich Joseph, deutete auf Ruben und sagte: „Das ist der Älteste. Und dieser kommt nach ihm", zeigte er auf Juda. Und so bezeichnete er einen nach dem anderen, vom Erstgeborenen bis hinunter zu Benjamin, ohne einen Fehler zu machen, und fügte so ihren Fragen noch ein weiteres Rätsel hinzu.

„Wie konnte er das wissen?" wunderte sich Gad.

„Sei still und halte dich zurück", flüsterte Naphtali ihm zu.

Gehorsam nahmen die Männer die ihnen angewiesenen Plätze ein und blickten sich überrascht gegenseitig an.

Als die Speisen serviert wurden, schien der Gastgeber immer noch nicht zufrieden zu sein. Er befahl seinen Dienern, den Israeliten auch von den Speisen vorzusetzen, die sonst nur für ihn bestimmt waren, und außerdem forderte er sie auf, Benjamin fünfmal soviel davon zu geben wie den anderen.

Freundlich lächelnd trank er seinen Gästen immer wieder zu und brachte einen Trinkspruch nach dem anderen aus —

auf Kanaan, auf ihren Vater, auf ihr Wohlergehen, auf ihre gute Heimreise, auf ihre Kinder, auf ihre Esel und so fort —, bis der Wein seine Wirkung tat und sie alle zu fröhlich wurden, um sich noch Fragen zu stellen oder sich über irgend etwas zu wundern.

Für diese Stunden wollten sie nun ihre Angst vergessen und mit diesem erstaunlichen Ägypter feiern, der sie fast besser zu kennen schien als sie sich selbst.

44. KAPITEL

Es war der frühe Vormittag des nächsten Tages, als sich die Israeliten in froher Laune wieder auf den Weg nach Kanaan machten. Ihre Tiere waren voll beladen mit Vorräten, und die Erinnerung an das Fest war auch noch frisch.

Joseph hatte noch am Abend seinen Dolmetscher beiseite genommen und ihm aufgetragen, er solle dafür sorgen, daß die Israeliten am Morgen bei der Öffnung der Verkaufsstände gleich als erste an die Reihe kämen.

Außerdem sollten, wie schon das letzte Mal, alle Säcke randvoll sein, und ihr Geld sollte ihnen ebenfalls wieder zurückgegeben werden.

Dann hatte Joseph noch hinzugefügt: „Und meinen Becher, den besonderen Silberbecher meine ich, den nimm und lege ihn heimlich in einen der Säcke des jüngsten Bruders, der Benjamin heißt."

Und der Haushalter hatte, wie immer, alles was ihm aufgetragen wurde getreulich ausgeführt.

Als die Mauern von Sukkoth hinter ihnen zurückblieben, fühlten sich die elf Brüder frei, auch die Ereignisse des gestrigen Tages ausführlich zu besprechen. Doch wiederum gelang es ihnen nicht, eine auch nur halbwegs vernünftige Erklärung für das Verhalten des ägyptischen Wesirs zu finden. Sie hätten ihn vielleicht als unberechenbaren Narren bezeichnet, wäre er nicht so genau über ihr Alter und viele andere Dinge informiert gewesen.

„Er ist ganz bestimmt nicht verrückt", waren sie sich alle einig.

„Vielleicht ist er ein Zauberer", meinte einer. „Wir haben doch gehört, daß er auch die Zeit der Dürre und Hungersnot vorausgesagt hat."

Das mochte sein, stimmten die anderen zu, erklärte aber immer noch nicht, warum er gerade sie auf so seltsame Weise behandelt hatte.

Sie konnten sich über diese Behandlung wahrhaftig nicht beklagen, sondern waren sehr erfreut darüber. Sie waren wie geehrte Gäste empfangen worden. Simeon war heil und gesund wieder bei ihnen, und auch Benjamin war nichts geschehen. Und niemand hatte von ihnen wegen des Geldes Schadenersatz verlangt.

Außerdem waren sie am Morgen beim Einkauf der neuen Vorräte so großzügig behandelt worden, daß ihr Stamm für die nächste Zeit wieder gut versorgt war. Und darüber hinaus hatte man ihnen auch diesmal ihr Geld wieder zurückgegeben und keine Bezahlung angenommen.

Erst als sie hinter sich den Hufschlag schneller Pferde vernahmen, blickten sie sich um, und leise Besorgnis ergriff sie, als sie einen großen Trupp Soldaten schnell näherkommen sahen. An der Spitze der Abteilung erkannten sie bald den Dolmetscher des Wesirs.

„Im Namen von Zafenath-Paneach, haltet an!" rief er, als der Trupp sie eingeholt hatte.

Verwirrt hielten sie an und schauten sprachlos zu, wie die Soldaten einen Kreis um sie bildeten und ihre Waffen auf sie richteten.

„Warum habt ihr meinem Herrn das Gute, das er euch getan hat, mit Bösem vergolten?" fragte der Dolmetscher.

Die Israeliten schauten ihn nur kopfschüttelnd und verständnislos an, da sie nicht begriffen, was geschehen sein sollte.

„Man hat meinem Herrn den Silberbecher gestohlen, den besonderen, aus dem er trinkt, wenn er wahrsagt. Und ihr müßt es gewesen sein! Damit habt ihr etwas sehr Schlimmes getan!"

Juda war der erste, der die Sprache wiederfand. „Guter Herr", verteidigte er sich und seine Brüder, „warum beschuldigst du uns solcher Dinge? Fern sei es von uns, deinen Dienern, so etwas zu tun. Wir haben ja sogar das Geld, das wir beim ersten Mal in unseren Säcken fanden, wieder mit zurückgebracht. Wie sollten wir da aus dem Haus deines Herrn Gold oder Silber stehlen?"

„Ihr seid gestern Gäste meines Herrn gewesen, also ruht der Verdacht natürlich auf euch. Wir haben Befehl, eure Säcke zu kontrollieren. Hindert uns also nicht daran."

Die Soldaten sprangen von den Pferden und begannen in den Säcken nachzusehen.

„Du wirst nichts finden, Herr, nicht bei uns", empörte sich Juda.

„Und sollte der Becher doch bei einem von uns gefunden werden, dann soll er sterben, und wir anderen wollen deine Sklaven sein."

„Gut", nickte der Dolmetscher, „es soll so sein wie du sagst. Der, bei welchem sich der Becher findet, der soll bei uns Sklave sein. Aber ihr anderen sollt straffrei ausgehen und unbehelligt nach Hause zurückkehren."

Die Säcke wurden abgeladen, und die Soldaten begannen beim Ältesten, und der Reihe nach bis zum Jüngsten hinunter, alles zu durchsuchen. Je weiter sie kamen und nichts fanden, um so zuversichtlicher wurden die Israeliten. Sie schauten den Soldaten lachend und kopfschüttelnd zu, und die ersten hatten ihre Säcke teilweise schon wieder auf die Packtiere geladen, als nun zum Schluß Benjamins Säcke an die Reihe kamen.

Da stieß einer der Soldaten plötzlich einen Schrei aus. „Hier ist er!" rief er und hielt den Becher in seiner Hand hoch. „Er war in einem der Säcke des Jüngsten!"

Bejamins Gesicht wurde weiß wie ein Leichentuch. Mit einer hilflosen Handbewegung wandte er sich seinen Brüdern zu. „Ich ... ich habe ihn bestimmt nicht gestohlen", stammelte er.

„Wie ist der Becher dann in deinen Sack gekommen?" fragte der Dolmetscher scharf, ergriff ihn am Arm und schob ihn den Soldaten zu. „Bindet ihn und bringt ihn zurück!" befahl er. „Ich habe gehört, daß die Hebräer immer gute Sklaven werden."

45. KAPITEL

Nun war der Tag der Abrechnung doch noch gekommen! Voller Furcht und zitternd wurden die elf Söhne Jakobs vor den Herrn Ägyptens gebracht.

Wären die Gefangenen jetzt in der Lage gewesen ihre Gedanken auszutauschen, würden sie erstaunt festgestellt haben, daß sie alle ähnliches dachten. Denn alle, außer Benjamin, trugen in ihrem Gewissen noch das Wissen um die Untat und Sünde mit sich, die sie an ihrem Bruder Joseph verschuldet hatten. Und alle waren überzeugt, daß alles Übel, das ihnen hier widerfuhr, etwas mit dieser alten Schuld zu tun hatte.

Wie der silberne Becher ausgerechnet in den Sack des einzigen unschuldigen Bruders kam, konnte sich keiner von ihnen erklären. Doch ganz sicher war dieser Zafenath-Paneach ein Zauberer, daran gab es keinen Zweifel.

Dieser erstaunliche Ägypter mußte ein Werkzeug des Übernatürlichen sein, davon waren sie überzeugt; und zwar nicht nur des Wissens wegen, das er über sie hatte und der Bemerkung des Übersetzers wegen, daß dieser Mann den Becher zum Wahrsagen brauchte, sondern auch, weil dieser seltsame Wesir in der Lage zu sein schien, in ihren Seelen zu lesen.

Nun standen sie wieder vor seinem Thron. Und es lief ihnen unter seinen durchdringenden Blicken ein kalter Schauer den Rücken hinunter. Alle Zuversicht und aller Mut waren verschwunden. Woher die Zauberkräfte dieses Mannes kamen, die ihn befähigten, alles zu wissen, konnten sie sich nicht vorstellen. In ihrer religiösen Überzeugung war kein Raum für gute Kräfte außerhalb ihres Gottes. Doch auf der anderen Seite schienen die Fähigkeiten dieses Zafenath-Paneachs auch nicht vom Teufel zu kommen.

All diese Gedanken bewegten sie. Doch sie hatten keine Möglichkeit, darüber zu diskutieren, sondern mußten schweigen, sonst würden sie vielleicht nicht einmal mehr den morgigen Tag erleben.

Wie ein Mann warfen sich die Israeliten jetzt zu Boden und lagen lang ausgestreckt vor dem Wesir, der sehr lange schwieg. Als er endlich redete, tat er es mit herrscherlicher Würde: „Was habt ihr da getan?" fragte er. „Wußtet ihr nicht, daß ein Mann wie ich wahrsagen kann?"

Voller Verzweiflung antwortete Juda: „Was sollen wir dir antworten, Herr? Was könnten wir zu unserer Verteidigung vorbringen? Gott hat die Schuld deiner Knechte ans Licht gebracht. Und so sind wir nun deine Sklaven, wir und der, der den Becher gestohlen hat."

Scheinbar entrüstet widersprach Joseph: „Nein, nein, das werde ich auf keinen Fall tun. Ich will gerecht handeln. Nur der, bei dem der Becher gefunden wurde, soll mein Sklave sein. Ihr anderen mögt in Frieden zu eurem alten Vater ziehen."

Natürlich wußte Joseph, daß durch diese Worte das Messer ihrer Schuld nur noch tiefer in ihre Seele gestoßen wurde. Denn unter ihnen allen verdiente es eigentlich nur Benjamin, verschont zu bleiben.

Juda erhob sich plötzlich auf die Knie und rutschte nahe an den Thron des Ägypters heran. „Bitte, mein Herr", flehte er, „laß deinen Knecht etwas sagen, ohne daß du zornig wirst, denn du bist wie der Pharao!"

Nun wiederholte er die Unterhaltung, die sie bei ihrem ersten Besuch mit Joseph geführt hatten. Damals hatten sie ihm von ihrem alten Vater und von seiner großen Liebe zu seinem jüngsten Sohn erzählt.

„Mein Vater sagte uns, würden wir Benjamin mit uns

nehmen und es geschähe ihm ein Unglück, so würden wir damit die grauen Haare des alten Mannes ganz gewiß mit Kummer in das Grab bringen. Herr, wenn wir zu unserem Vater zurückkehren und Benjamin ist nicht bei uns, dann wird er sicherlich sterben. Bitte, laß mich statt meines jüngsten Bruders hierbleiben. Ich will dein Sklave sein, aber laß Benjamin mit den anderen zurückkehren."

Hier lag nun der vor ihm auf den Knien, der vor vielen Jahren vorgeschlagen hatte, Joseph als Sklave zu verkaufen, und er bat darum, selbst als Sklave bei ihm bleiben zu dürfen. Als Joseph in den Worten seines Bruders dessen Verzweiflung erkannte und die Bereitschaft, wieder gutzumachen, was er damals verschuldet hatte, geschah in seinem Herzen etwas Erstaunliches.

Es war ihm, als würde in seiner Seele mit einem scharfen Messer eine Schicht nach der anderen des alten Grolls und der Rachegefühle, die sich über die vielen Jahre da hineingefressen hatten, hinweggeschnitten.

Joseph sah plötzlich den Tag vor sich, an dem sein Vater Jakob vor Furcht gezittert hatte, weil er seinem Bruder Esau begegnen mußte. Er dachte daran, wie sein starker Vater vor dem feindlich gesinnten Bruder im Staub lag, vor dem, der jahrelang danach getrachtet hatte, an Jakob wegen dessen egoistischen Betrugs Rache zu nehmen.

Wenn jemand das Recht gehabt hätte, sich zu rächen, dann war es Esau. Doch dem hatte Gott statt des lange genährten Hasses Liebe ins Herz gegeben, und er war seinem Bruder freundlich begegnet und hatte ihn umarmt.

Und auch er, das wußte Joseph, hatte alles Recht, Rache zu nehmen. Doch nun spürte er, wie Gott auch in seiner Seele das Werk der Versöhnung tat und die Rachegedanken vertrieb und durch Liebe ersetzte.

Plötzlich konnte sich der Großwesir, der Herr über ganz Ägypten, nicht mehr beherrschen. Er wandte sich an den Übersetzer und forderte: „Alle sollen sofort den Raum verlassen, auch du! Nur diese elf Israeliten bleiben hier!"

Wieder konnte der Verwalter nicht verstehen, was seinen Herrn zu einem solchen Befehl veranlaßte. Doch diensteifrig führte er ihn aus und trieb alle anwesenden Beamten und Diener hinaus, bis der Großwesir mit den Israeliten allein war.

Nun begann Joseph, überwältigt von seinen Gefühlen, so laut zu weinen, daß sogar die Ägypter draußen es noch hörten. Unter lautem Schluchzen rief er: „Ich bin Joseph! Ist mein Vater wirklich noch am Leben?"

Den Israeliten war bei diesen Worten, als habe sie der Blitz getroffen. Voller Unverständnis und sprachlos blickten sie den in der vollen Pracht und Würde des Großwesirs von Ägypten vor ihnen stehenden Mann an und meinten, er treibe Spott mit ihnen.

„Bitte", rief Joseph und winkte sie zu sich. „Bitte, steht auf und kommt näher zu mir."

Nur zögernd gehorchten die immer noch Überraschten.

Joseph nahm die prächtige Kopfbedeckung ab, die seine Würde als Großwesir zeigte, damit seine Brüder ihn besser erkennen sollten. „Schaut mich doch genau an", ermutigte er sie. „Ich bin Joseph, euer Bruder, den ihr nach Ägypten verkauft habt."

Als die Männer nun zu verarbeiten suchten, was sie soeben gehört hatten, fuhren ihnen dadurch hundert Fragen auf einmal durch den Sinn und verwirrten sie nur noch mehr. Das sollte Joseph sein? Und hier in Ägypten? Und noch dazu als der Herr des Landes? Das war unmöglich! Nie hatte man in all den Jahren etwas von ihm gehört! Nein — Joseph mußte bestimmt tot sein!

Doch als sie sich nun langsam wieder beruhigten und ihn näher betrachteten, bemerkten sie die Ähnlichkeit mit dem Bruder, den sie gekannt hatten. Verwundert und immer noch zweifelnd blickten sie sich gegenseitig an.

Joseph verstand sehr wohl, wie schockiert seine Brüder sein mußten und daß sie kaum wußten, was sie sagen sollten. Deshalb redete er ihnen zu: „Sorgt euch nicht mehr darum und grämt euch nicht mehr, weil ihr mich nach hier verkauft habt. Denn um Leben zu erhalten, hat mich Gott vor euch nach hier geschickt. Er hat es getan, um von euch in diesem Land einen Rest zu erhalten und viele von euch eine große Rettungstat erleben zu lassen."

Die Männer standen immer noch stumm da und rührten sich nicht. Als Joseph in ihre verständnislosen Gesichter blickte, fuhr er fort: „Begreift ihr es denn immer noch nicht? Nicht ihr seid es gewesen, die mich hierher geschickt haben, sondern Gott. Er hat mich zum Vater für den Pharao gemacht, zum Herrn über sein ganzes Haus und zum Gebieter über ganz Ägypten."

Joseph lief jetzt aufgeregt vor ihnen hin und her und schüttelte dabei den einen und den anderen an der Schulter, als wolle er sie aufwecken, weil sie scheinbar noch immer nicht begriffen, was er ihnen sagte.

„Hört zu", begann er wieder, „ihr sollt jetzt schnellstens zurückkehren zu meinem Vater und ihm sagen: *Dein Sohn Joseph lebt!* Er läßt dir sagen: Gott hat ihn zum Herrn über ganz Ägypten gemacht, und er bittet dich, schnellstens mit deinem ganzen Stamm — mit allen Angehörigen, allem Besitz und allem Vieh — zu ihm nach Ägypten zu kommen. Du sollst mit deinen Söhnen und Enkeln in meiner Nähe sein, läßt er dir sagen. Und er wird für dich und die Deinen in Gosen, wo es das beste Weideland von ganz Ägypten gibt, einen Ort finden, wo ihr euch niederlassen könnt.

Die Hungersnot wird noch fünf Jahre dauern, und ihr werdet in Kanaan wahrscheinlich umkommen. Aber hier in Ägypten habe ich genug Nahrungsmittel, um euch zu versorgen. Also zögere nicht, dich auf die Reise zu machen."

Einer der Brüder begann zu weinen, und ein anderer lachte jetzt froh und wie befreit von einer Last. Und bald wurde die ganze Schar von dieser Freude ergriffen, als sie endlich erfaßt und verarbeitet hatten, was sie sahen und hörten.

„Na endlich!" rief Joseph. „Endlich begreift ihr, was ihr seht, und erkennt, daß ich es wirklich bin, ich, Joseph, der diese Worte zu euch sagt. Und ich freue mich, daß auch mein Bruder Benjamin bei euch ist und dies alles mit hört und sieht."

Er stand nun direkt vor dem jüngsten Sohn Jakobs und blickte ihm lange und tief in die Augen. Endlich rief er lachend: „Wißt ihr, ich konnte euch einfach nicht so ohne weiteres wieder ziehen lassen!

Ich selbst bin es gewesen, der dafür gesorgt hat, daß der Becher in deinen Sack kam, Benjamin. Alles, was dich aufhielt und wieder zu mir zurückbrachte, schien mir gut genug zu sein!"

Benjamins Gesicht verzog sich zu einem breiten Lächeln. Die beiden Brüder fielen sich in die Arme und hielten sich lange fest. Dabei weinten und lachten sie durcheinander und konnten sich fast nicht beruhigen.

Nun trat Joseph zu einem seiner Brüder nach dem anderen und umarmte und küßte jeden von ihnen — Ruben, dem es nicht gelungen war ihn zu retten; Juda, der ihn als Sklave verkaufen wollte; Simeon und Levi, die beiden Löwen, die ihm oft das Leben so schwer gemacht hatten; Gad und Asser, die ihn töten wollten ... Sie alle und auch die anderen. Und Jahre voller Bitterkeit und Not auf der einen Seite und voller Schuld und Gewissenspein auf der anderen Seite waren ausgelöscht.

Alle standen sie staunend da, überwältigt von der großen Gnade Gottes — so wie Jakob sich gewundert hatte, als Esau ihn aus dem Staub aufhob, ihn an seine Brust zog und ihm vergab.

EPILOG

Manch ein lieber Freund ist einem näher als ein Bruder
(Sprüche 18, 24a).

Jakob saß auf der breiten Polsterbank in der goldenen Prunkkutsche seines Sohnes, des Großwesirs von Ägypten. Rechts und links von ihm saßen zwei Jungen, die manche Ähnlichkeit mit seiner geliebten Rahel hatten.

Manasse und Ephraim betrachteten immer wieder verstohlen und ehrfurchtsvoll das ehrwürdige Gesicht des Patriarchen. Während ihres ganzen Lebens hatten sie immer wieder von dem großen Glauben ihres Großvaters Jakob gehört, der mit dem Engel kämpfte und deshalb nun Israel hieß. Doch als sie nun neben Israel saßen, wurden ihnen diese Erzählungen noch wirklicher, und sie kamen dadurch dem Gott ihres Vaters näher.

Jakob legte seine Arme um die Schultern der beiden, während er mit aufmerksamen Augen alles beobachtete, was draußen an ihnen vorüberzog.

Joseph und seine hübsche Frau saßen ihm gegenüber in der Kutsche, und er flüsterte ihr ins Ohr: „Siehst du, Asenath, da ist nun mein Vater mit uns, hier in der Kutsche."

„Ich sehe es", flüsterte sie ebenso leise und lächelte. Noch nie hatte sie ihren Gatten so glücklich und zufrieden gesehen wie jetzt.

Die Familie war mit dem alten Patriarchen in der Staatskutsche auf der Rückfahrt von Avaris, wo sie den Pharao besucht hatten, der sich zur Zeit dort im königlichen Delta-

Palast aufhielt. Sie fuhren zurück nach Gosen, wo der Stamm Jakobs einen neuen Wohnplatz gefunden hatte.

Es war Jakob nicht leicht gefallen, Kanaan zu verlassen und in das Land zu ziehen, wo Schafhirten meistens noch verachtet wurden. Doch Joseph hatte ihnen in Gosen, dem fruchtbarsten Teil Ägyptens, ein besonders schönes Tal als ihr Lager angewiesen, das große Ähnlichkeit mit dem Sichemtal hatte und in dem, genau wie in Mamre, stattliche Eichen wuchsen.

Als sie von der Kutsche aus nun das weite Tal überblicken konnten, atmete Jakob tief die Luft ein. Warme und zugleich milde Luft war es, die sich meist weit über dieses Land erstreckte, denn hier vermischte sich die vom Norden heranziehende kühle und feuchte Seeluft mit dem von Osten kommenden heißen Wüstenwind und schuf so ein angenehmes Klima.

So schön war das Land Gosen, daß man es auch nach Ramses, einem der berühmtesten Pharaonen Ägyptens, benannt hatte. Diese Gegend war für ihn, dem fast die ganze Welt gehörte, der Lieblingsort gewesen.

Joseph würde nie die Stunde vergessen, da sein Vater in seinem einfachen Nomadengewand vor dem gegenwärtigen König Ägyptens gestanden hatte. Der Pharao, immer noch stolz auf seine Abstammung von den Hirten der Steppe, hatte ihn freudig willkommen geheißen. Und dann hatten die beiden sich lange Zeit unterhalten.

„Wie alt bist du?" hatte der junge König ihn endlich gefragt und voller Spannung in Jakobs Gesicht geblickt, in dem so viel Weisheit zu erkennen war.

„Die Zahl der Jahre meiner Pilgerschaft ist nun einhundertunddreißig", hatte Jakob geantwortet. „Es sind wenige, und viele davon waren unglücklich. Und sie reichen nicht heran an die Lebensjahre meiner Väter."

Salatis war so beeindruckt gewesen von der Weisheit und der ehrwürdigen Art des Patriarchen, daß er seinen Thron verlassen und sich ihm gegenüber gesetzt hatte, um sich noch eingehender mit ihm zu unterhalten.

„Dein Gott ist doch der Gott der weiten Steppe?" hatte er geforscht.

Jakob hatte den Kopf geschüttelt. „Mein Gott ist der einzig wahre Gott, der existiert. Er ist der Gott der ganzen Erde, der See, des Himmels und all dessen, was existiert", hatte er geantwortet.

Man hatte erkennen können, daß diese Antwort den Pharao stark berührt hatte, denn er beugte sich von seinem Sessel vor und nahm die alten verwitterten Hände Jakobs in die seinen. Der ganze Hof hatte atemlos zugehört, als er sagte: „Segne mich, Vater!"

Jakob hatte kopfnickend seine Hände auf den Kopf des jungen Königs gelegt und hatte Jahwe angefleht, er möge dem Pharao Kraft geben für seine Aufgaben und seine Regierung segnen.

Als sich die Staatskutsche nun dem Lager der Israeliten näherte, machte Jakob den Eindruck eines Mannes, der mit sich selbst im Frieden war und in seinem Gott ruhte. Joseph streichelte Asenaths Hand, während er innerlich zu Gott rief, Er möge dem alten Mann für die ihm noch verbleibenden Jahre eine glückliche Zeit schenken.

* * *

Joseph wollte am nächsten Morgen zurückkehren in den Palast nach Avaris. Doch an diesem Tag würde er noch im Lager des Stammes bleiben, um zu sehen, ob mit den Leuten seines Vaters alles in Ordnung war.

Er ließ Asenath und seine Söhne bei den Frauen und ging eine Zeitlang durch das ausgedehnte Lager. Dabei wunderte er sich, wie groß der Stamm seines Vaters war. Zwar zählte die direkte Familie Jakobs nur etwa 70 Köpfe. Doch mit allen Knechten und Mägden und anderen Leuten, die sich ihnen angeschlossen hatten, waren sie mehrere hundert Menschen. Und trotz der Hungersnot waren sie auch noch recht wohlhabend.

Als Joseph so durch das Lager ging, wurde er von allen Seiten freundlich gegrüßt. Dann rief ihn einer seiner Lieblingsbrüder an. „Hallo, Joseph!" vernahm er Rubens Stimme, „darf ich ein Stück mit dir gehen?"

„Oh, sehr gern", antwortete Joseph, „ich würde mich sehr darüber freuen!"

Der jüngere Bruder hatte den Erstgeborenen Jakobs immer bewundert, noch dazu, da dieser ihn so oft vor den Bösartigkeiten Levis und Simeons in Schutz genommen hatte.

„Juda berichtete mir, daß du der einzige von all meinen Brüdern warst, der versucht hat, mich aus der Grube zu retten", begann Joseph. „Aber du hast mir ja schon früher, als ich noch klein war, oft geholfen, wenn die anderen mich in Schwierigkeiten brachten", fügte er lächelnd hinzu.

Ruben mußte ebenfalls lächeln, als er an die vielen Auseinandersetzungen des *Kleinen* mit Simeon, Levi und den anderen dachte. „Du bist in deinem Leben wirklich oft einen harten Weg gegangen, Kleiner", erinnerte er sich.

Joseph mußte laut lachen. „Es ist lange her, seit mich jemand so genannt hat!" rief er heiter.

Ruben war plötzlich ein wenig verlegen, weil er nicht wußte, ob er Joseph damit beleidigt hatte. Denn immerhin war es der Großwesir von Ägypten, mit dem er sprach.

Doch Joseph klopfte ihm beruhigend auf die Schulter und meinte: „Es tut gut, wieder einmal über die alten Zeiten reden zu können."

Ruben wurde nun etwas ernster und sagte: „Einige der Brüder haben sich mit mir unterhalten. Sie sind immer noch ein wenig besorgt."

„Warum?" wunderte sich Joseph. „Ist nicht gut genug für sie gesorgt worden?"

„Doch, doch, das ist es nicht", versicherte Ruben. „Doch ich glaube, es fällt ihnen schwer zu glauben, daß du ihnen wirklich vergeben hast. Sie fürchten, du hättest es nur um Jakobs willen getan. Sie sind besorgt, du würdest vielleicht, wenn unser Vater einmal nicht mehr bei uns ist..."

Ruben vollendete den Satz nicht, doch Joseph verstand ihn auch so. Er blieb stehen und blickte seinem Bruder fest in die Augen. „Sage ihnen", begann er, „sie brauchten sich keine Sorgen zu machen. Stehe ich denn an Gottes Stelle? Sie mögen Böses mit mir im Sinn gehabt haben, aber Gottes Absichten dabei waren gute, um das zu erreichen, was wir heute sehen, nämlich viele von unserem Volk am Leben zu erhalten."

Ruben hatte staunend zugehört. Obwohl er gern etwas erwidert hätte, fand er doch keine Gründe dafür.

Joseph wiederholte nun nochmals: „Sage ihnen, sie brauchen sich unter gar keinen Umständen zu fürchten."

Der Ältere nickte bestätigend. Sein Herz war nun so voll, daß er erst einmal allein damit fertigwerden mußte. Deshalb verabschiedete er sich, winkte Joseph noch einen Gruß zu und ging zurück.

Als Joseph wieder allein war, ging er weiter bis zum Rand des Lagers. Dort setzte er sich auf einen kleinen Hügel und betrachtete das unter ihm liegende Tal mit den vielen Menschen und den Lagerfeuern.

Die Sonne neigte sich schon dem Untergang zu. Durch Josephs Gedächtnis zogen viele Gesichter, die er von Kindheit an bis heute kennengelernt hatte. Er schloß die Augen, zog die Knie an sein Kinn und dachte: *Es scheint mir, als sei die Zeit wiedergekommen, da ich als Kind und Jugendlicher mit meinen Brüdern in den Hügeln des Weidelandes von Kanaan gewesen bin. Meine Jugend will zu mir zurückkommen.*

Hier in der Ruhe des Weidelandes öffnete er zum ersten Mal wieder seit langer Zeit sein Herz für den vertrauten Umgang in der Gemeinschaft mit Gott.

Als er spürte, daß sich plötzlich ein Schatten zwischen sich und die letzten Sonnenstrahlen geschoben hatte, öffnete er die Augen: „Vater", rief er freudig überrascht, „wie schön, daß du gekommen bist!"

Der alte Patriarch hatte Mühe und benötigte ein wenig die Hilfe seines Sohnes, um sich neben ihn zu setzen. Schweigend saßen sie eine ganze Zeit nebeneinander. Der lange weiße Bart Jakobs schimmerte noch im letzten Abendlicht.

„Du warst ein guter Kämpfer", sagte der alte Hebräer endlich.

Joseph verstand ihn. „Ja, ich habe den Herrn auch nicht so leicht gehen lassen", nickte er.

„Du hast solange nicht losgelassen, bis er dich gesegnet hat", bestätigte der Patriarch lachend.

Noch eine lange Zeit saßen die beiden beieinander, Joseph und sein Vater — der Mann, der ihn zum Glauben geführt hatte.

An diesem Abend waren die Vergangenheit und die Gegenwart durch die Gnade Gottes miteinander in Harmonie gekommen. Und alle Träume und Visionen, die Joseph von Gott erhalten hatte, waren nun zur Realität geworden.

*Kennen Sie schon die weiteren
Bücher unserer großen biblischen Erzählreihe?*

DIE SIEBEN LETZTEN JAHRE Carol Balizet
Die sieben letzten Jahre der Weltgeschichte.
Best.-Nr. 20 079 — 384 Seiten — **DM 19,80**

DER WANDERER GOTTES Ellen Gunderson Traylor
Abraham — der Mann, der im Auftrag Gottes auszog, ohne zu wissen, wohin...
Best.-Nr. 20 084 — 366 Seiten — **DM 19,80**

ENTSCHEIDUNG AUF DEM KARMEL William H. Stephens
Elia — der Feuerprophet Israels.
Best.-Nr. 20 029 — 312 Seiten — **DM 19,80**

VON MOAB NACH BETHLEHEM Lois T. Henderson
Ruth — eine Frau der Treue und des Glaubens.
Best.-Nr. 20 097 — 304 Seiten — **DM 19,80**

DER SCHWERE WEG Gini Andrews
Esther — eine tapfere Frau rettet ihr Volk.
Best.-Nr. 20 104 — 308 Seiten — **DM 19,80**

DER SOHN DES DONNERS Ellen Gunderson Traylor
Johannes — Ein Fischer vom See in Galiläa wird zum Apostel der Liebe.
Best.-Nr. 20 109 — 328 Seiten — **DM 19,80**

DIE PURPURHÄNDLERIN VON PHILIPPI Lois T. Henderson
Lydia — wie das Evangelium nach Europa kam.
Best.-Nr. 20 120 — 324 Seiten — **DM 19,80**

DER UNTERGANG DER ALTEN WELT Ellen Gunderson Traylor
Noah überlebt das Gericht und wird zum neuen Stammvater der Menschheit.
Best.-Nr. 20 124 — 320 Seiten — **DM 19,80**

DER HAUSBIBELKREIS IN EPHESUS Lois T. Henderson u. Harold Ivan Smith
Priscilla und Aquila — Bibellehrer unter den ersten Christengemeinden.
Best.-Nr. 20 133 — 316 Seiten — **DM 19,80**

EIN PROPHET FLIEHT VOR GOTT Ellen Gunderson Traylor
Jona — Gottes Prophet zwischen zwei Königreichen.
Best.-Nr. 20 139 — 304 Seiten — **DM 19,80**

DER AUGENZEUGE Ellen Gunderson Traylor
Die Geschichte von Johannes Markus, dem Schreiber des Markus-Evangeliums.
Best.-Nr. 20 145 — 328 Seiten — **DM 19,80**

Preisänderungen vorbehalten

Zu beziehen durch:
**Leuchter-Verlag eG, Industriestraße 6—8, D-6106 Erzhausen, Postfach 1161
In Österreich: Buchhandlung der Methodistenkirche, A-1082 Wien,
Trautsongasse 8, Postfach 65**

*Aktuelle Bücher —
man muß sie gelesen haben!*

GEISTERFÜLLTES TEMPERAMENT Tim LaHaye

Tim LaHaye, vielen schon bekannt durch sein Buch „Der Anfang vom Ende", zeigt in „Geisterfülltes Temperament" in gewohnter Meisterschaft, wie seelische Nöte und Probleme der Menschen (Zorn, Groll, Spannungszustände, Unruhe, Furcht, Depressionen usw.) ihre Ursachen oft im Temperament haben, und wie in diesen Problemen auch die Wurzeln vieler physischer Krankheiten zu suchen sind. Doch das Buch bleibt hier nicht stehen, sondern zeigt auch den Weg, wie diese Probleme, unter denen die Menschheit vor allem in unserer Zeit so sehr seufzt, durch das Wirken des Heiligen Geistes im Leben des Menschen gelöst werden können. Gerade heute ist dieses Buch nötiger als je, denn es gibt Antworten, wo der Psychiater oft nur Feststellungen treffen kann.

Best.-Nr. 20 058   178 Seiten   **DM 14,80**

DER AGENT DES SATANS Mike Warnke

Das Buch weist auf den in der heutigen Zeit rapide wachsenden Okkultismus hin und bezeichnet ihn als eines der wichtigsten „Zeichen der Wiederkunft Christi". Jedem, der mehr über die satanische Wirklichkeit und die riesige Gefahr des Okkultismus wissen möchte, kann man Mike Warnkes „DER AGENT DES SATANS" nur empfehlen. Es gibt unseres Wissens kein Buch, welches so realistisch schildert, „was wirklich dahintersteckt", wie dieses. Dies ist allerdings kein Wunder, denn der Autor war selbst dabei. Noch beeindruckender ist aber dann sein Bericht darüber, wie vor der Erlösermacht Christi und der Kraft des Heiligen Geistes die Mächte des Bösen weichen müssen. So wird dieses Buch zu einem mächtigen Zeugnis der Gnade und Kraft Jesu Christi.

Best.-Nr. 20 054   224 Seiten   **DM 14,80**

OFFENBARUNG DES VERBORGENEN R. Douglas Wead

Ist es möglich, Informationen zu erhalten, die man durch die fünf menschlichen Sinne bzw. durch andere normale menschliche Möglichkeiten nicht bekommen kann? Wenn ja — wie ist es möglich? Durch übersinnliche menschliche Fähigkeiten? Durch dämonischen Einfluß und okkulte Praktiken? Durch Gott, der, wenn Er es nötig findet, dem Menschen Verborgenes offenbart, wie z. B. den Propheten im Alten Testament? Wenn Gott es heute noch tut, auf welche Weise tut Er es? Mit diesen und ähnlichen Fragen beschäftigt sich das Buch und zeigt dabei etwas von den Möglichkeiten der Gaben des Heiligen Geistes.

Best.-Nr. 20 066   148 Seiten   **DM 9,95**

MIT DEM HEILIGEN GEIST AN'S ZIEL Georg Steinberg

Jeder Christ weiß, daß er in der heutigen so verwirrten Zeit ohne die Führung des Heiligen Geistes nicht auskommen kann. Dieses Buch zeigt uns anhand der Brautwerbung des Elieser für den Sohn seines Herrn in biblisch fundierter Weise, wie der Heilige Geist die Gemeinde Jesu führen kann und will, wenn wir uns Ihm anvertrauen. Die Notwendigkeit und Möglichkeit solcher Führung auch im Leben des einzelnen wird uns groß gemacht und auch gezeigt, wie der Heilige Geist uns ausrüsten will. Jeder Christ wird das Buch mit viel Gewinn lesen.

Best.-Nr. 20 095   110 Seiten (Taschenbuch)   **DM 7,80**

Preisänderungen vorbehalten.